高等职业教育"十三五"规划新形态教材

形势与政策（2018版）

主　编：潘　劲
副主编：银　燕
主　审：倪　波

北京理工大学出版社
BEIJING INSTITUTE OF TECHNOLOGY PRESS

版权专有 侵权必究

图书在版编目（CIP）数据

形势与政策：2018版/潘劲主编．—北京：北京理工大学出版社，2018.8

ISBN 978-7-5682-6094-7

Ⅰ.①形… Ⅱ.①潘… Ⅲ.①时事政策教育-高等学校-教材 Ⅳ.①G641.4

中国版本图书馆CIP数据核字（2018）第181732号

出版发行 /	北京理工大学出版社有限责任公司
社　　址 /	北京市海淀区中关村南大街5号
邮　　编 /	100081
电　　话 /	（010）68914775（总编室）
	（010）82562903（教材售后服务热线）
	（010）68948351（其他图书服务热线）
网　　址 /	http：//www.bitpress.com.cn
经　　销 /	全国各地新华书店
印　　刷 /	北京富达印务有限公司
开　　本 /	710毫米×1000毫米　1/16
印　　张 /	13.25	责任编辑/江　立
字　　数 /	275千字	文案编辑/高雪梅
版　　次 /	2018年8月第1版　2018年8月第1次印刷	责任校对/周瑞红
定　　价 /	26.00元	责任印制/施胜娟

图书出现印装质量问题，请拨打售后服务热线，本社负责调换

Preface 前言

大学生是时代的骄子、祖国的未来，是中国特色社会主义事业的接班人和建设者，肩负着全面建成小康、实现中华民族伟大复兴的光荣使命。这就要求当代大学生既要充分掌握科学文化知识，同时也要具有开阔的视野和远大的胸怀，立足中国，胸怀世界，放眼未来。

"形势与政策"教育是高等学校学生思想政治教育的重要内容，"形势与政策"课是高校思想政治理论课的重要组成部分，是对大学生进行"形势与政策"教育的主渠道、主阵地，是每个大学生的必修课程。"形势与政策"课是理论武装时效性、释疑解惑针对性、教育引导综合性都很强的一门高校思想政治理论课，是帮助大学生正确认识新时代国内外形势，深刻领会党的十八大以来党和国家事业取得的历史性成就、发生的历史性变革、面临的历史性机遇和挑战的核心课程，是第一时间推动党的理论创新成果进教材进课堂、进学生头脑，引导大学生准确理解党的基本理论、基本路线、基本方略的重要渠道，是大学生关心天下大事、了解当代中国、把握方针政策的重要窗口，在大学生思想政治教育中担负着重要使命，具有不可替代的重要作用。

高等学校通过"形势与政策"教育课，指导学生运用马克思主义的立场、观点和方法正视复杂多变的国内外环境，认识中国面临的难得机遇和巨大挑战，思考分析各类社会问题，贯彻执行党的路线、方针和政策；帮助大学生理解协调推进"四个全面"战略布局的丰富内涵和重要意义，增强决胜全面建成小康社会、实现"两个一百年"奋斗目标和中华民族伟大复兴中国梦的责任感；鼓励大学生肩负起历史赋予的神圣使命，自觉把爱国之心、报国之情、强国之志转化为实行行动，积极投身到改革开放和现代化建设的伟大实践之中。

为深入学习贯彻党的十九大精神，深入贯彻落实习近平总书记关于加强和改进高校思想政治工作的重要论述和中共中央、国务院《关于加强和改进新形势下高校思想政治工作的意见》精神，及时、准确、深入地推动习近平新时代中国特色社会主义思想进教材进课堂、进学生头脑，宣传党中央大政方针，牢固树立"四个意识"，坚定"四个自信"，培养担当民族复兴大任的时代新人，我们严格按照教育部关于《加强新时代高校"形势与政策"课建设的若干意见》和《2018年上半年高校"形势与政策"教育教学要点》的要求，针对当代青年关心的时政热点，联系高职大学生的思想实际，结合国际国内形势与政策的新变化、新发展与新要求，精心策划、组织编写了《形势与政策（2018版）》教材。

本书以专题的形式编写，包含：习近平新时代中国特色社会主义思想、2018年"两会"精神解读、我国的宪法修正、国内热点问题、全球经济形势及新时代中国特色大国外交共六个专题，基本涵盖了当前国际国内的经济、政治、文化、社会、军事、外交等主要内容。同时，为庆祝改革开放40周年，我们特地在附录部分增加了"纪念改革开放40周年特辑"版块，既是对那些改革开放中的重大事件、难忘瞬间进行缅怀，也是对那些勇立潮头的开拓者、先行者表示敬意，更希望后来者能够在全面深化改革的新征程中接力探索，继往开来，有所作为。

为了开阔学生视野，拓展教材内容，我们在部分重要章节之后设立了"拓展阅读"模块，同学们可以通过手机扫描二维码的方式，进一步加深对相关内容、知识的学习与了解。

由于编写时间仓促，自身水平有限，本书难免存在一些疏漏与不足。同时，由于客观形势也在不断变化，对一些问题也难以做出准确的预测与判断。为此，一是真诚希望老师们、同学们批评指正；二来也请使用者结合客观形势的发展变化，对有关内容做相应调整。

Contents 目录

绪　论　认清形势　把握政策 1
　　第一节　"形势与政策"课程的内容、特点和意义 1
　　第二节　"形势与政策"课程的学习方法 5

专题一　习近平新时代中国特色社会主义思想 7
　　第一节　习近平新时代中国特色社会主义思想的产生 7
　　第二节　习近平新时代中国特色社会主义思想主要内容 14
　　第三节　习近平新时代中国特色社会主义思想的意义 23

专题二　2018年"两会"精神解读 38
　　第一节　2018年"两会"简介 38
　　第二节　解读政府工作报告 44

专题三　我国的宪法修正 65
　　第一节　宪法修正的基本问题 65
　　第二节　第五次宪法修正案 70

专题四　国内热点问题 81
　　第一节　中国共产党第十九次全国代表大会 81
　　第二节　国家机构改革 89

第三节	乡村振兴战略	95
第四节	雄安新区	99
第五节	中国共产党与世界政党高层对话会	103
第六节	2018博鳌亚洲论坛	109
第七节	香港回归20周年	113

专题五　全球经济形势　118

第一节	全球整体经济形势	118
第二节	中国经济形势	126
第三节	美国经济形势	133
第四节	俄罗斯经济形势	136
第五节	欧盟经济形势	140

专题六　新时代中国特色大国外交　144

第一节	新时代中国外交的总目标	144
第二节	中美关系	151
第三节	中俄全面战略协作伙伴关系	157
第四节	中欧四大伙伴关系建设不断取得新进展	162
第五节	开启中拉关系崭新时代	167
第六节	中非全面战略合作伙伴关系新定位	171

附　录　177

| 附录一：纪念改革开放40周年特辑 | 177 |
| 附录二：2017年十大国际国内新闻 | 201 |

后　记　206

绪 论
认清形势　把握政策

学习重点

1. "形势与政策"课程的内容、特点和意义；
2. "形势与政策"课程的学习方法。

第一节　"形势与政策"课程的内容、特点和意义

形势与政策与每个人休戚相关，没有一个人能够超脱于特定时期的社会形势与政策。不仅党和政府的各级领导需要经常研究形势与政策，我们每个公民也需要经常了解形势，学习政策。对于大学生来说，了解形势、学习政策显得尤其重要。当代大学生生活在世界风云变幻、中华民族伟大复兴时期，肩负着重大的历史使命。青年大学生要胸怀天下、放眼世界，充分了解当今世界的形势，正确把握时代的特征和脉搏，全面理解党和国家的政策，从而坚定正确的政治方向，成为合格的社会主义事业建设者和接班人。马克思主义理论作为无产阶级政党的执政理论，是我们这个时代精神上的精华。马克思主义的形势观和政策观为我们科学地分析时代特征和形势发展，正确地制定政策和策略，提供了科学的世界观和方法论。

一、"形势与政策"课程的内容

"形势与政策"作为一门学科,研究对象是不断变化和发展着的形势与政策,主要研究形势的本质、特点、成因及其发展变化规律,研究政策的本质、特点、作用及其产生、发展、制定和实施的规律。形势与政策教育以马克思列宁主义、毛泽东思想、邓小平理论、"三个代表"和习近平新时代中国特色社会主义理论为指导,运用政治学、政策学、社会学等有关的社会科学知识,帮助学生牢固树立和认真落实科学发展观,紧密结合全面建设和谐社会的实际,认清国内外形势,准确理解现行政策,明确任务和奋斗目标。因此,形势与政策是一门以马克思主义理论为基础,探究形势与政策发展变化规律的学科。

形势是指国际、国内时事发展的基本状况和发展态势。形势观是人们对社会发展到一定历史阶段的本质、特征和矛盾所持的基本观点和看法。因此,分析和判断形势,主要是弄清时代的主题及其基本特征,抓住国内外最突出的矛盾和最根本的变化。

政策是指党和国家在一定历史时期为实现自己的路线、任务而规定的行动纲领和行为准则,是一个国家或政党实现自己的领导、体现自己的意志的具体举措,其本质是阶级利益和阶级意志的体现,具有强烈的阶级性。政策对重大的政治、经济、科技、军事、文教、外交等党和国家的活动进行规范,并通过国家的行政力量使人们遵从,属于上层建筑的重要组成部分,具有很强的严肃性和权威性。

形势与政策虽然具有不同的概念内涵,但它们又相互联系,是一对矛盾的统一体。

1. 形势是制定政策的客观依据,也是检验政策的客观标准

形势是客观存在,政策是客观见之于主观的东西,是人们为了达到一定目的制定的行为准则。制定政策必须以客观实际为依据,它包括国际环境和条件、历史阶段和时代特征以及我国的基本国情等因素,只有正确认识和把握这些因素,才能制定出正确的政策。另外,政策的贯彻实施也要以形势为依据,使形势向着有利方向发展的政策就是正确的政策,应当继续贯彻;反之则必须立即改正。如同实践是检验真理的唯一标准一样,形势的发展也是检验政策的唯一客观标准。

2. 政策对形势具有导向作用,是促进形势发展的重要手段

如同客观存在决定主观意识,主观能动性对客观事物具有能动作用一样,政策对形势也具有能动作用，即人们常说的"政策导向"。这个能动作用，包括正作用和反作用。当人们能够正确分析、判断和把握形势并制定、贯彻正确的政策时，就会引导和推动形势朝着有利的方向发展，我们的事业就会顺利向前，这是主观与客观相一致。反之，当人们错误地估计形势并制定和贯彻错误的政策时，就会引导和推动形势向不利的方向发展，我们的事业势必遭受挫折，所以政策极为重要。

综上所述，形势决定政策、检验政策，政策引导形势、影响形势。我们必须正确认识两者的辩证关系，恰当地处理好两者的关系，使政策不断促进形势的健康发展，推动我国社会主义事业不断前进。

二、"形势与政策"课程的特点

"形势与政策"课程主要有以下三个特点：

1. 政治性与科学性

"形势与政策"课程主要宣传党和国家关于国内外形势的分析和论述，阐述党的基本路线、基本纲领和各个领域的方针、政策，集中反映全党和全国人民的利益和意志，是一门政治性很强的课程。同时，它又具有高度的科学性。"形势与政策"课程坚持实事求是、一切从实际出发的思想路线，以马克思主义实践观和历史唯物主义观来认识形势和评价政策，坚持真理，具有严谨的科学性。

2. 现实性与针对性

"形势与政策"课程讲述的是党和国家对当前国际、国内形势的分析，介绍的是现行的路线、方针、政策，具有很强的现实性。所谓针对性，一方面是指课程教学内容主要针对三个实际，即变化中的国内形势与政策实际、变化中的国际形势与政策实际以及学生的思想实际。另一方面，由于多种社会原因，人们对当前形势和现行政策有各种各样的认识和看法，有时甚至会形成错误的思想。为了统一思想，纠正各种片面认识，"形势与政策"课程往往针对各种错误认识和思想进行评价，特别是结合社会热点，解答学生普遍关心的问题。

3. 理论性与实践性

"形势与政策"课程涉及广泛的社会科学领域，它运用政治学、政策学、社会学等有关的社会科学知识，分析国内外政治、经济、外交、科技等形势；同时，该课程又具有很强的实践性。形势是一种客观实际，分析形势就是运用基本理论去分析变化中的实际；而政策正是基于实际形势，运用基础理论制定的具体行为准则和措施。目前，我国正处在社会主义初级阶段，党对形势的认识和估量以及所制定的路线和政策都具有稳定性，党的基本路线一百年不动摇。但是随着社会实践的发展，形势变了，政策也会跟着变，永远不变的政策是没有的。这也要求"形势与政策"课程应根据变化了的形势和政策来调整课程内容，以适应社会形势的发展。

三、学习"形势与政策"课程的重要意义

1. 加强和改进大学生"形势与政策"教育，是中国共产党总结历史经验得出的宝贵结论

中国共产党一贯重视"形势与政策"教育。中华人民共和国成立后，毛泽东同志提出两个"必须"，即"教育必须为无产阶级政治服务，教育必须与生产劳动相结合"，"形势与政策"教育较好地体现了这两个"必须"。改革开放时期，邓小平同志明确指出："学校要把坚定正确的政治方向放在首位。"江泽民同志也多次指出："各级各类学校都要全面贯彻党的教育方针，坚持社会主义办学方向。"党的十六大以后，以胡锦涛为总书记的党中央同样高度重视学生特别是大学生的思想政治教育。习近平总书记也强调，培养德、智、体、美全面发展的中国特色社会主义合格建设者和可靠接班人，是高校的根本任务。

加强和改进大学生"形势与政策"教育，也是总结我国教育发展历史经验得出的结论。青年学生的思想尚未完全成熟，极易受到外界舆论的影响。历史证明，只有我们重视和加强学生的"形势与政策"教育，我们的教育事业才能获得成功，我们的社会就更加稳定；一旦我们放松了学生的"形势与政策"教育，我们的教育事业就会受挫，我们的社会就会动荡。

2. 加强和改进大学生"形势与政策"教育，是当前国际、国内形势发展的迫切需要

加强和改进"形势与政策"教育是应对经济全球化发展趋势的迫切需要。首先，经济全球化是世界经济发展不可逆转的趋势，是世界各国之间长期的、复杂的较量，它必然伴随着因维护本国利益、国家主权和民族文化而产生的种种矛盾和冲突。西方发达国家是全球化的主导者，它们宣扬的全球化带有明显的政治意图。其次，随着全球化浪潮带来的信息技术、网络技术的普及，年轻人尤其是大学生面对各种各样的信息应接不暇，容易受到资产阶级自由化和反动思想的侵蚀。因此，坚守大学校园思想文化阵地的社会主义性质，保证大学生思想意识不被外来消极因素侵蚀，加强和改进"形势与政策"教育迫在眉睫。

3. 加强和改进大学生"形势与政策"教育，是培养高素质人才的重要举措

在 21 世纪，对人才素质的要求应特别强调以下三个方面：知识和能力的

协同发展、科学素质和人文素质的和谐发展、个性的自由全面发展。从未来对人才素质的要求看，学会做事与学会做人、科学教育与人文教育同样重要，并应该在实践中有机结合起来。"形势与政策"教育教会大学生认清当今时代特征，有助于大学生自觉树立正确的人生目标和远大理想，立志成才，自觉献身于民族复兴的伟大事业中。"形势与政策"教育重在方法论和认识论的结合，有助于提高大学生应对实际问题的能力。"形势与政策"教育的本质任务，就是教育学生自觉地站在正确的立场上，学会掌握和运用科学的方法论，学会运用矛盾的观点、联系的观点、发展的观点和全面的观点来观察形势、分析问题，透过纷繁复杂的社会表象看其内在本质。"形势与政策"教育，不是简单的播报新闻，不仅要告诉学生事实和结论，更重要的是要他们学会求证结论的过程，教他们学会看形势，学会站在正确的立场上，学会正确理解和贯彻党的大政方针。同时，"形势与政策"教育也是大学生提高综合素质、开阔胸怀与视野、增强责任感和大局观的重要方式。大学生不但要加强专业知识的学习，更要注意更新知识结构，缩小与世界先进水平的差距，将学术视野和业务视野向更广阔的领域扩展，既要成为"专才"，又要成为"通才"，这样才能为个人的发展提供更多的选择机会，长久地立于不败之地。

第二节　"形势与政策"课程的学习方法

"形势与政策"的课程性质、教学内容和教学目的等决定了"形势与政策"课程的学习原则与方法同其他课程的学习方法有共同之处，也有特殊性。我们应该在学习本门课程的过程中运用正确的学习方法，提高对于当前形势以及政策的认识水平。

一、增强主人翁意识，主动关心形势与政策

由于形势与政策是不断变化发展着的，会不断出现新问题、新情况，所以学习形势与政策光靠听取课堂讲授是不够的，课堂上只能讲授一些基本观点和基本政策，只起引路作用。跟上形势的发展，必须靠学习者坚持关心时事政治，养成关心国内外大事的习惯。开阔视野、胸怀祖国、放眼世界，这是任何一个立志成才、报效祖国的青年学生应有的情怀，也是学好"形势与政策"课程的基本前提。

二、运用科学的思维方法，多思多想

"形势与政策"课程的性质决定了它的复杂多样性。学习该课程，必须掌握和运用马克思主义的辩证法和认识论，充分运用科学的思维方法，坚持历史唯物主义，理论联系实际，这样才能在复杂的社会现象和社会矛盾中，分清主流和支流、现象和本质，全面认识形势及其发展趋势，正确理解政策及其发展变化，不断提高理论水平、政策水平和分辨是非的能力，为今后观察、分析问题奠定良好的基础。

三、积极参加社会实践，坚持课堂内外学习相结合

深入社会，了解社会，特别是有目的地进行社会调查，是学习"形势与政策"课程的重要方法。实践是检验真理的唯一标准。调查能够使我们具体地感受到形势如何，政策的实际情况与执行状况。调查的方法多种多样，有座谈、访问、观察、统计等。调查应力求全面、深入、科学，定性与定量相结合，从而得出正确的结论。从课堂上学到关于形势与政策的基本观点后，深入社会做实际调查，有助于学习者更好地理解形势、执行政策，自觉地与党中央在政治思想上保持一致。同时，教师要进一步拓展教学的内容和空间，充分利用丰富的现代教学工具，如现代传媒手段、影像资料等，运用各种教学方法，如讨论法、情景模拟法等，丰富和加深学生对我国经济建设和社会发展巨大进步的认识，提高"形势与政策"教育的效果。

专题一
习近平新时代中国特色社会主义思想

 学习重点

1. 习近平新时代中国特色社会主义思想产生的背景；
2. 习近平新时代中国特色社会主义思想的主要内容；
3. 习近平新时代中国特色社会主义思想的创新之处。

第一节 习近平新时代中国特色社会主义思想的产生

一、习近平新时代中国特色社会主义思想产生的背景

马克思、恩格斯曾说过：一切划时代的体系的真正的内容都是由于产生这些体系的那个时期的需要而形成起来的。习近平新时代中国特色社会主义思想，既不是提前规划设计好的，也不是凭主观想象出来的，而是顺应时代发展要求应运而生的。

1. **在应对错综复杂的国内外局势和深刻变化中呼之而出**

党的十八大以来的五年，是党和国家发展进程中极不平凡的五年。从国际上看，和平、发展、合作、共赢的时代潮流没有变，世界多极化、经济全

球化、文化多样化、社会信息化深入发展和科技创新加快推进,以经济实力、科技实力、文化实力、军事实力为主要内容的综合国力竞争日趋激烈,国际力量对比总体上有利于保持世界和平。同时,国际金融危机深层次影响尚未消除,主要发达国家经济增长乏力,世界经济复苏缓慢,发达国家贸易保护主义、孤立主义、民粹主义、逆全球化思潮抬头,等等。随着我国日益走近世界舞台的中央,国际影响力、感召力、塑造力进一步提高,"树大招风"效应日益显现,面临的外部阻力和战略遏制日益增多。

从国内来看,我国经济发展进入新常态,正经历着一系列深刻复杂的变化,但经济长期向好的基本面没有变,改革发展的良好态势没有变,人民生活继续改善的态势没有变,社会总体和谐稳定的态势没有变。同时,经济下行压力加大,我国发展长期面临的一些突出矛盾和问题尚未得到根本解决,又出现了一些新情况新问题:产能过剩和需求结构调整矛盾突出,经济增长内生动力不足,金融风险有所集聚,部分地区困难增多,一些地区环境污染问题依然严重,改革处于爬坡过坎阶段,人民群众在生产生活方面还有不少困难,推动我国经济社会持续健康发展的内外环境更加复杂,等等。

从党的自身建设看,党的十八大以来,党中央以前所未有的力度推进全面从严治党,以刀刃向内、自我革命的精神着力加强作风建设,强力惩治腐败,加强党内监督,大力推进党的建设新的伟大工程,党的面貌为之一新,人民群众对党的信赖和拥护不断增强。同时,我们党执政面临的社会环境和现实条件发生深刻变化,如利益多元化使协调利益关系、解决利益矛盾难度加大,就业方式和生活方式多样化使加强党员队伍管理难度加大,新媒体日新月异使加强对思想舆论阵地管理难度加大。党风廉政建设和反腐败斗争需要继续深化,全面从严治党任务依然繁重。

面对错综复杂的时代大变局、经济社会发展的新变化、党的建设的新要求,党中央登高望远、运筹帷幄,以新的理念、新的视野洞察局势、抢抓机遇,形成了一系列具有前瞻性、战略性、指导性的新思想、新理念、新战略。

2. 在党和国家事业的历史性成就和历史性变革中孕育而生

5年来,我们坚定不移贯彻新发展理念,坚决端正发展观念、转变发展方式,发展质量和效益不断提升。经济保持中高速增长,在世界主要国家中名列前茅,国内生产总值从54万亿增长到82万亿,稳居世界第二。农业现代化稳步推进,8 000多万农业转移人口成为城镇居民。信息通信、高速铁路、公路、桥梁等基础设施建设快速推进。天宫、蛟龙、天眼、悟空、墨子、大飞机等重大科技成果相继问世。一大批惠民举措落地实施。脱贫攻坚战取得决定性进展，6 000多万贫困人口稳定脱贫。蹄疾步稳推进全面深化改革，重要领域和关键环节改革取得突破性进展，主要领域改革主体框架基本确立。社会主义经济建设、政治建设、文化建设、社会建设、生态文明建设以及党的建设同步推进，均取得了重大成就。

5年来的成就是全方位的、开创性的，五年来的变革是深层次的、根本性的。5年来，我们党以巨大的政治勇气和强烈的责任担当，提出一系列新理念新思想新战略，出台一系列重大方针政策，推出一系列重大举措，推进一系列重大工作，解决了许多长期想解决而没有解决的难题，办成了许多过去想办而没有办成的大事，推动党和国家事业发生历史性变革。这些变革力度之大、范围之广、效果之显著、影响之深远，在党的历史上、新中国发展史上、中华民族发展史上都具有开创性意义。究其原因，根本就在于从理论探索和实践积累中形成的习近平新时代中国特色社会主义思想的科学指引和战略指导。

3. 在中国特色社会主义进入了新时代中磨砺而成

中国特色社会主义进入了新时代，这是我国发展新的历史方位。党的十九大做出这个重大政治判断，是一项关系全局的战略考量，表明近代以来久经磨难的中华民族实现了从站起来、富起来到强起来的历史性飞跃，迎来了实现中华民族伟大复兴的光明前景；表明党的十八大以来，在新中国成立特别是改革开放以来我国发展取得的重大成就基础上，党和国家事业发生了历史性变革，我国发展站到了新的历史起点上，中国特色社会主义进入了新的发展阶段；表明20世纪80年代末90年代初世界社会主义遭受严重挫折以来，社会主义在中国焕发出强大生机活力并不断开辟发展新境界，在世界上高高举起了中国特色社会主义伟大旗帜。

这个新时代既与改革开放近40年来的发展一脉相承，又有新的特点，党的理论创新实现了新飞跃，党的执政方式和基本方略有重大创新，发展理念和发展方式有重大转变，发展环境和发展条件发生深刻变化，发展水平和发展要求变得更高了。必须按照新时代的新要求，制定党和国家大政方针，完善发展战略和各项政策，推进和落实各项工作，更加自觉地增强中国特色社会主义道路自信、理论自信、制度自信、文化自信不动摇，更加自觉地坚持用习近平新时代中国特色社会主义思想指导思想和行动。

4. 在我国社会主要矛盾发生新的历史性变化中形成发展

1956年，党的八大正式提出我国社会主要矛盾的提法，改革开放后做了归纳精练，至今已经60多年。2018年1月，党中央就党的十九大报告议题征求各地区各部门意见时，各方面对修改我国社会主要矛盾提法的意见比较集中。在深入研究、广泛听取各方面意见的基础上，党的十九大报告把我国社会主要矛盾的表述修改为"人民日益增长的美好生活需要和不平衡不充分的发展之间的矛盾"。这是因为改革开放近40年来，我国社会主要矛盾的两个方面都发生了变化。一方面，我国社会生产力水平总体上显著提高，生产能力极大增强，经济总量稳居世界第二，220多种工农业产品产量位居世界第一，其他很多产品产量也位居世界前列，"落后的社会生产"的表述已经不符合实际。另一方面，随着经济社会持续快速发展，人民生活水平显著提高，人民生活需要日趋多样化多方面多层次，对美好生活的向往更加强烈。

我国社会主要矛盾的变化，不是一个纯概念的改变，是关系全局的历史性变化，反映了我国发展的阶段性要求，对党和国家工作提出了许多新要求。我们要在继续推动发展的基础上，着力解决好发展不平衡、不充分的问题，大力提升发展质量和效益，更好满足人民在经济、政治、文化、社会、生态等方面日益增长的多层次多样化需要，更好推动人的全面发展、全体人民共同富裕。

二、习近平新时代中国特色社会主义思想的理论来源

十八大以来，党和国家遇到的大事、难事不少，面对的环境变化之快、改革发展稳定任务之重、矛盾风险挑战之多、对我们党治党治国理政的考验之大前所未有。以习近平同志为核心的党中央科学把握当今世界和当代中国的发展大势，在直面时代问题中寻求思路，提出了一系列富有突破性和开创性的新理念、新思想、新战略，形成了新时代中国特色社会主义思想，实现了马克思主义与中国实际相结合的新飞跃。

马克思主义世界观和方法论的灵活运用。马克思主义是揭示人类社会发展规律的科学理论，马克思主义立场、观点和方法是马克思主义科学体系的精髓所在。习近平新时代中国特色社会主义思想坚持和发展了人民立场，继承和发展了马克思主义关于自然、社会和人类社会发展规律的新认识，始终坚持和运用辩证唯物主义和历史唯物主义。

马克思主义中国化创新成果的继承发展。习近平新时代中国特色社会主义思想作为当代中国共产党人在新的历史起点上续写中国特色社会主义新篇章的最新理论成果，继承和发展了马克思主义中国化创新成果，将中国特色社会主义推向新境界。

我国社会主义建设经验教训的深化总结。习近平新时代中国特色社会主

义思想，在分析正反两方面经验教训的基础上，正确评价改革开放前的历史时期，坚定了坚持和发展中国特色社会主义的政治自觉。

中国共产党认真汲取借鉴苏东剧变深刻教训，坚持中国特色社会主义政治定力，以自我革命的政治勇气和改革开放的政治智慧，解决了许多长期想解决而没有解决的难题，办成了许多过去想办而没有办成的大事。经过长期努力，中国特色社会主义进入了新时代，给世界上那些既希望加快发展又希望保持自身独立性的国家和民族提供了全新选择，为解决人类问题贡献了中国智慧和中国方案。

全面推动建设人类命运共同体的中国智慧。这种人类命运共同体思想来源于中国的"和"文化，它坚持的是"以和为贵""有容乃大"格局；追求的是"致中和，天地位焉，万物育焉"的"太平和合"境界；秉持的是"天下为公""万邦和谐""万国咸宁"的政治理念；讲究的是"和而不同""执其两端而用其中"的哲学思想。

博大精深的中华优秀传统文化的丰厚滋养。党的十八大以来，以习近平同志为核心的党中央高度重视中华优秀传统文化，深刻揭示了中华传统文化的历史定位，系统论述了中华优秀传统文化的时代价值，科学阐明了弘扬传统文化的科学态度，善于在改革发展稳定、内政外交国防、治党治国治军等方面运用中华优秀传统文化资源破解现代难题。

三、习近平新时代中国特色社会主义思想的生成机制

时代是思想之母，实践是理论之源。深入把握习近平新时代中国特色社会主义思想的科学内涵和思想要义，就要从其产生的基础入手来探讨其生成逻辑。

深入分析当代世界大局和时代本质及其阶段特征。从当今时代的根本性质来看，现在依然是资本主义社会形态占统治地位的历史时代，资本主义固有的基本矛盾并没有改变，我们依然处于马克思主义所早已指出的历史时代，也就是资本主义向社会主义过渡的"大的历史时代"，马克思主义所预言的"两个必然"的历史发展趋势不可逆转。与此同时，当今世界同马克思所处的时代相比已经发生了巨大而深刻的变化，呈现出许多新的阶段性特征。当今世界格局正处于加快演变的历史进程之中，呈现出大发展、大变革、大调整的态势。2008年金融危机以来，美国的内部治理困境不断加剧，世界影响力也受到冲击，西方国家之间、西方国家同新兴国家和广大发展中国家之间的矛盾不断深化，现行国际政治秩序在应对全球化问题上捉襟见肘，全世界反

对霸权主义、单边主义和强权政治的力量在迅速发展。在此情况下，社会主义中国如何抓住机遇实现历史性跨越，全面坚持和发展中国特色社会主义，通过中国特色大国外交推动构建新型国际关系，推动构建人类命运共同体，既吸收世界发展的有益成果走出一条适合自身特色的现代化道路，又避免西方现代化的弊端并为全人类发展做出中国贡献，成为摆在当代中国共产党人面前必须做出明确回答的重大历史课题。

深刻总结和提升中国特色社会主义发展经验。马克思主义中国化的一个重要方面就是不断把中国丰富的实践经验上升到马克思主义理论的高度，丰富和发展马克思主义。中华人民共和国成立以来，中国共产党带领全国人民在社会主义建设问题上孜孜追求，开拓进取，走过了中国特色社会主义的探索和奠基、开创和推进的不同时代，积累了丰富的发展经验。党的十八大以来，以习近平同志为核心的党中央科学把握当今世界和中国发展大势，顺应实践要求和人民愿望，提出一系列新理念、新思想、新战略，出台一系列重大方针政策，推出一系列重大举措，推进一系列重大工作，解决了许多长期想解决而没有解决的难题，办成了许多过去想办而没有办成的大事，取得了重大的历史性成就，实现了历史性变革。这些重大成就的取得，最根本的就在于有以习近平同志为核心的党中央的坚强领导，就在于有习近平同志提出的新理念、新思想、新战略的科学指导，就在于全党全国各族人民毫不动摇地沿着中国特色社会主义的正确道路共同奋斗、开拓前进。如何把这些成功的经验进行深度的理论提升，使之上升到马克思主义理论的高度，成为全党全国各族人民的共同愿望，也是新时代中国特色社会主义发展的需要，习近平同志不负党和人民重托，出色地完成了这个重大历史任务。

科学回答当代中国发展新的历史方位及其重大问题。改革开放以来，中国共产党团结带领全国各族人民沿着中国特色社会主义的道路开拓前进。特别是党的十八大以来，以习近平同志为核心的党中央以巨大的政治勇气和强烈的责任担当，取得了全方位的、开创性的伟大成就，实现了深层次的、根本性的历史变革，党和国家事业发展站到了新的历史起点上，中国特色社会主义进入了一个新的时代。基于此，党的十九大报告对我国发展的历史方位做出了重大判断——"经过长期努力，中国特色社会主义进入了新时代，这是我国发展新的历史方位。"中国特色社会主义新时代有着特定的内涵和要求，是承前启后、继往开来、在新的历史条件下继续夺取中国特色社会主义伟大胜利的时代，是决胜全面建成小康社会、进而全面建设社会主义现代化强国的时代，是全国各族人民团结奋斗、不断创造美好生活、逐步实现全体人民共同富裕的时代，是全体中华儿女勠力同心、奋力实现中华民族伟大复兴中国梦的时代，是我国日益走近世界舞台中央、不断为人类做出更大贡献的时代。新时代的内涵和要求，同时也就意味着新时代的任务。但是，要完成这些任务并不容易，因为我们也面临着一系列重大的困难和挑战：发展不平衡不充分的一些突出问题尚未解决，民生领域还有不少短板，脱贫攻坚任务艰巨，社会矛盾和问题交织叠加，全面依法治国任务依然繁重，意识形态领域斗争依然复杂，党的建设方面还存在不少薄弱环节，等等。如何解决这些重大问题，更好安排好新时代中国特色社会主义的总体布局、战略布局、战略步骤，更好地规划社会主义现代化发展路径和历史进程，实现人的全面发展和社会全面进步，不仅需要在政策上做出周密部署，更需要在理论上进行深刻回答，这也就是新的历史方位对理论创新成果的呼唤。

深刻揭示我国主要矛盾历史性变化及其内在要求。中国特色社会主义进入新时代，我国社会主要矛盾已经转化为人民日益增长的美好生活需要和不平衡不充分的发展之间的矛盾。我国稳定解决了十几亿人的温饱问题，总体上实现小康，不久将全面建成小康社会，人民美好生活需要日益广泛，不仅对物质文化生活提出了更高要求，而且在民主、法治、公平、正义、安全、环境等方面的要求日益增长。同时，我国社会生产力水平总体上显著提高，社会生产能力在很多方面进入世界前列，更加突出的问题是发展不平衡不充分，这已经成为满足人民日益增长的美好生活需要的主要制约因素。社会主要矛盾的转变是关系全局的历史性变化，对党和国家工作提出了许多新要求。这就是说，我们一定要在继续推动发展的基础上，着力解决好发展不平衡和不充分问题，大力提升发展质量和效益，更好满足人民群众在经济、政治、文化、社会生态等方面的需要。这些新的要求就需要我们在全面发展中国特色社会主义的总目标、总任务、发展方式、发展理念等一系列重大问题上，做出明确的理论回答。

总之，在当代世界进入大发展、大调整、大变革的时代背景下，在中国特色社会主义进入新时代的历史方位中，在新时代中国特色社会主义伟大实践过程中，习近平同志抓住时代特征、提升实践经验、定标历史方位、揭示主要矛盾，以巨大的政治勇气和理论智慧，创造性地回答了新时代中国特色社会主义的重大理论和实践问题，创立了习近平新时代中国特色社会主义思想，把当代中国的马克思主义推向了一个新的境界。

第二节 习近平新时代中国特色社会主义思想主要内容

一、坚持和发展中国特色社会主义的基本方略

新时代是新思想得以产生的时代背景，新思想是新时代顺利前行的思想灯塔和行动指南。习近平新时代中国特色社会主义思想不但明确了新时代坚持和发展什么样的中国特色社会主义，也回答了新时代怎样坚持和发展中国特色社会主义。党的十九大概括为"十四个坚持"，即新时代中国特色社会主义基本方略。

坚持党对一切工作的领导。党政军民学，东西南北中，党是领导一切的。必须增强政治意识、大局意识、核心意识、看齐意识，自觉维护党中央权威和集中统一领导，自觉在思想上政治上行动上同党中央保持高度一致，完善坚持党的领导的体制机制，坚持稳中求进工作总基调，统筹推进"五位一体"总体布局，协调推进"四个全面"战略布局，提高党把方向、谋大局、定政策、促改革的能力和定力，确保党始终总揽全局、协调各方。

坚持以人民为中心。人民是历史的创造者，是决定党和国家前途命运的根本力量。必须坚持人民主体地位，坚持立党为公、执政为民，践行全心全意为人民服务的根本宗旨，把党的群众路线贯彻到治国理政全部活动之中，把人民对美好生活的向往作为奋斗目标，依靠人民创造历史伟业。

坚持全面深化改革。只有社会主义才能救中国，只有改革开放才能发展中国、发展社会主义、发展马克思主义。必须坚持和完善中国特色社会主义制度，不断推进国家治理体系和治理能力现代化，坚决破除一切不合时宜的思想观念和体制机制弊端，突破利益固化的藩篱，吸收人类文明有益成果，构建系统完备、科学规范、运行有效的制度体系，充分发挥我国社会主义制度优越性。

坚持新发展理念。发展是解决我国一切问题的基础和关键，发展必须是科学发展，必须坚定不移贯彻创新、协调、绿色、开放、共享的发展理念。必须坚持和完善我国社会主义基本经济制度和分配制度，毫不动摇巩固和发展公有制经济，毫不动摇鼓励、支持、引导非公有制经济发展，使市场在资源配置中起决定性作用，更好发挥政府作用，推动新型工业化、信息化、城

镇化、农业现代化同步发展，主动参与和推动经济全球化进程，发展更高层次的开放型经济，不断壮大我国经济实力和综合国力。

坚持人民当家做主。坚持党的领导、人民当家做主、依法治国有机统一是社会主义政治发展的必然要求。必须坚持中国特色社会主义政治发展道路，坚持和完善人民代表大会制度、中国共产党领导的多党合作和政治协商制度、民族区域自治制度、基层群众自治制度，巩固和发展最广泛的爱国统一战线，发展社会主义协商民主，健全民主制度，丰富民主形式，拓宽民主渠道，保证人民当家做主落实到国家政治生活和社会生活之中。

坚持全面依法治国。全面依法治国是中国特色社会主义的本质要求和重要保障。必须把党的领导贯彻落实到依法治国全过程和各方面，坚定不移走中国特色社会主义法治道路，完善以宪法为核心的中国特色社会主义法律体系，建设中国特色社会主义法治体系，建设社会主义法治国家，发展中国特色社会主义法治理论，坚持依法治国、依法执政、依法行政共同推进，坚持法治国家、法治政府、法治社会一体建设，坚持依法治国和以德治国相结合，依法治国和依规治党有机统一，深化司法体制改革，提高全民族法治素养和道德素质。

坚持社会主义核心价值体系。文化自信是一个国家、一个民族发展中更基本、更深沉、更持久的力量。必须坚持马克思主义，牢固树立共产主义远大理想和中国特色社会主义共同理想，培育和践行社会主义核心价值观，不断增强意识形态领域主导权和话语权，推动中华优秀传统文化创造性转化、创新性发展，继承革命文化，发展社会主义先进文化，不忘本来、吸收外来、面向未来，更好构筑中国精神、中国价值、中国力量，为人民提供精神指引。

坚持在发展中保障和改善民生。增进民生福祉是发展的根本目的。必须多谋民生之利、多解民生之忧，在发展中补齐民生短板、促进社会公平正义，在幼有所育、学有所教、劳有所得、病有所医、老有所养、住有所居、弱有所扶上不断取得新进展，深入开展脱贫攻坚，保证全体人民在共建共享发展中有更多获得感，不断促进人的全面发展、全体人民共同富裕。建设平安中国，加强和创新社会治理，维护社会和谐稳定，确保国家长治久安、人民安居乐业。

坚持人与自然和谐共生。建设生态文明是中华民族永续发展的千年大计。必须树立和践行绿水青山就是金山银山的理念，坚持节约资源和保护环境的基本国策，像对待生命一样对待生态环境，统筹山水林田湖草系统治理，实行最严格的生态环境保护制度，形成绿色发展方式和生活方式，坚定走生产发展、生活富裕、生态良好的文明发展道路，建设美丽中国，为人民创造良好生产生活环境，为全球生态安全做出贡献。

坚持总体国家安全观。统筹发展和安全，增强忧患意识，做到居安思危，是我们党治国理政的一个重大原则。必须坚持国家利益至上，以人民安全为宗旨，以政治安全为根本，统筹外部安全和内部安全、国土安全和国民安全、传统安全和非传统安全、自身安全和共同安全，完善国家安全制度体系，加强国家安全能力建设，坚决维护国家主权、安全、发展利益。

坚持党对人民军队的绝对领导。建设一支听党指挥、能打胜仗、作风优良的人民军队，是实现"两个一百年"奋斗目标、实现中华民族伟大复兴的战略支撑。必须全面贯彻党领导人民军队的一系列根本原则和制度，确立新时代党的强军思想在国防和军队建设中的指导地位，坚持政治建军、改革强军、科技兴军、依法治军，更加注重聚焦实战，更加注重创新驱动，更加注重体系建设，更加注重集约高效，更加注重军民融合，实现党在新时代的强军目标。

坚持"一国两制"和推进祖国统一。保持香港、澳门长期繁荣稳定，实现祖国完全统一，是实现中华民族伟大复兴的必然要求。必须把维护中央对香港、澳门特别行政区全面管治权和保障特别行政区高度自治权有机结合起来，确保"一国两制"方针不会变、不动摇，确保"一国两制"实践不变形、不走样。必须坚持一个中国原则，坚持"九二共识"，推动两岸关系和平发展，深化两岸经济合作和文化往来，推动两岸同胞共同反对一切分裂国家的活动，共同为实现中华民族伟大复兴而奋斗。

坚持推动构建人类命运共同体。中国人民的梦想同各国人民的梦想息息相通，实现中国梦离不开和平的国际环境和稳定的国际秩序。必须统筹国内国际两个大局，始终不渝走和平发展道路、奉行互利共赢的开放战略，坚持正确义利观，树立共同、综合、合作、可持续的新安全观，谋求开放创新、包容互惠的发展前景，促进和而不同、兼收并蓄的文明交流，构筑尊崇自然、绿色发展的生态体系，始终做世界和平的建设者、全球发展的贡献者、国际秩序的维护者。

坚持全面从严治党。勇于自我革命，从严管党治党，是我们党最鲜明的品格。必须以党章为根本遵循，把党的政治建设摆在首位，思想建党和制度治党同向发力，统筹推进党的各项建设，抓住"关键少数"，坚持"三严三实"，坚持民主集中制，严肃党内政治生活，严明党的纪律，强化党内监督，发展积极健康的党内政治文化，全面净化党内政治生态，坚决纠正各种不正之风,以零容忍态度惩治腐败,不断增强党自我净化、自我完善、自我革新、自我提高的能力,始终保持党同人民群众的血肉联系。

新时代中国特色社会主义基本方略,是习近平新时代中国特色社会主义思想的重要组成部分,也是落实习近平新时代中国特色社会主义思想的实践要求。

二、习近平新时代中国特色社会主义思想的八个明确

党的十九大最突出的贡献,就是明确提出并系统阐述了习近平新时代中国特色社会主义思想的科学概念、时代背景、科学内涵和重要地位,形成了马克思主义中国化的最新理论成果,并把这个重大理论创新成果写进党章。习近平新时代中国特色社会主义思想内容十分丰富,涵盖改革发展稳定、内政外交国防、治党治国治军等各个领域、各个方面,构成了一个系统完整、逻辑严密、相互贯通的思想理论体系。

(1) 明确坚持和发展中国特色社会主义,总任务是实现社会主义现代化和中华民族伟大复兴,在全面建成小康社会的基础上,分两步走在本世纪中叶建成富强、民主、文明、和谐、美丽的社会主义现代化强国。

实现现代化是近代以来中国人民不懈的追求,实现中华民族伟大复兴是近代以来中华民族最伟大的梦想。社会主义现代化是中华民族伟大复兴的核心内容,中华民族伟大复兴是社会主义现代化的形象表达,两者在本质上是一致的,根本目的都是为了实现国家富强、民族振兴、人民幸福。需要明确的是,我们要搞的是社会主义现代化,而不能搞西方模式的现代化。这个现代化只有沿着中国特色社会主义道路才能行得通、走得好,中国特色社会主义只有坚持现代化的奋斗目标才能得到更好坚持和发展。党的十九大报告提出,从十九大到二十大,是"两个一百年"奋斗目标的历史交汇期。我们既要全面建成小康社会、实现第一个百年奋斗目标,又要乘势而上开启全面建设社会主义现代化国家新征程,向第二个百年奋斗目标进军。从全面建成小康社会到基本实现现代化,再到全面建成社会主义现代化强国,是新时代中国特色社会主义发展的战略安排。

(2) 明确新时代我国社会主要矛盾是人民日益增长的美好生活需要和不平衡不充分的发展之间的矛盾,必须坚持以人民为中心的发展思想,不断促进人的全面发展、全体人民共同富裕。

经过改革开放近40年的发展,我国稳定解决了十几亿人的温饱问题,总体上实现小康,不久将全面建成小康社会;人民美好生活需要日益广泛,不

仅对物质文化生活提出了更高要求，而且在民主、法治、公平、正义、安全、环境等方面的要求日益增长。同时，我国社会生产力水平总体上显著提高，社会生产能力在很多方面进入世界前列，更加突出的问题是发展不平衡不充分，这已经成为满足人民日益增长的美好生活需要的主要制约因素。必须在继续推动发展的基础上，着力解决好发展不平衡不充分问题，大力提升发展质量和效益，更好满足人民在经济、政治、文化、社会、生态等方面日益增长的需要，不断促进人的全面发展、全体人民共同富裕。

（3）明确中国特色社会主义事业总体布局是"五位一体"、战略布局是"四个全面"，强调坚定道路自信、理论自信、制度自信、文化自信。

党的十八大以来，我们党形成并积极推进经济建设、政治建设、文化建设、社会建设、生态文明建设"五位一体"总体布局，形成并积极推进全面建成小康社会、全面深化改革、全面依法治国、全面从严治党"四个全面"战略布局。"五位一体"和"四个全面"相互促进、统筹联动，深化了我们党对社会主义建设规律的认识，是事关党和国家长远发展的总战略。坚持和发展中国特色社会主义，必须统筹推进"五位一体"总体布局和协调推进"四个全面"战略布局，更加自觉地增强"四个自信"，既不走封闭僵化的老路，也不走改旗易帜的邪路，保持政治定力，坚持实干兴邦，始终坚持和发展中国特色社会主义。

（4）明确全面深化改革总目标是完善和发展中国特色社会主义制度、推进国家治理体系和治理能力现代化。

党的十九大指出："只有社会主义才能救中国，只有改革开放才能发展中国、发展社会主义、发展马克思主义。"改革开放只有进行时，没有完成时。现在，改革已经进入深水区和攻坚期，必须勇于自我革命，敢于直面问题，敢于啃硬骨头、闯难关，坚决破除一切不合时宜的思想观念和体制机制弊端，突破利益固化的藩篱，吸收人类文明有益成果，构建系统完备、科学规范、运行有效的制度体系，充分发挥我国社会主义制度优越性。全面深化改革的总目标是完善和发展中国特色社会主义制度、推进国家治理体系和治理能力现代化。这个总目标，既规定根本方向是中国特色社会主义道路而不是其他什么道路，又规定在根本方向指引下完善和发展中国特色社会主义制度的鲜明指向。推进国家治理体系和治理能力现代化，就是要使各方面制度更加科学、更加完善，实现党、国家、社会各项事务治理制度化、规范化、程序化，善于运用制度和法律治理国家，提高党科学执政、民主执政、依法执政水平。

（5）明确全面推进依法治国总目标是建设中国特色社会主义法治体系、

建设社会主义法治国家。

全面依法治国是中国特色社会主义的本质要求和重要保障。全面依法治国，必须把党的领导贯彻落实到依法治国全过程和各方面，坚定不移走中国特色社会主义法治道路，完善以宪法为核心的中国特色社会主义法律体系，建设中国特色社会主义法治体系，建设社会主义法治国家，发展中国特色社会主义法治理论。要加快形成完备的法律规范体系、高效的法治实施体系、严密的法治监督体系、有力的法治保障体系，形成完善的党内法规体系。全面依法治国是国家治理的一场深刻革命，必须坚持厉行法治，推进科学立法、严格执法、公正司法、全民守法。要在全社会牢固树立宪法法律权威，弘扬宪法精神，任何组织和个人都必须在宪法法律范围内活动，都不得有超越宪法法律的特权。

（6）明确党在新时代的强军目标是建设一支听党指挥、能打胜仗、作风优良的人民军队，把人民军队建设成为世界一流军队。

建设一支听党指挥、能打胜仗、作风优良的人民军队，是实现"两个一百年"奋斗目标、实现中华民族伟大复兴的战略支撑。听党指挥是人民军队的建军之本、强军之魂，必须坚决贯彻党对军队绝对领导的根本原则和制度，坚决听从党中央和中央军委指挥；能打胜仗是核心，必须始终聚焦备战打仗，锻造召之即来、来之能战、战之必胜的精兵劲旅；作风优良是保证，必须培养有灵魂、有本事、有血性、有品德的新一代革命军人，锻造铁一般信仰、铁一般信念、铁一般纪律、铁一般担当的过硬部队，永葆人民军队的性质、宗旨、本色。要坚持政治建军、改革强军、科技兴军、依法治军，坚持走中国特色强军之路，全面推进国防和军队现代化，到本世纪中叶把人民军队全面建成世界一流军队。

（7）明确中国特色大国外交要推动构建新型国际关系，推动构建人类命运共同体。

当今世界，各国相互依存、休戚与共。没有哪个国家能够独自应对人类面临的各种挑战，也没有哪个国家能够退回到自我封闭的孤岛。中国始终不渝走和平发展道路、奉行互利共赢的开放战略，坚持正确义利观，推动建设相互尊重、公平正义、合作共赢的新型国际关系。中国尊重各国人民自主选择发展道路的权利，维护国际公平正义，反对把自己的意志强加于人，反对干涉别国内政，反对以强凌弱。中国秉持共商共建共享的全球治理观，倡导国际关系民主化，坚持国家不分大小、强弱、贫富一律平等。中国愿与各国人民同心协力构建人类命运共同体，建设持久和平、普遍安全、共同繁荣、开放包容、清洁美丽的世界。

（8）明确中国特色社会主义最本质的特征是中国共产党领导，中国特色社会主义制度的最大优势是中国共产党领导，党是最高政治领导力量，提出新时代党的建设总要求，突出政治建设在党的建设中的重要地位。

中国共产党是中国特色社会主义事业的坚强领导核心。坚持党的领导是党和国家的根本所在、命脉所在，是全国各族人民的利益所系、幸福所系。党政军民学，东西南北中，党是领导一切的，是最高的政治领导力量，各个领域、各个方面都必须坚定自觉地坚持党的领导。党的政治建设是党的根本性建设，决定党的建设方向和效果。保证全党服从中央，坚持党中央权威和集中统一领导是党的政治建设的首要任务。要自觉增强政治意识、大局意识、核心意识、看齐意识，认真贯彻落实新时代党的建设总要求，坚定执行党的政治路线，严格遵守政治纪律和政治规矩，在政治立场、政治方向、政治原则、政治道路上同以习近平同志为核心的党中央保持高度一致。

三、习近平新时代中国特色社会主义思想的本质特征

从本质上说，新时代中国特色社会主义思想的精神实质就是在新的时代背景下，不忘初心，继续坚持和发展马克思主义，坚持以人民为中心，不断加强和完善党的领导，为实现中华民族伟大复兴的中国梦，进而为实现人的全面自由发展的共产主义提供实践指南。

1. 马克思主义：习近平新时代中国特色社会主义思想的内在本质

一是主题的鲜明性。伟大的理论必定有鲜明的主题，是为解决其时代的重大课题而创造和产生的。党的十八大以来，新时代赋予我们党必须解决的重大时代课题和理论课题，就是必须从理论和实践结合上系统回答新时代坚持和发展什么样的中国特色社会主义、怎样坚持和发展中国特色社会主义。正是围绕这一重大主题，以习近平同志为核心的党中央进行了艰辛的理论探索，取得重大理论创新成果，形成了习近平新时代中国特色社会主义思想。

二是理论的系统性。任何理论总是以思想观点和基本原理的集合，构成一个具有内在逻辑联系的有机体系或系统。面对新时代中国特色社会主义的伟大实践，以习近平同志为核心的党中央高瞻远瞩、运筹帷幄，着眼于统筹推进"五位一体"总体布局和协调推进"四个全面"战略布局，对党和国家各项事业进行全面指导，提出了一系列治国理政的新理念、新思想、新战略，使习近平新时代中国特色社会主义思想构成了一个完整的科学体系，具有理论的贯通性、自洽性和系统性，是一个完整科学的理论体系。

三是思想的科学性。一种理论的威力在于其思想的真理性和科学性，在于其认识和改造世界的作用力、影响力以及征服人心的说服力。新时代的到来，总是以新思想、新理论的创立和形成为标志。习近平新时代中国特色社会主义思想正确反映了中国特色社会主义事业的内在规律和本质联系，具有客观真理性和科学性。

四是内容的开放性。任何真正科学的理论都不是自我封闭的，而是不断开放和不断发展的体系。习近平新时代中国特色社会主义思想是中国特色社会主义理论体系的重要组成部分，而它本身又是一个不断与外界进行交流和不断发展的开放系统，具有内容的丰富性和开放性。习近平新时代中国特色社会主义思想不仅系统回答和解决了新时代中国特色社会主义建设的一系列理论和实践问题，而且以中国特色社会主义道路、理论、制度、文化不断发展的成就和成功经验，拓展了发展中国家走向现代化的途径，为其提供了全新选择，为解决人类问题贡献了中国智慧和中国方案。实践没有止境，理论创新也没有止境，习近平新时代中国特色社会主义思想是我们必须长期坚持而又需要不断发展的理论。中国特色社会主义建设实践每向前推进一步，我们党的理论创新和理论武装就要相应地向前跟进一步。中国特色社会主义的实践没有停止，我们对于中国特色社会主义理论的探索也不会结束。

五是实践的指导性。马克思主义科学理论最显著的特点，是它的实践性和指导性，能够指导党和人民的事业获得成功。新时代产生新理论，新理论指导新实践。习近平新时代中国特色社会主义思想作为全党全国人民为实现中华民族伟大复兴而奋斗的行动指南，必须运用于新时代的实践，运用于指导当今具有许多新的历史特点的伟大斗争。进行伟大斗争、建设伟大工程、推进伟大事业、实现伟大梦想，必须坚持用习近平新时代中国特色社会主义思想武装头脑，指导实践，推动各项事业和工作。

2. 以人民为中心：习近平新时代中国特色社会主义思想的核心内容

十九大报告强调，必须"坚持以人民为中心的发展思想，不断促进人的全面发展"。这是新时代中国特色社会主义思想的核心内容。可见，不管时代如何发展变化，我们党以人民为中心的立场始终没有改变。

以人民为中心是马克思主义政党的本质规定与要求。马克思主义唯物史观指出，人民群众是历史的创造者和历史活动的主体，是推动社会进步的重要决定力量。因此，作为历史活动主体和创造者的人民群众，既是社会财富的创造者，也是社会财富的享有者；既是中国梦实现的主体力量，也是中国梦提出的根本目的。马克思始终强调人是发展的目的，未来的共产主义社会就是要实现人的全面而自由的发展。而中国梦的提出从根本上来说也是为了实现人的全面发展。

以人民为中心是中国共产党人的初心和使命。十九大报告明确指出："中国共产党人的初心和使命，就是为中国人民谋幸福，为中华民族谋复兴。"党从成立之初到现在，始终把实现人民幸福、促进人的全面发展作为党一切工作的核心。党的一切工作部署和战略方针，也都是围绕增进民生福祉、实现人的全面发展而展开的。因此，在新时代、新的实践条件下，我们党也必然要坚持以人民为中心，肩负起为人民谋幸福、为中民族谋复兴的历史使命。

以人民为中心是中国共产党人的根本宗旨和价值取向。作为马克思主义政党，从成立伊始，就把全心全意为人民服务、不断地为人民谋幸福作为自己的根本宗旨和基本价值取向，始终坚持以人民为中心，把实现好、维护好和发展好最广大人民根本利益作为一切工作的出发点和落脚点。这不仅是我们党一贯坚持的立场和原则，也是我们党永葆创造力、凝聚力和战斗力的关键所在。

以人民为中心是中国共产党人新阶段治国理政的核心和依靠。只有始终把人民利益放在首位，了解人民群众的真正需求，才能在治国理政的过程中制定出正确的、有利于人民发展的政策。新时代我们党治国理政的任务是十分艰巨的，也只有紧紧依靠人民，自觉从人民群众的伟大实践中汲取智慧和力量，才能解决好发展中存在的问题，才能更好地推进中国特色社会主义事业不断向前发展。

3. 党的领导：习近平新时代中国特色社会主义思想的内在要求

党的十九大报告明确指出，"中国特色社会主义最本质的特征是中国共产党领导，中国特色社会主义制度的最大优势是中国共产党领导"。因此，发展中国特色社会主义事业，必须坚持和完善中国共产党的领导。

坚持党的领导是中国历史和人民的必然选择。党成立以来，领导中国人民推翻了"三座大山"，建立了人民当家做主的社会主义新中国，开辟了中国特色社会主义道路，实现了从半殖民地半封建社会到民族独立、人民当家做主的新社会的历史性转变、实现了从新民主主义革命到社会主义革命和建设的历史性转变、实现了从高度集中的计划经济体制到充满活力的社会主义市场经济体制、从封闭半封闭到全方位开放的历史性转变。这"三大历史性转变"，从根本改变了中华民族的命运，使中华民族走向复兴成为一个可以实现的梦。历史实践表明，中国共产党的领导是正确的，是符合中国发展实际和人民发展期望的，是能够不断满足人民群众发展需要、带领人民谋取更大幸福的，是值得人民拥护的，它既是历史和人民选择的必然结果，也是近代中国社会进步和改革发展的客观需要。

新时代，我们党提出了完成两个一百年的奋斗目标和实现中华民族伟大复兴的中国梦，而要实现这一目标和伟大梦想，就必须毫不动摇地坚持和完善党的领导。中国共产党是一个能够不断进行自我完善和自我发展的党，在长期革命、改革、建设和发展的实践过程中，已经积累了丰富的经验，形成了自己独特的优势，具有了任何其他政党都无法比拟的领导力、凝聚力和战斗力。中华民族能够实现从站起来、富起来到强起来，足以证明坚持和完善中国共产党领导的正确性和必要性。当今时代，我国改革发展所面临的广度和深度前所未有，所面临的问题和挑战也前所未有。只有坚持和完善党的领导，我们才能战胜各种艰难险阻，不断地走向胜利。

党的十八大以来，以习近平同志为核心的党中央对党的建设提出了更高更严的要求，突出了问题导向，强化了党的使命和担当意识。强调要把党的建设与中国特色社会主义事业、与中华民族伟大复兴的"中国梦"紧密联系起来，要不断完善和推进党的建设新的伟大工程，全面提高党的建设科学化水平，以更好地为中国特色社会主义事业服务。只有坚持和完善党的领导，实现中华伟大复兴才有了可靠的保证。

第三节　习近平新时代中国特色社会主义思想的意义

一、习近平新时代中国特色社会主义思想的创新

1. 新在时代背景

从国际上看，世界多极化进入新时代。世界多极化始于东欧剧变、苏联解体，冷战结束，世界社会主义陷入低潮。在那多极化的初期，美国一极独霸超强，而中国这一极不时面对西方"中国崩溃论"的唱衰诅咒，甚至许多人都在担心"中国这面红旗到底能打多久？"但是，在我们党的领导下，经过四分之一世纪的发展，特别是党的十八大以来，同世界其他"极"相比，中国的发展最为耀眼，风景这边独好。这是世界多极化时代最为显著的变化。

经济全球化也进入新时代。2001年，当中国怀着既欣喜又紧张的矛盾心情加入世贸组织时，面对制定规则的西方发达国家，不少人存在担忧，因为我国是后来者，难免受制于西方发达国家的制约。但是我们已经从经济全球

化的后来者一跃成为领跑者。特别是习近平提出的"一带一路"倡议和"构建人类命运共同体"主张，赢得了世界绝大多数国家的赞同。与此同时，以往作为"世界领袖"的美国却打起了"贸易保护主义"的小旗，从某种意义上看，美国成了经济全球化的阻碍者。

从国内来看，我国的发展也跨进了一个伟大新时代，习近平从三个维度精辟论述了这个新时代的历史特征。一是中华民族由衰到兴的沧桑巨变："近代以来久经磨难的中华民族迎来了从站起来、富起来到强起来的伟大飞跃，迎来了实现中华民族伟大复兴的光明前景。"二是科学社会主义在中国的兴盛："科学社会主义在二十一世纪的中国焕发出强大生机活力，在世界上高高举起了中国特色社会主义伟大旗帜。"三是中国特色社会主义对世界的贡献："中国特色社会主义道路、理论、制度、文化不断发展，拓展了发展中国家走向现代化的途径，给世界上那些既希望加快发展又希望保持自身独立性的国家和民族提供了全新选择，为解决人类问题贡献了中国智慧和中国方案。"

习近平指出，"时代是思想之母"。新的时代必然孕育新的思想，也必然需要新的思想来指导。习近平新时代中国特色社会主义思想正是在这种新的时代背景下应运而生。

2. 新在实践基础

党的十八大以来我们党带领全国人民取得了改革开放和社会主义现代化建设的历史性巨大成就，使中国特色社会主义伟大实践跨进伟大的新时代。而且"五年来的成就是全方位的、开创性的，五年来的变革是深层次的、根本性的"。经济建设取得重大成就；全面深化改革取得重大突破；民主法治建设迈出重大步伐；思想文化建设取得重大进展；人民生活不断改善；生态文明建设成效显著；强军兴军开创新局面；港澳台工作取得新进展；全方位外交布局深入展开；全面从严治党成效卓著。

但是，中国特色社会主义的新实践也面临不少困难和挑战。发展不平衡不充分问题尚未解决，包括发展质量和效益，创新能力，实体经济水平，生态环境保护，民生，脱贫，城乡区域发展和收入分配，群众就业、教育、医疗、居住、养老等方面存在不少难题，社会文明，全面依法治国，国家治理体系和治理能力，意识形态领域，国家安全，改革部署和重大政策落实，党的建设等方面都还存在不少薄弱环节，都有待于新实践来解决。

3. 新在历史使命

党的十九大肩负着新的伟大历史使命：承前启后、继往开来、在新的历史条件下继续夺取中国特色社会主义伟大胜利；决胜全面建成小康社会、进而全面建设社会主义现代化强国;全国各族人民团结奋斗、不断创造美好生活、逐步实现全体人民共同富裕;全体中华儿女勠力同心、奋力实现中华民族伟大复兴中国梦;我国要日益走近世界舞台中央、不断为人类做出更大贡献。

习近平把这个新的伟大历史使命概括为"四个伟大",即"伟大斗争,伟大工程,伟大事业,伟大梦想",并精辟地论述了"四个伟大"的内在逻辑。他强调,"四个伟大"紧密联系、相互贯通、相互作用,其中起决定性作用的是党的建设新的伟大工程。他指出,实现伟大梦想,必须进行伟大斗争。坚决战胜一切在政治、经济、文化、社会等领域和自然界出现的困难和挑战。实现伟大梦想,必须建设伟大工程。深入推进党的建设新的伟大工程,更加自觉地坚定党性原则,勇于直面问题,敢于刮骨疗毒,消除一切损害党的先进性和纯洁性的因素,清除一切侵蚀党的健康肌体的病毒,不断增强党的政治领导力、思想引领力、群众组织力、社会号召力,确保我们党永葆旺盛生命力和强大战斗力。实现伟大梦想,必须推进伟大事业。中国特色社会主义是改革开放以来党的全部理论和实践的主题,是党和人民历尽千辛万苦、付出巨大代价取得的根本成就。因此,习近平反复强调,为了不辱使命,为了实现中华民族伟大复兴中国梦,全党要更加自觉地增强中国特色社会主义道路自信、理论自信、制度自信、文化自信;既不走封闭僵化的老路,也不走改旗易帜的邪路。

新的伟大时代赋予我们党新的伟大历史使命。承担新的伟大历史使命需要新的伟大理论来指导。习近平新时代中国特色社会主义思想正是顺应新的伟大历史使命的召唤赫然而至。

4. 新在理论贡献

治国理政必须首先深刻认识和把握社会主要矛盾。新时代党的理论路线、方针政策、行动纲领的制定,都必须依据与时俱进的科学理论。习近平新时代中国特色社会主义思想,在两大根本理论问题上对中国化马克思主义理论发展做出了杰出的历史性贡献。

一是对新时代社会主要矛盾的准确定位。1981年党的十一届六中全会指出:在现阶段,我国社会的主要矛盾是"人民日益增长的物质文化需要同落后的社会生产之间的矛盾"。这一关于社会主要矛盾的概括和定位,是符合当时中国国情的。这一概括和定位一直延续到党的十八大报告:"我们必须清醒认识到,我国仍处于并将长期处于社会主义初级阶段的基本国情没有变,人民日益增长的物质文化需要同落后的社会生产之间的矛盾这一社会主要矛盾没有变。"习近平在党的十九大报告中敏锐而明确地指出:"中国特色社会主义进入新时代,我国社会主要矛盾已经转化为人民日益增长的美好生活需要和不平衡不充分的发展之间的矛盾。"习近平对我国社会的主要矛盾这一新概括和新定位,准确反映了党的十八大以来我国人民群众的需要和社会生产力发展的实际状况。将"物质文化需要"改为"美好生活需要",表明随着国家的发展进步,人民对生活需要的期望值更高了,已不限于"物质文化",而是全方位的美好,包括缩小收入差距、实现共同富裕、社会自由平等公正法治、行使民主权利更加充分、生态环境更加清洁美丽、文化生活更加积极健康、丰富多彩等。而我国东中西部发展、城乡发展、行业部门之间发展、民主政治的发展和收入分配等都存在不平衡不充分的问题,目前还不能满足"人民日益增长的美好生活需要"。习近平对社会主要矛盾新概括新定位,为新时代中国特色社会主义思想奠定了明确的立论前提。

二是对新时代党的理论主题的科学回答。对中国化马克思主义理论主题来说,毛泽东思想回答了半殖民地半封建、经济发展非常落后的中国如何实现民族解放、国家独立、走向社会主义及对社会主义建设的初步探索。邓小平理论科学地回答了什么是社会主义、怎样建设社会主义这一根本问题。"三个代表"重要思想进一步回答了什么是社会主义、怎样建设社会主义的根本问题,并开创性地回答了建设什么样的党和怎样建设党的重大课题。科学发展观在进一步回答什么是社会主义、怎样建设社会主义,建设什么样的党、怎样建设党重大问题的基础上,开创性地回答了在社会主义初级阶段实现什么样的发展和怎样发展的根本问题。应当说,"三个代表"重要思想和科学发展观都为探索中国特色社会主义发展道路做出了自己的贡献。中国特色社会主义从"摸着石头过河"开始探索,到党的十八大前足足经历了35年,饱经艰难曲折、付出沉重代价。但是,究竟应该坚持和发展什么样的中国特色社会主义,怎样坚持和发展中国特色社会主义?这是人们普遍关心、长期思考,也是许多人困惑的理论主题,直至党的十八大以后才逐步清晰起来。习近平以巨大的政治魄力和深刻的理论勇气,在党的十九大报告中第一次全面系统科学地回答了新时代中国特色社会主义的理论主题,以全新的视野深化了对共产党执政规律、社会主义建设规律、人类社会发展规律的认识,取得了中国化马克思主义创造性发展的具有里程碑意义的伟大成果。

5. 新在人民至上

关于人民历史地位问题,既是马克思主义的立场问题,也是马克思主义的方法问题。改革开放以来,我国经济在高速增长的同时也带来了一些困扰。

在经济上存在社会分配不公、收入两极分化；在政治上，老百姓的民主权利没有得到充分保证，这些问题长期没有得到很好的解决。中国特色社会主义要想稳健发展，必须解决好民生和民主这两个关键问题。习近平新时代中国特色社会主义思想的一个显著特征，就是坚持"以人民为中心"。习近平在党的十九大报告中着眼于党的性质和宗旨，着重指出："全党必须牢记，为什么人的问题，是检验一个政党、一个政权性质的试金石。带领人民创造美好生活，是我们党始终不渝的奋斗目标。必须始终把人民利益摆在至高无上的地位，让改革发展成果更多更公平惠及全体人民，朝着实现全体人民共同富裕不断迈进。"又从治国理政方法论角度阐述了"人民至上"的理论依据和贯彻人民至上的思路、措施、办法、体制和机制。他明确指出："一个政党，一个政权，其前途命运取决于人心向背。人民群众反对什么、痛恨什么，我们就要坚决防范和纠正什么。""凡是群众反映强烈的问题都要严肃认真对待，凡是损害群众利益的行为都要坚决纠正。"他强调，一定要保障和改善民生，要抓住人民最关心最直接最现实的利益问题，既尽力而为，又量力而行，一件事情接着一件事情办，一年接着一年干。完善公共服务体系，保障群众基本生活，不断满足人民日益增长的美好生活需要，不断促进社会公平正义，形成有效的社会治理、良好的社会秩序，使人民获得感、幸福感、安全感更加充实、更有保障、更可持续。他提出，要健全人民当家做主制度体系，发展社会主义民主政治。强调我国社会主义民主是维护人民根本利益的最广泛、最真实、最管用的民主。发展社会主义民主政治就是要体现人民意志、保障人民权益、激发人民创造活力，用制度体系保证人民当家做主。要长期坚持、不断发展我国社会主义民主政治，积极稳妥推进政治体制改革，推进社会主义民主政治制度化、规范化、程序化，保证人民依法通过各种途径和形式管理国家事务，管理经济文化事业，管理社会事务，巩固和发展生动活泼、安定团结的政治局面。人民至上理论，使习近平新时代中国特色社会主义思想为马克思主义历史唯物主义增添了新的理论内涵。

6. 新在文化自信

这是习近平新时代中国特色社会主义思想的一大理论创新亮点，它创造性地丰富了马克思主义文化理论，在马克思主义经典著作中，迄今还没有关于文化自信的系统论述。习近平多次指出，文化自信相比道路自信、理论自信、制度自信而言，是更基础、更广泛、更深厚的自信。他在十九大报告中精辟地论述了文化自信的重大意义，强调指出："文化是一个国家、一个民族的灵魂。文化兴国运兴，文化强民族强。没有高度的文化自信，没有文化的繁荣兴盛，就没有中华民族伟大复兴。"他系统阐述了文化自信的依据和内涵，明确指出，中国特色社会主义文化，源自中华民族五千多年文明历史所孕育的中华优秀传统文化，熔铸于党领导人民在革命、建设、改革中创造的革命文化和社会主义先进文化，植根于中国特色社会主义伟大实践。他明确提出，发展中国特色社会主义文化的总体思路，就是坚持以马克思主义为指导，坚守中华文化立场，立足当代中国现实，结合当今时代条件，发展面向现代化、面向世界、面向未来的，民族的、科学的、大众的社会主义文化，推动社会主义精神文明和物质文明协调发展；坚持为人民服务、为社会主义服务，坚持百花齐放、百家争鸣，坚持创造性转化、创新性发展，不断铸就中华文化新辉煌。他明确提出提高国家文化软实力的主要任务，就是要牢牢掌握意识形态工作领导权，培育和践行社会主义核心价值观，加强思想道德建设，繁荣发展社会主义文艺，推动文化事业和文化产业发展。习近平新时代中国特色社会主义思想的提出，本身也是我们党坚定文化自信的显著标志。

7. 新在社会治理

党的十九大报告以创新思维系统地阐述了习近平新时代中国特色社会主义思想社会治理的蓝图。提出保障和改善民生要抓住人民最关心最直接最现实的利益问题。坚持人人尽责、人人享有，坚守底线、突出重点、完善制度、引导预期，完善公共服务体系，保障群众基本生活，形成有效的社会治理、良好的社会秩序，使人民获得感、幸福感、安全感更加充实、更有保障、更可持续。优先发展教育事业，努力让每个孩子都能享有公平而有质量的教育。提高就业质量和人民收入水平。坚持按劳分配原则，完善按要素分配的体制机制，促进收入分配更合理、更有序。鼓励勤劳守法致富，扩大中等收入群体，增加低收入者收入，调节过高收入，取缔非法收入。加强社会保障体系建设。按照兜底线、织密网、建机制的要求，全面建成覆盖全民、城乡统筹、权责清晰、保障适度、可持续的多层次社会保障体系。坚决打赢脱贫攻坚战。要动员全党全国全社会力量，坚持精准扶贫、精准脱贫，坚持大扶贫格局，注重扶贫同扶志、扶智相结合。实施健康中国战略。要完善国民健康政策，为人民群众提供全方位全周期健康服务。坚持预防为主，倡导健康文明生活方式，预防控制重大疾病。构建养老、孝老、敬老政策体系和社会环境，推进医养结合，加快老龄事业和产业发展。打造共建共治共享的社会治理格局。完善党委领导、政府负责、社会协同、公众参与、法治保障的社会治理体制，提高社会治理社会化、法治化、智能化、专业化水平。加强社区治理体系建设，实现政府治理和社会调节、居民自治良性互动。有效维护国家安全。健全国家安全体系,加强国家安全法治保障,提高防范和抵御安全风险能力。严密防范和坚决打击各种渗透颠覆破坏活动、暴力恐怖活动、民族分裂活动、宗教极端活动。在马克思主义经典作家的著述中,从来没有关于社会主义社会治理如此科学、规范、详尽而接地气的论述。这显然也是习近平新时代中国特色社会主义思想的显著创新之处。

8. 新在尊重自然

习近平新时代中国特色社会主义思想丰富和发展中国特色社会主义理论的奋斗目标,第一次把"美丽"写进实现中华民族伟大复兴中国梦的目标,提出"把我国建设成为富强民主文明和谐美丽的社会主义现代化强国"。习近平指出,人与自然是生命共同体,人类必须尊重自然、顺应自然、保护自然。必须坚持节约优先、保护优先、自然恢复为主的方针,形成节约资源和保护环境的空间格局、产业结构、生产方式、生活方式,还自然以宁静、和谐、美丽。推进绿色发展。加快建立绿色生产和消费的法律制度和政策导向,建立健全绿色低碳循环发展的经济体系。构建市场导向的绿色技术创新体系,开展创建节约型机关、绿色家庭、绿色学校、绿色社区和绿色出行等行动。着力解决突出环境问题。坚持全民共治、源头防治,持续实施大气污染防治行动,打赢蓝天保卫战。加快水污染防治,实施流域环境和近岸海域综合治理。提高污染排放标准,强化排污者责任,健全环保信用评价、信息强制性披露、严惩重罚等制度。构建政府为主导、企业为主体、社会组织和公众共同参与的环境治理体系。积极参与全球环境治理,落实减排承诺。加大生态系统保护力度。实施重要生态系统保护和修复重大工程,优化生态安全屏障体系。完成生态保护红线、永久基本农田、城镇开发边界三条控制线划定工作。开展国土绿化行动,推进荒漠化、石漠化、水土流失综合治理,强化湿地保护和恢复。完善天然林保护制度,扩大退耕还林还草。健全耕地草原森林河流湖泊休养生息制度,建立市场化、多元化生态补偿机制。改革生态环境监管体制。设立国有自然资源资产管理和自然生态监管机构,统一行使全民所有自然资源资产所有者职责,统一行使所有国土空间用途管制和生态保护修复职责,统一行使监管城乡各类污染排放和行政执法职责。坚决制止和惩处破坏生态环境行为。古今中外,从来没有一个政治家,包括马克思主义理论家和政治家,对保护生态问题能从理论与实践、战略与措施的结合上有过如此全面系统、深入细致、务实管用的论述,毋庸置疑,这是习近平新时代中国特色社会主义思想对马克思主义理论一个非常重要的发展。

9. 新在强军之路

习近平新时代中国特色社会主义思想对新形势下中国特色军队国防建设

有针对性地提出了具有鲜明时代特征的军事理论。在强军意义上指出，强国必有强军，新时代中国特色社会主义建设需要有新时代强军来保护。在强军背景上，强调必须适应世界新军事革命发展趋势和国家安全需求，提高军队建设质量和效益。在强军任务上，提出要全面推进军事理论现代化、军队组织形态现代化、军事人员现代化、武器装备现代化，到本世纪中叶把人民军队全面建成世界一流军队。在强军措施上，提出一系列具体要求，强调要加强军队党的建设，开展"传承红色基因、担当强军重任"主题教育，推进军人荣誉体系建设，培养有灵魂、有本事、有血性、有品德的新时代革命军人，永葆人民军队性质、宗旨、本色；要树立科技是核心战斗力的思想，推进重大技术创新、自主创新，加强军事人才培养体系建设，建设创新型人民军队；强调军队要准备打仗，一切工作都必须坚持战斗力标准，向能打仗、打胜仗聚焦；强调扎实做好各战略方向军事斗争准备，统筹推进传统安全领域和新型安全领域军事斗争准备，发展新型作战力量和保障力量，开展实战化军事训练，加强军事力量运用，加快军事智能化发展，提高基于网络信息体系的联合作战能力、全域作战能力，有效塑造态势、管控危机、遏制战争、打赢战争；在处理军地关系上，强调坚持富国和强军相统一，深化国防科技工业改革，形成军民融合深度发展格局，构建一体化的国家战略体系和能力；强调组建退役军人管理保障机构，维护军人军属合法权益，让军人成为全社会尊崇的职业。习近平新时代中国特色社会主义思想在新的历史条件下极大地丰富了毛泽东军事思想。

10. 新在外交理念

习近平新时代中国特色社会主义思想的理论亮点之一是提出了"推动构建人类命运共同体"。这是习近平对新时代重塑国际关系而提出的创新外交理念，也是共产党人新时代推进人类进步事业的新方案。党的十九大报告指出，中国将高举和平、发展、合作、共赢的旗帜，推动建设相互尊重、公平正义、合作共赢的新型国际关系。不能因现实复杂而放弃梦想，不能因理想遥远而放弃追求。没有哪个国家能够独自应对人类面临的各种挑战，也没有哪个国家能够退回到自我封闭的孤岛。呼吁各国人民同心协力，构建人类命运共同体，建设持久和平、普遍安全、共同繁荣、开放包容、清洁美丽的世界。坚决摒弃冷战思维和强权政治，走对话而不对抗、结伴而不结盟的国与国交往新路。统筹应对传统和非传统安全威胁，反对一切形式的恐怖主义。推动经济全球化朝着更加开放、包容、普惠、平衡、共赢的方向发展。要尊重世界文明多样性，以文明交流超越文明隔阂、文明互鉴超越文明冲突、文明共存超越文明优越。强调中国奉行防御性的国防政策，永远不称霸，永远不搞扩张。强调中国积极发展全球伙伴关系，扩大同各国的利益交汇点，推进大国协调和合作，构建总体稳定、均衡发展的大国关系框架，按照亲诚惠容理念和与邻为善、以邻为伴周边外交方针深化同周边国家关系，秉持正确义利观和真实亲诚理念加强同发展中国家团结合作。积极促进"一带一路"国际合作，努力实现政策沟通、设施联通、贸易畅通、资金融通、民心相通，打造国际合作新平台，增添共同发展新动力。中国秉持共商共建共享的全球治理观，倡导国际关系民主化，坚持国家不分大小、强弱、贫富一律平等。中国将继续发挥负责任大国作用，积极参与全球治理体系改革和建设，不断贡献中国智慧和力量。上述"习近平新时代中国特色社会主义思想"的外交理念不仅受到国际社会的普遍欢迎，而且也是在世界依然存在社会主义和资本主义两种思想政治体系条件下对马克思主义的丰富发展。

11. 新在从严治党

党建理论是马克思主义理论重要的组成部分。习近平新时代中国特色社会主义思想关于全面从严治党的理论，是建立在党的十八大以来党风廉政建设伟大实践基础之上的，极大地丰富了马克思主义党建理论。习近平指出："中国特色社会主义进入新时代，我们党一定要有新气象新作为。打铁必须自身硬。党要团结带领人民进行伟大斗争、推进伟大事业、实现伟大梦想，必须毫不动摇坚持和完善党的领导，毫不动摇把党建设得更加坚强有力。"党的十八大以来，我们党"解决了许多长期想解决而没有解决的难题，办成了许多过去想办而没有办成的大事，推动党和国家事业发生历史性变革。这些历史性变革，对党和国家事业发展具有重大而深远的影响"。其中难度最大、意义最大的就是"打虎拍蝇"反腐败，不仅极大地提升了党在人民心目中的威信，而且极大地丰富了我们党全面从严治党的理论。强调反腐败要坚持无禁区、全覆盖、零容忍，坚持重遏制、强高压、长震慑，坚持受贿行贿一起查，坚决防止党内形成利益集团。强调必须健全党和国家监督体系，让人民监督权力，让权力在阳光下运行，把权力关进制度的笼子。他指出，影响党的先进性、弱化党的纯洁性的因素是复杂的，党内存在的思想不纯、组织不纯、作风不纯等突出问题尚未得到根本解决。号召全党要深刻认识党面临的执政考验、改革开放考验、市场经济考验、外部环境考验的长期性和复杂性，深刻认识党面临的精神懈怠危险、能力不足危险、脱离群众危险、消极腐败危险。强调"全面从严治党永远在路上"。必须把党的政治建设摆在首位。强调全党要坚定执行党的政治路线，严格遵守政治纪律和政治规矩，在政治立场、政治方向、政治原则、政治道路上同党中央保持高度一致,增强党内政治生活的政治性、时代性、原则性、战斗性,自觉抵制商品交换原则对党内生活的侵蚀,营造风清气正的良好政治生态。强调要弘扬忠诚老实、公道正派、实事求是、清正廉洁等价值观,坚决防止和反对个人主义、分散主义、自由主义、本位主义、好人主义,坚决防止和反对宗派主义、圈子文化、码头文化,坚决反对搞两面派、做两面人。要用新时代中国特色社会主义思想武装全党。要把坚定理想信念作为党的思想建设的首要任务,牢记党的宗旨,挺起共产党人的精神脊梁,解决好世界观、人生观、价值观这个"总开关"问题,自觉做共产主义远大理想和中国特色社会主义共同理想的坚定信仰者和忠实实践者。要建设高素质专业化干部队伍。要坚持严管和厚爱结合、激励和约束并重,完善干部考核评价机制,建立激励机制和容错纠错机制,旗帜鲜明为那些敢于担当、踏实做事、不谋私利的干部撑腰鼓劲。要全面增强执政本领。要增强学习本领,建设马克思主义学习型政党;增强政治领导本领,坚持战略思维、创新思维、辩证思维、法治思维、底线思维;增强改革创新本领,保持锐意进取的精神风貌,善于结合实际创造性推动工作;增强科学发展本领,善于贯彻新发展理念,不断开创发展新局面;增强依法执政本领,加快形成覆盖党的领导和党的建设各方面的党内法规制度体系;增强群众工作本领,创新群众工作体制机制和方式方法,发挥联系群众的桥梁纽带作用,组织动员广大人民群众坚定不移跟党走;增强狠抓落实本领,坚持说实话、谋实事、出实招、求实效,把雷厉风行和久久为功有机结合起来,勇于攻坚克难,以钉钉子精神做实做细做好各项工作;增强驾驭风险本领,善于处理各种复杂矛盾,勇于战胜前进道路上的各种艰难险阻。

习近平新时代中国特色社会主义思想这一新概括的提出,是我们党在跨入中国特色社会主义新时代非常重要的政治判断。这一新概括准确深刻、内涵丰富、令人信服、深得民心。习近平新时代中国特色社会主义思想着眼世情国情党情新变化,坚持理论和实践相统一,内容非常丰富,创新亮点很多;仅从上述十一个方面就不难看出,习近平新时代中国特色社会主义思想已经立于新时代理论之巅,是中国化马克思主义理论最新成果,是中国特色社会主义理论承上启下的集大成,是我们面向未来、实现中华民族伟大复兴的行动纲领。当前,深入学习领会习近平新时代中国特色社会主义思想,应该是贯彻落实党的十九大精神的第一要务。

二、习近平新时代中国特色社会主义思想的历史意义

习近平总书记在党的十九大报告中明确指出:"经过长期努力,中国特色

社会主义进入了新时代,这是我国发展新的历史方位。"党的十九大报告把十八大以来党的理论创新成果概括为新时代中国特色社会主义思想,大会通过的党章修正案把习近平新时代中国特色社会主义思想确立为我们党的行动指南,实现了党的指导思想的又一次与时俱进。深刻认识和准确把握习近平新时代中国特色社会主义思想的历史地位与世界意义,对于坚持和发展中国特色社会主义,实现中华民族伟大复兴的中国梦,具有重要意义。

1. 从中国发展大视野看,拓展了中国道路

中华民族有5 000多年的文明历史,创造了灿烂的中华文明,为人类做出了卓越贡献,成为世界上伟大的民族。近代以来,由于封建制度的腐朽没落和晚清政府的腐败无能,使中国频遭列强欺凌,逐渐沦为半殖民地半封建社会。从1840年鸦片战争到1949年建立中华人民共和国前夕的100多年间,中国被迫同外国共签订了1 100多个不平等条约。实现中华民族伟大复兴是近代以来中华民族最伟大的梦想。中国共产党一经成立,就把实现共产主义作为党的最高理想和最终目标,义无反顾肩负起实现中华民族伟大复兴的历史使命。面对危局,中国共产党以为中国人民谋幸福、为中华民族谋复兴为己任,团结带领人民进行了28年浴血奋战,完成了新民主主义革命,彻底废除了列强用枪炮强加给旧中国的一系列不平等条约和他们在旧中国的一切特权,实现了中国从几千年封建专制政治向人民民主政治的伟大飞跃。

中国共产党继而团结带领人民完成社会主义革命,确立社会主义基本制度,推进社会主义建设,完成了中华民族有史以来最为广泛而深刻的社会变革,为当代中国一切发展进步奠定了根本政治前提和制度基础,实现了中华民族由近代不断衰落到根本扭转命运、持续走向繁荣富强的伟大飞跃。20世纪70年代末,中国共产党审时度势,果断抓住机遇,团结带领人民开启了改革开放新的伟大革命,成功开辟了中国特色社会主义道路,极大激发广大人民群众的创造性,极大解放和发展社会生产力,极大增强社会发展活力,人民生活显著改善,综合国力显著增强,国际地位显著提高,取得了举世瞩目的发展成就,使中国大踏步赶上时代。

党的十八大以来,以习近平同志为核心的党中央面对国内外新形势和新任务,以巨大的政治勇气和强烈的责任担当,提出一系列新理念新思想新战略,出台一系列重大方针政策,推出一系列重大举措,推进一系列重大工作,解决了许多长期想解决而没有解决的难题,办成了许多过去想办而没有办成的大事,推动党和国家事业发生历史性变革,取得了改革开放和社会主义现代化建设的历史性成就。今天,我们比历史上任何时期都更接近、更有信心和能力实现中华民族伟大复兴的目标。中国共产党是世界上最大的政党，中国是世界上最大的发展中国家，大就要有大的样子，大就要有大的担当。在习近平新时代中国特色社会主义思想指引下，中国共产党领导中国人民把自己的事情做好，这本身就是对构建人类命运共同体、推动人类文明进步所做的巨大贡献。

党的十九大进一步确立了以习近平同志为核心的党中央的坚强领导，确立习近平新时代中国特色社会主义思想作为党的指导思想，吹响了全党全国人民向着全面建成小康社会、基本实现社会主义现代化、努力建成富强民主文明和谐美丽的社会主义现代化强国进军的新时代号角。我国社会主要矛盾已经转化为人民日益增长的美好生活需要和不平衡不充分的发展之间的矛盾。在此基础上，我们党提出了新时代坚持和发展中国特色社会主义的基本方略，规划了决胜全面建成小康社会、实现第一个百年奋斗目标具体路径，展望了向第二个百年奋斗目标迈进的新征程，对在新时代推进中国特色社会主义伟大事业和党的建设新的伟大工程做出了全面部署。

2. 从人类发展大潮流看，传递了中国理念

东欧剧变和苏联解体宣告了冷战结束，资本主义世界一片欢腾，国际共产主义运动陷入低潮。当时，一些西方学者和政要迫不及待地宣布马克思主义、社会主义和共产主义已经完结，欢呼历史已终结于资本主义制度。就在此时，邓小平同志在著名的南方谈话中坚定指出："我坚信，世界上赞成马克思主义的人会多起来的，因为马克思主义是科学"；"不要惊慌失措，不要认为马克思主义就消失了，没用了，失败了。哪有这回事！"2008年爆发的国际金融危机，本质是资本主义的生产资料私有制和社会化大生产之间的基本矛盾在全球经济一体化、西方经济虚拟化背景下的一次集中爆发，导致西方世界整体进入了下行轨道，至今无法恢复元气。随着危机的持续深化与扩展，西方国家的意识形态霸权和制度吸引力显著降低，世界上的左翼力量和马克思主义思潮明显在复兴，世界各地再次出现了"马克思热"。

党的十八大以来，以习近平同志为核心的党中央毫不动摇地在世界上高高举起了中国特色社会主义伟大旗帜，坚持和发展中国特色社会主义，中国特色社会主义事业日益呈现出勃勃生机。习近平总书记明确指出："中国特色社会主义是社会主义而不是其他什么主义，科学社会主义基本原则不能丢，丢了就不是社会主义。"向全世界庄严宣示了我们党和国家所坚持的中国特色社会主义是把马克思主义的普遍真理与中国实际相结合的产物，有力驳斥了一些别有用心的人对中国特色社会主义的种种诬蔑。习近平新时代中国特色社会主义思想特别强调坚定中国特色社会主义道路自信、理论自信、制度自信、文化自信，特别强调要始终坚持和加强党的全面领导，坚持和贯彻以人民为中心的发展思想，坚持和推进全面从严治党，进而保持党的先进性和纯洁性等。这从理论和实践上，都充分说明中国特色社会主义不仅没有丢掉科学社会主义基本原则，而且始终是毫不动摇地坚持和发展科学社会主义的基本原则的。

习近平总书记在中国共产党与世界政党高层对话会开幕式上的主旨讲话中指出："中国共产党是为中国人民谋幸福的党，也是为人类进步事业而奋斗的党。中国共产党是世界上最大的政党。我说过，大就要有大的样子。中国共产党所做的一切，就是为中国人民谋幸福、为中华民族谋复兴、为人类谋和平与发展。"中国摒弃弱肉强食的丛林法则，谴责穷兵黩武的霸权之道，遵循联合国宪章的宗旨与和平共处五项原则，奉行和平、发展、合作、共赢的理念，并带动世界和平与发展，严重冲击了在经济、政治和文化等方面长期占有主导地位的西方现代化模式，颠覆了那种惯以西方价值标准为圭臬来衡量其他国家的狭隘认知。中国特色社会主义道路作为一种全新参照，开始全面进入世界舞台。中国特色社会主义道路、理论、制度、文化不断发展，拓展了发展中国家走向现代化的途径，给世界上那些既希望加快发展又希望保持自身独立性的国家和民族提供了全新选择。

3. 从世界格局大调整看，提供了中国方案

世界正处于大发展大变革大调整时期，和平与发展仍然是时代主题。但从现实维度看，我们也正处在一个挑战频发的世界。世界经济增长需要新动力，发展需要更加普惠平衡，贫富差距鸿沟有待弥合，地区热点问题此起彼伏，恐怖主义蔓延肆虐。和平赤字、发展赤字、治理赤字、贸易保护主义所共同构成的全球治理危机，是摆在全人类面前的共同挑战。这些问题主要是由于现有国际秩序和全球治理体系的不合理造成的。习近平总书记指出："什么样的国际秩序和全球治理体系对世界好、对世界各国人民好，要由各国人民商量，不能由一家说了算，不能由少数人说了算。中国将积极参与全球治理体系建设，努力为完善全球治理贡献中国智慧，同世界各国人民一道，推动国际秩序和全球治理体系朝着更加公正合理方向发展。"

党的十八大以来，以习近平同志为核心的党中央统筹国内国际两个大局，洞察世界各国人民前途命运越来越紧密地联系在一起的趋势，顺应并引领和平、发展、合作、共赢的时代潮流，提出了构建人类命运共同体的主张。我们秉持你好我好大家好的发展理念，推进开放、包容、普惠、平衡、共赢的经济全球化，坚持共商共建共享的全球治理观和共同、综合、合作、可持续的新安全观，营造公平正义、共建共享的安全格局，构建客观反映国际力量对比现实的全球治理体系，为人类破解和平赤字、发展赤字、治理赤字等难题指明了方向和路径。坚持和平发展道路，推动构建人类命运共同体，是习近平新时代中国特色社会主义思想的重要组成部分，是对马克思主义关于人类社会发展规律认识的创新性发展，是中国对世界和平发展做出的新的重大理论贡献和实践推动。

2017年2月，联合国社会发展委员会第55届会议，首次将"构建人类命运共同体"理念写入联合国决议。2017年11月，第72届联大负责裁军和国际安全事务第一委员会会议通过了"防止外空军备竞赛进一步切实措施"和"不首先在外空放置武器"两份安全决议，再次将"构建人类命运共同体"理念写入其中，这是该理念首次被纳入联合国安全决议。构建人类命运共同体，已经成为中国为顺应经济全球化趋势而向世界提供的核心发展理念，体现着中国将自身发展同世界共同发展相统一的全球视野、世界胸怀和大国担当，具有强大的理论吸引力、思想感召力和实践生命力，在全球得到了越来越多国家和人民的认同。实践人类命运共同体理念的"一带一路"倡议，已得到百余个国家和国际组织的支持和参与，成为有关国家实现共同发展的巨大合作平台。中国在宣示以更为广阔的胸襟和更为大胆的力度实行全方位开放的同时，也表明了要以自身发展给世界创造更多机遇、与世界人民共享发展成果的意愿，要通过深化自身实践探索人类社会发展规律并同世界各国分享。中国方案正在进入推动新的经济全球化的实践历程。国际社会对全球治理体系中国方案的普遍认可、积极响应，进一步凸显了全球治理视域下习近平新时代中国特色社会主义思想的世界意义。

4. 推进马克思主义中国化，发展21世纪马克思主义

2017年9月29日，习近平总书记在中央政治局第43次集体学习时强调："时代在变化，社会在发展，但马克思主义基本原理依然是科学真理。尽管我们所处的时代同马克思所处的时代相比发生了巨大而深刻的变化，但从世界社会主义500年的大视野来看，我们依然处在马克思主义所指明的历史时代。这是我们对马克思主义保持坚定信心、对社会主义保持必胜信念的科学根据。"这一重要论断，是我们充分认识习近平新时代中国特色社会主义思想的历史地位与世界意义的一把钥匙。中国特色社会主义之所以进入了新时代，一方面是从中国自身发展的角度提出来的，另一方面也是从当今世界正处于大发展大变革大调整时期而提出来的。我们要认清中国发展大势和世界发展大势，抓住中国之治与西方之乱提供的千载难逢的历史机遇，奋发有为、开拓进取，开创新时代中国特色社会主义更加辉煌的新局面。

用新时代界定我国发展新的历史方位，有利于我们在今后更好地进行伟大斗争、建设伟大工程、推进伟大事业、实现伟大梦想。世界进入大发展大变革大调整时期，面临千年未有之大变局。国际关系理念以西方价值观为主要取向的"西方中心论"已难以为继，盛行一时的新自由主义意识形态风光不再，西方的治理理念、体系和模式越来越难以适应新的国际格局和时代潮流，各种弊端积重难返。新兴市场国家和一大批发展中国家快速发展，国际影响力不断增强，使国际力量对比发生了近代以来最具革命性的变化，但世界依然面临一系列传统和非传统安全威胁。中国处在从大国走向强国的关键时期，正日益走近世界舞台中央，中国自身发展同世界各国的交融性、关联性、互动性显著增强，中国道路、中国理念、中国方案的国际影响力和号召力空前提高。时代催生思想，实践产生理论。当今中国的发展需要新的思想引领和理论指导，当今世界的发展更需要新的治理理念和治理方式，这就是习近平新时代中国特色社会主义思想所处的历史方位。

新故相推，日生不滞。当今世界是一个需要新理论的世界，当今中国是一个能够产生新理论的国家。关于理论创新，毛泽东同志在读苏联《政治经济学教科书》时曾经说过一段非常重要的话："马克思这些老祖宗的书，必须读，他们的基本原理必须遵守，这是第一。但是，任何国家的共产党，任何国家的思想界，都要创造新的理论，写出新的著作，产生自己的理论家，来为当前的政治服务，单靠老祖宗是不行的。"中国是世界上最大的发展中国家，而且是最大的社会主义国家，是对世界经济增长贡献最大的国家。我们党在领导全国人民进行伟大斗争、建设伟大工程、推进伟大事业、实现伟大梦想的进程中，必然要继续推进马克思主义中国化，不断开辟21世纪马克思主义的新境界。习近平新时代中国特色社会主义思想就是中国共产党人在新时代推进理论创新的集中体现和重大成果，它极大丰富和发展了马克思主义，其所包含的关于世界治理命题的中国方案合时而生，为马克思主义在21世纪的发展与传播增添了强大生命力，必将在马克思主义发展史和人类思想发展史上写下光辉灿烂的一页，这就是习近平新时代中国特色社会主义思想的世界意义。

专题二 2018年"两会"精神解读

学习重点

1. "十二五"期间,我国经济社会发展取得历史性成就和发生历史性变革;
2. 2018年政府工作报告中的十大民生亮点。

2018年既是全面贯彻党的十九大精神的开局之年,也是改革开放40周年,还是决胜全面建成小康社会、实施"十三五"规划承上启下的关键一年。2018年全国两会是一次高举中国特色社会主义伟大旗帜、全面贯彻习近平新时代中国特色社会主义思想和党的十九大精神的大会,是一次民主、团结、求实、奋进的大会。本次大会不辱使命、不负重托,体现人民意愿,凝聚各方共识,通过了多项重大决议决定,充分体现了党的主张和人民意志的统一,对决胜全面小康、建设中国特色社会主义现代化强国、实现中华民族伟大复兴中国梦具有重大而深远的历史意义。

第一节 2018年"两会"简介

一、"两会"基本情况

"两会"并不是一个特定的机构名称,而是对自1978年以来历年召开的

"中华人民共和国全国人民代表大会"和"中国人民政治协商会议"的统称。由于两场会议会期基本重合，而且对于国家运作的重要程度都非常的高，故简称作"两会"。从省级地方到中央，各地的政协及人大的全体会议的会期全部基本重合，所以两会的名称可以同时适用于全国及各省（市、自治区）。

"两会"每5年称为一届，每年会议称×届×次会议。根据中国宪法规定："两会"召开的意义在于将"两会"代表从人民中得来的信息和要求进行收集及整理，传达给党中央。"两会"代表是代表着广大选民的一种利益的，代表着选民在"两会"召开期间，向政府有关部门提出选民们自己的意见和要求。地方每年召开的人大和政协也称为两会，通常召开的时间比全国"两会"时间要早。

二、会议历史

从1949年9月21日中国人民政治协商会议第一届全体会议在北京召开起，两会经历了许多不可磨灭的历史时刻。

1949年9月21日至30日，中国人民政治协商会议举行了第一届全体会议。参加会议的代表共662人，包括中国共产党、各民主党派、各人民团体、各地区、人民解放军、少数民族、国外华侨、宗教界人士等46个单位的代表以及特别邀请的人士，具有广泛的代表性。人民政协第一届全体会议代行全国人民代表大会的职权，代表全国人民的意志，宣告了中华人民共和国的成立；通过了具有临时宪法性质的《中国人民政治协商会议共同纲领》及《中国人民政治协商会议组织法》《中华人民共和国中央人民政府组织法》；决定中华人民共和国定都于北京，国旗为五星红旗，以《义勇军进行曲》为国歌，采用公元作为中国纪年；选举了中央人民政府主席、副主席、委员，并选举产生了中国人民政治协商会议第一届全国委员会。

1954年9月第一届全国人民代表大会举行第一次会议，通过了《中华人民共和国宪法》。同年12月召开了政协第二届全国委员会第一次会议，制定了《中国人民政治协商会议章程》。章程宣告：《共同纲领》已经为宪法所代替；人民政协全体会议代行全国人民代表大会的职权已经结束。但是人民政协作为统一战线的组织，将继续存在和发挥作用。此后，四届政协对应三届人大，而全国政协比全国人大提前1至2天开幕。"文革"中，全国政协停止，全国人大则在1975年恢复一届（四届），因此，自1978年起，全国人大与全国政协再次完全同步。

全国两会在3月召开的惯例，则始于1985年。此前，会议时间从年初，到年中，到年末，历年均有不同。从1949年9月21日中国人民政治协商会议第一届全体会议在北京召开起，两会经历了许多不可磨灭的历史时刻。以五届全国人大、政协会议为例，一次会议是在2月，二次会议在6月，三次会议在8月，四次和五次会议则安排在11月。而自1998年起，每年全国政协均在3月3日、全国人大均在3月5日开幕。人大议事规则的写法则是"第一季度"。之所以选择在3月的原因之一是有元旦和春节两个假期，而春节一般不是1月，便是2月。"两会"会期也是自1998年起相对固定，除了涉及换届选举的一次会议一般为两个星期（14～15天）外，历年"两会"的时间一般控制在10～12天。2018年，第十三届全国人民代表大会第一次会议历时15天。

三、2018年"两会"概况

2018年全国两会即中华人民共和国第十三届全国人民代表大会第一次会议和中国人民政治协商会议第十三届全国委员会第一次会议。

十三届全国人大一次会议于2018年3月5日至20日在北京举行，会期15天半，近3 000名全国人大代表出席会议。会议期间共召开8次全体代表会议。议程共10项，除审议审查政府工作报告、全国人大常委会工作报告、最高人民法院工作报告、最高人民检察院工作报告、国民经济和社会发展计划报告、财政预算报告等6个例行报告，还审议通过宪法修正案草案、监察法草案、国务院机构改革方案，选举和决定任命国家机构组成人员，并举行了庄严的宪法宣誓仪式。

全国政协十三届一次会议于2018年3月3日至15日在北京举行，会期13天，来自34个界别的2 100多名全国政协委员出席会议。会议审议通过全国政协常委会工作报告、提案审查情况报告和中国人民政治协商会议章程修正案，讨论政府工作报告及其他有关报告，讨论宪法修正案草案和监察法草案等，选举政协第十三届全国委员会主席、副主席、秘书长、常务委员，圆满完成了各项任务。

四、2018年"两会"会议议程

1. 中华人民共和国第十三届全国人民代表大会第一次会议议程

3月5日：上午9时，代表大会第一次全体会议，听取国务院总理李克强关于政府工作的报告；审查国务院关于2017年国民经济和社会发展计划执行情况与2018年国民经济和社会发展计划草案的报告；审查国务院关于2017

年中央和地方预算执行情况与 2018 年中央和地方预算草案的报告；听取全国人大常委会副委员长兼秘书长王晨关于中华人民共和国宪法修正案草案的说明。下午 3 时，代表团全体会议审议政府工作报告。

3 月 6 日：上午 9 时，分组审议政府工作报告；下午 3 时，分组审议政府工作报告。

3 月 7 日：上午 9 时，代表团全体会议审议宪法修正案草案；下午 3 时，分组审议宪法修正案草案。

3 月 8 日：上午 9 时，代表团全体会议审查计划报告和预算报告，推选监票人；下午 3 时，分组审查计划报告和预算报告。

3 月 9 日：上午 9 时，分组审议宪法修正案草案修改稿，审查计划报告和预算报告；下午 3 时，代表大会第二次全体会议，听取最高人民法院院长周强关于最高人民法院工作的报告；听取最高人民检察院检察长曹建明关于最高人民检察院工作的报告。

3 月 10 日：上午 9 时，代表团全体会议审议最高人民法院工作报告和最高人民检察院工作报告；下午 3 时，小组审议最高人民法院工作报告和最高人民检察院工作报告。

3 月 11 日：上午 9 时，代表团全体会议审议宪法修正案草案建议表决稿，大会关于设立第十三届全国人大专门委员会的决定草案，关于第十三届全国人大专门委员会主任委员、副主任委员、委员人选的表决办法草案；酝酿第十三届全国人大法律委员会、财政经济委员会主任委员、副主任委员、委员的人选。下午 3 时，代表大会第三次全体会议：表决总监票人、监票人名单草案；投票表决中华人民共和国宪法修正案草案；听取全国人大常委会委员长张德江关于全国人民代表大会常务委员会工作的报告。

3 月 12 日：上午 9 时，代表团全体会议审议全国人大常委会工作报告；下午 3 时，小组审议全国人大常委会工作报告。

3 月 13 日：上午 9 时，代表大会第四次全体会议，听取全国人大常委会副委员长李建国关于中华人民共和国监察法草案的说明；听取国务委员王勇关于国务院机构改革方案的说明；表决大会关于设立第十三届全国人大专门委员会的决定草案；表决大会关于第十三届全国人大专门委员会主任委员、副主任委员、委员人选的表决办法草案；表决第十三届全国人大法律委员会主任委员、副主任委员、委员人选名单草案；表决第十三届全国人大财政经济委员会主任委员、副主任委员、委员人选名单草案。下午 3 时，代表团全体会议审议监察法草案。

3月14日：上午9时，小组审议监察法草案；下午3时，代表团全体会议审议国务院机构改革方案。

3月15日：大会休息。

3月16日：上午9时，代表团全体会议，审议监察法草案修改稿，关于批准国务院机构改革方案的决定草案，第十三届全国人大一次会议选举和决定任命的办法草案；下午3时，代表团全体会议，酝酿协商中华人民共和国主席、副主席的人选，中华人民共和国中央军事委员会主席的人选，全国人大常委会委员长、副委员长、秘书长的人选。

3月17日：上午9时，代表大会第五次全体会议，表决关于批准国务院机构改革方案的决定草案；表决第十三届全国人大一次会议选举和决定任命的办法草案；选举中华人民共和国主席、副主席；选举中华人民共和国中央军事委员会主席；选举第十三届全国人大常委会委员长、副委员长、秘书长。下午3时，代表团全体会议酝酿国务院总理的人选，中华人民共和国中央军事委员会副主席、委员的人选；酝酿协商国家监察委员会主任、最高人民法院院长、最高人民检察院检察长的人选，全国人大常委会委员的人选。

3月18日：上午9时，代表大会第六次全体会议，决定国务院总理的人选；决定中华人民共和国中央军事委员会副主席、委员的人选；选举国家监察委员会主任；选举最高人民法院院长；选举最高人民检察院检察长；选举第十三届全国人大常委会委员。下午3时，代表团全体会议，酝酿国务院副总理、国务委员、各部部长、各委员会主任、中国人民银行行长、审计长、秘书长的人选，全国人大民族委员会、内务司法委员会、教育科学文化卫生委员会、外事委员会、华侨委员会、环境与资源保护委员会、农业与农村委员会等专门委员会主任委员、副主任委员、委员的人选。

3月19日：上午9时，代表大会第七次全体会议，决定国务院副总理、国务委员、各部部长、各委员会主任、中国人民银行行长、审计长、秘书长的人选；分别表决全国人大民族委员会、内务司法委员会、教育科学文化卫生委员会、外事委员会、华侨委员会、环境与资源保护委员会、农业与农村委员会等专门委员会主任委员、副主任委员、委员人选名单草案。下午3时，代表团全体会议，审议关于政府工作报告、年度计划、年度预算、全国人大常委会工作报告、最高人民法院工作报告、最高人民检察院工作报告的六个决议草案和监察法草案建议表决稿。

3月20日：上午9时，代表大会第八次全体会议，表决关于政府工作报告的决议草案；表决中华人民共和国监察法草案；表决关于2017年国民经济和社会发展计划执行情况与2018年国民经济和社会发展计划的决议草案；表决关于2017年中央和地方预算执行情况与2018年中央和地方预算的决议草案；表决关于全国人民代表大会常务委员会工作报告的决议草案；表决关于最高人民法院工作报告的决议草案；表决关于最高人民检察院工作报告的决议草案；中华人民共和国主席讲话；第十三届全国人大常委会委员长讲话；会议闭幕。

2. 中国人民政治协商会议第十三届全国委员会第一次会议议程

3月3日：下午3时，政协十三届一次会议开幕会，听取政协全国委员会常务委员会工作报告；听取政协全国委员会常务委员会关于提案工作情况的报告。

3月4日：上午9时，分组审议常委会工作报告和提案工作情况的报告；下午3时，小组审议常委会工作报告和提案工作情况的报告。

3月5日：上午9时，列席十三届全国人大一次会议开幕会；听取政府工作报告；听取关于中华人民共和国宪法修正案（草案）的说明；下午3时，分组讨论政府工作报告。

3月6日：上午9时，分组讨论政府工作报告、计划报告和预算报告；下午3时，界别联组会议。

3月7日：上午9时。分组讨论宪法修正案草案；下午3时，分组讨论宪法修正案草案。

3月8日：上午9时，政协十三届一次会议第二次全体会议，听取关于中国人民政治协商会议章程修正案（草案）的说明；大会发言；下午3时，分组审议政协章程修正案草案。

3月9日：上午9时，分组审议政协章程修正案草案；下午3时，列席十三届全国人大一次会议第二次全体会议，听取最高人民法院工作报告，听取最高人民检察院工作报告。

3月10日：上午9时，分组讨论"两高"工作报告；下午3时，政协十三届一次会议第三次全体会议，大会发言。

3月11日：全天委员休息。

3月12日：上午9时，围绕本小组关注热点问题召开小组会议；下午3时，结合常委会工作报告和政协全国委员会2018年协商计划讨论政协工作。3时主席团常务主席会议第一次会议，审议提交主席团第二次会议审议的选举办法草案、建议人选名单草案和各项决议草案；4时主席团第二次会议，审议政协第十三届全国委员会第一次会议选举办法（草案），审议通过政协第十三届全国委员会主席、副主席、秘书长、常务委员建议人选名单,审议政协第十三届全国委员会第一次会议关于常务委员会工作报告的决议(草案),审议政协第十三届全国委员会第一次会议关于中国人民政治协商会议章程修正案的决议(草案),审议政协第十三届全国委员会第一次会议政治决议(草案)。

3月13日:上午9时,分组审议各项决议草案、选举办法草案、候选人名单草案,推举监票人和选举准备工作;下午3时,分组讨论监察法草案、国务院机构改革方案。

3月14日:上午9时,主席团常务主席会议第二次会议,听取分组会议情况的综合汇报;审议提交主席团第三次会议审议的有关文件。10时,主席团第三次会议,通过政协第十三届全国委员会第一次会议选举办法;通过政协第十三届全国委员会主席、副主席、秘书长、常务委员候选人名单;审议通过总监票人、监票人名单;通过政协第十三届全国委员会第一次会议关于常务委员会工作报告的决议(草案);通过政协第十三届全国委员会第一次会议关于中国人民政治协商会议章程修正案的决议(草案);审议通过政协第十三届全国委员会第一次会议提案审查委员会关于政协十三届一次会议提案审查情况的报告(草案);通过政协第十三届全国委员会第一次会议政治决议(草案)。下午3时,政协十三届一次会议第四次全体会议,选举政协第十三届全国委员会主席、副主席、秘书长、常务委员。

3月15日:上午9时30分,政协十三届一次会议闭幕会,通过政协第十三届全国委员会第一次会议关于常务委员会工作报告的决议;通过政协第十三届全国委员会第一次会议关于中国人民政治协商会议章程修正案的决议;通过政协第十三届全国委员会第一次会议提案审查委员会关于政协十三届一次会议提案审查情况的报告;通过政协第十三届全国委员会第一次会议政治决议。

第二节　解读政府工作报告

一、2018年政府工作报告主要内容

(一)过去五年工作回顾

第十二届全国人民代表大会第一次会议以来的五年,是我国发展进程中极不平凡的五年。面对极其错综复杂的国内外形势,以习近平同志为核心的

党中央团结带领全国各族人民砥砺前行,统筹推进"五位一体"总体布局,协调推进"四个全面"战略布局,改革开放和社会主义现代化建设全面开创新局面。党的十九大确立了习近平新时代中国特色社会主义思想的历史地位,制定了决胜全面建成小康社会、夺取新时代中国特色社会主义伟大胜利的宏伟蓝图和行动纲领,具有重大现实意义和深远历史意义。各地区各部门不断增强政治意识、大局意识、核心意识、看齐意识,深入贯彻落实新发展理念,"十二五"规划圆满完成,"十三五"规划顺利实施,经济社会发展取得历史性成就、发生历史性变革。

(1) 经济实力跃上新台阶。国内生产总值从54万亿元增加到82.7万亿元,年均增长7.1%,占世界经济比重从11.4%提高到15%左右,对世界经济增长贡献率超过30%。财政收入从11.7万亿元增加到17.3万亿元。居民消费价格年均上涨1.9%,保持较低水平。城镇新增就业6 600万人以上,13亿多人口的大国实现了比较充分就业。

(2) 经济结构出现重大变革。消费贡献率由54.9%提高到58.8%,服务业比重从45.3%上升到51.6%,成为经济增长主动力。高技术制造业年均增长11.7%。粮食生产能力达到1.2万亿斤。城镇化率从52.6%提高到58.5%,8 000多万农业转移人口成为城镇居民。

(3) 创新驱动发展成果丰硕。全社会研发投入年均增长11%,规模跃居世界第二位。科技进步贡献率由52.2%提高到57.5%。载人航天、深海探测、量子通信、大飞机等重大创新成果不断涌现。高铁网络、电子商务、移动支付、共享经济等引领世界潮流。"互联网+"广泛融入各行各业。大众创业、万众创新蓬勃发展,日均新设企业由5 000多户增加到16 000多户。

(4) 改革开放迈出重大步伐。改革全面发力、多点突破、纵深推进,重要领域和关键环节改革取得突破性进展。简政放权、放管结合、优化服务等改革推动政府职能发生深刻转变,市场活力和社会创造力明显增强。"一带一路"建设成效显著,对外贸易和利用外资结构优化、规模稳居世界前列。

(5) 人民生活持续改善。脱贫攻坚取得决定性进展,贫困人口减少6 800多万,易地扶贫搬迁830万人,贫困发生率由10.2%下降到3.1%。居民收入年均增长7.4%、超过经济增速,形成世界上人口最多的中等收入群体。出境旅游人次由8 300万增加到1.3亿多。社会养老保险覆盖9亿多人,基本医疗保险覆盖13.5亿人,织就了世界上最大的社会保障网。人均预期寿命达到76.7岁。棚户区住房改造2 600多万套,农村危房改造1 700多万户,上亿人喜迁新居。

(6) 生态环境状况逐步好转。制定实施大气、水、土壤污染防治三个"十条"并取得扎实成效。单位国内生产总值能耗、水耗均下降20%以上，主要污染物排放量持续下降，重点城市重污染天数减少一半，森林面积增加1.63亿亩，沙化土地面积年均缩减近2 000平方千米，绿色发展呈现可喜局面。

(二) 主要做了以下工作

(1) 坚持稳中求进工作总基调，着力创新和完善宏观调控，经济运行保持在合理区间、实现稳中向好。

坚持实施积极的财政政策和稳健的货币政策。在财政收支矛盾较大情况下，着眼"放水养鱼"、增强后劲，我国率先大幅减税降费。

(2) 坚持以供给侧结构性改革为主线，着力培育壮大新动能，经济结构加快优化升级。紧紧依靠改革破解经济发展和结构失衡难题，大力发展新兴产业，改造提升传统产业，提高供给体系质量和效率。

(3) 坚持创新引领发展，着力激发社会创造力，整体创新能力和效率显著提高。我国科技创新由跟跑为主转向更多领域并跑、领跑，成为全球瞩目的创新创业热土。

(4) 坚持全面深化改革，着力破除体制机制弊端，发展动力不断增强。各领域改革的深化，推动了经济社会持续健康发展。

(5) 坚持对外开放的基本国策，着力实现合作共赢，开放型经济水平显著提升。

(6) 坚持实施区域协调发展和新型城镇化战略，着力推动平衡发展，新的增长极增长带加快成长。

(7) 坚持以人民为中心的发展思想，着力保障和改善民生，人民群众获得感不断增强。

(8) 坚持人与自然和谐发展，着力治理环境污染，生态文明建设取得明显成效。

(9) 坚持依法全面履行政府职能，着力加强和创新社会治理，社会保持和谐稳定。

(10) 贯彻落实党中央全面从严治党部署，加强党风廉政建设和反腐败斗争。坚决查处和纠正违法违规行为，严厉惩处腐败分子，反腐败斗争压倒性态势已经形成并巩固发展。

(三) 2018年经济社会发展总体要求和政策取向

今年是全面贯彻党的十九大精神的开局之年，是改革开放40周年，是决胜全面建成小康社会、实施"十三五"规划承上启下的关键一年。

综合分析国内外形势，我国发展面临的机遇和挑战并存。世界经济有望继续复苏，但不稳定、不确定因素很多，主要经济体政策调整及其外溢效应带来变数，保护主义加剧，地缘政治风险上升。我国经济正处在转变发展方式、优化经济结构、转换增长动力的攻关期，还有很多坡要爬、坎要过，需要应对可以预料和难以预料的风险挑战。实践表明，中国的发展成就从来都是在攻坚克难中取得的。当前我国物质技术基础更加雄厚，产业体系完备、市场规模巨大、人力资源丰富、创业创新活跃，综合优势明显，有能力、有条件实现更高质量、更有效率、更加公平、更可持续的发展。

今年发展主要预期目标是：国内生产总值增长6.5%左右；居民消费价格涨幅3%左右；城镇新增就业1 100万人以上，城镇调查失业率5.5%以内，城镇登记失业率4.5%以内；居民收入增长和经济增长基本同步；进出口稳中向好，国际收支基本平衡；单位国内生产总值能耗下降3%以上，主要污染物排放量继续下降；供给侧结构性改革取得实质性进展，宏观杠杆率保持基本稳定，各类风险有序有效防控。

财政政策和货币政策：积极的财政政策取向不变，要聚力增效。今年赤字率拟按2.6%安排，比去年预算低0.4个百分点；财政赤字2.38万亿元，其中中央财政赤字1.55万亿元，地方财政赤字8 300亿元。调低赤字率，主要是我国经济稳中向好、财政增收有基础，也为宏观调控留下更多政策空间。今年全国财政支出21万亿元，支出规模进一步加大。中央对地方一般性转移支付增长10.9%，增强地方特别是中西部地区财力。优化财政支出结构，提高财政支出的公共性、普惠性，加大对三大攻坚战的支持，更多向创新驱动、"三农"、民生等领域倾斜。当前财政状况出现好转，各级政府仍要坚持过紧日子，执守简朴、力戒浮华，严控一般性支出，把宝贵的资金更多用于为发展增添后劲、为民生雪中送炭。

稳健的货币政策保持中性，要松紧适度。管好货币供给总闸门，保持广义货币M2、信贷和社会融资规模合理增长，维护流动性合理稳定，提高直接融资特别是股权融资比重。疏通货币政策传导渠道，用好差别化准备金、差异化信贷等政策，引导资金更多投向小微企业、"三农"和贫困地区，更好服务于实体经济。

做好今年工作，要认真贯彻习近平新时代中国特色社会主义经济思想，坚持稳中求进工作总基调，把稳和进作为一个整体来把握，注重以下几点：一是大力推动高质量发展。发展是解决我国一切问题的基础和关键。要着力解决发展不平衡不充分问题，围绕建设现代化经济体系，坚持质量第一、效益优先，促进经济结构优化升级。要尊重经济规律，远近结合，确保经济运行在合理区间，实现经济平稳增长和质量效益提高互促共进。二是加大改革开放力度。改革开放是决定当代中国命运的关键一招，也是实现"两个一百年"奋斗目标的关键一招。在新的历史起点上，思想要再解放，改革要再深化，开放要再扩大。充分发挥人民首创精神，鼓励各地从实际出发，敢闯敢试，敢于碰硬，把改革开放不断向前推进。三是抓好决胜全面建成小康社会三大攻坚战。要分别提出工作思路和具体举措，排出时间表、路线图、优先序，确保风险隐患得到有效控制，确保脱贫攻坚任务全面完成，确保生态环境质量总体改善。我们所做的一切工作，都是为了人民。要坚持以人民为中心的发展思想，从我国基本国情出发，尽力而为、量力而行，把群众最关切、最烦心的事一件一件解决好，促进社会公平正义和人的全面发展，使人民生活随着国家发展一年比一年更好。

（四）对2018年政府工作的建议

今年经济社会发展任务十分繁重。要紧紧抓住大有可为的历史机遇期，统筹兼顾、突出重点，扎实做好各项工作。

（1）深入推进供给侧结构性改革。坚持把发展经济着力点放在实体经济上，继续抓好"三去一降一补"，大力简政减税减费，不断优化营商环境，进一步激发市场主体活力，提升经济发展质量。

（2）加快建设创新型国家。把握世界新一轮科技革命和产业变革大势，深入实施创新驱动发展战略，不断增强经济创新力和竞争力。

（3）深化基础性关键领域改革。以改革开放40周年为重要契机，推动改革取得新突破，不断解放和发展社会生产力。

（4）坚决打好三大攻坚战。要围绕完成年度攻坚任务，明确各方责任，强化政策保障，把各项工作做实做好。

（5）大力实施乡村振兴战略。科学制定规划，健全城乡融合发展体制机制，依靠改革创新壮大乡村发展新动能。

（6）扎实推进区域协调发展战略。完善区域发展政策，推进基本公共服务均等化，逐步缩小城乡区域发展差距，把各地比较优势和潜力充分发挥出来。

（7）积极扩大消费和促进有效投资。顺应居民需求新变化扩大消费，着眼调结构增加投资，形成供给结构优化和总需求适度扩大的良性循环。

（8）推动形成全面开放新格局。进一步拓展开放范围和层次，完善开放结构布局和体制机制，以高水平开放推动高质量发展。

（9）提高保障和改善民生水平。要在发展基础上多办利民实事、多解民生难事，兜牢民生底线，不断提升人民群众的获得感、幸福感、安全感。

三、2018年"两会"关键词解读

关键词：乡村振兴战略

报告原文：实施乡村振兴战略，科学制定规划，健全城乡融合发展体制机制，依靠改革创新壮大乡村发展新动能。推进农业供给侧结构性改革。促进农林牧渔业和种业创新发展，加快建设现代农业产业园和特色农产品优势区，稳定和优化粮食生产。新增高标准农田8 000万亩以上、高效节水灌溉面积2 000万亩。培育新型经营主体，加强面向小农户的社会化服务。发展"互联网＋农业"，多渠道增加农民收入，促进农村一、二、三产业融合发展。

解读：继十九大提出，一号文件全面部署之后，乡村振兴战略被写入政府工作报告。2018年的中央一号文件对乡村振兴战略做出了系统性的部署，本次政府工作报告的重申，无疑再次加重了这一战略的分量。从新农村建设，到乡村振兴，战略的调整，意味着中国农村发展面临的矛盾转变，寻求高质量的发展已经迫在眉睫。李克强总理提到，脱贫攻坚任务艰巨，农业基础仍然薄弱，城乡区域发展和收入分配差距依然较大。这是政府报告对乡村短板问题的总概括，也是未来乡村战略需要解决的课题。

关键词：土地改革

报告原文：落实第二轮土地承包到期后再延长30年的政策。探索宅基地所有权、资格权、使用权分置改革。改进耕地占补平衡管理办法，建立新增耕地指标、城乡建设用地增减挂钩节余指标跨省域调剂机制，所得收益全部用于脱贫攻坚和支持乡村振兴。深化粮食收储、集体产权、集体林权、国有林区林场、农垦、供销社等改革，使农业农村充满生机活力。

解读：乡村振兴和城镇化进程都离不开农村土地改革。第二轮土地承包到期后再延长30年给承包土地的农民吃下了定心丸，接下来的产权改革将会赋予他们更多的财产权利。所谓宅基地资格权，是农村集体经济组织成员依法享有的从集体经济组织那里申请使用宅基地的权利，资格权和使用权的分离，将带动未来逐渐推进的宅基地改革。中国特殊的土地所有制度，使得城镇化所需的土地一定程度上依靠农村集体用地的"转国有"，这使得建设用地指标在不同区域的调剂成为必要，城乡建设用地增减挂钩节余指标跨省域调剂机制，即是从调剂指标中促进城镇化进程。

关键词：个人所得税起征点

报告原文：稳步提高居民收入水平。继续提高退休人员基本养老金和城

乡居民基础养老金。合理调整社会最低工资标准。完善机关事业单位工资和津补贴制度，向艰苦地区、特殊岗位倾斜。提高个人所得税起征点，增加子女教育、大病医疗等专项费用扣除，合理减负，鼓励人民群众通过劳动增加收入、迈向富裕。

解读：个人所得税起征点调整在七年之后又迎来了新的调整，此时的调整，与上次有着不同的时代背景，在调整起征点的同时还增加了抵扣的内容，既响应了百姓的呼声，也符合了个税改革的方向。

关键词：房地产税立法

报告原文：深化财税体制改革。推进中央与地方财政事权和支出责任划分改革，抓紧制定收入划分改革方案，完善转移支付制度。健全地方税体系，稳妥推进房地产税立法。改革个人所得税。全面实施绩效管理，使财政资金花得其所、用得安全。

解读：相比个人所得税，迄今为止房地产税的思路依然在模糊之中，只透漏了几个征管方式。此次提出稳妥推进房地产税立法，还有税收立法的时间表，意味着今年房地产税法面世的可能性很大。

关键词：消费升级

报告原文：增强消费对经济发展的基础性作用。推进消费升级，发展消费新业态、新模式。将新能源汽车车辆购置税优惠政策再延长三年，全面取消二手车限迁政策。支持社会力量增加医疗、养老、教育、文化、体育等服务供给。创建全域旅游示范区，降低重点国有景区门票价格。推动网购、快递健康发展。对各类侵害消费者权益的行为，要依法惩处、决不姑息。

解读：重大的结构性变革是，经济增长实现由主要依靠投资、出口拉动转向依靠消费、投资、出口协同拉动，由主要依靠第二产业带动转向依靠三次产业共同带动。中国14亿的庞大的人口数量对于消费的推动作用是巨大的，采取措施增加中低收入者收入，推动传统消费提档升级、新兴消费快速兴起。人们渴望更加自主的消费选择，愿意为高附加值的产品与服务付费；互联网的发展改变了传统的消费模式，人们对于储蓄和消费的理解，已经逐步改变了中国式的传统消费模型。

关键词：对外开放

报告原文：倡导和推动共建"一带一路"，发起创办亚投行，设立丝路基金，一批重大互联互通、经贸合作项目落地。设立上海等11个自贸试验区，一批改革试点成果向全国推广。改革出口退税负担机制、退税增量全部由中央财政负担，设立13个跨境电商综合试验区，国际贸易"单一窗口"覆盖全国,货物通关时间平均缩短一半以上,进出口实现回稳向好。外商投资由审批制转向负面清单管理,限制性措施削减三分之二。外商投资结构优化,高技术产业占比提高一倍。加大引智力度,来华工作的外国专家增加40%。引导对外投资健康发展。推进国际产能合作,高铁、核电等装备走向世界。新签和升级8个自由贸易协定。沪港通、深港通、债券通相继启动,人民币加入国际货币基金组织特别提款权货币篮子,人民币国际化迈出重要步伐。中国开放的扩大,有力促进了自身发展,给世界带来重大机遇。

解读:对外开放是实现我国社会主义现代化的一项长期的基本国策,我国对外开放的重大举措,对吸收外资、引进技术、发展生产、推进经济体制改革起到了重大的作用,有力地推动了社会主义现代化建设。今后一个时期,我国在坚持引进来的同时,将更加积极主动地走出去,加快推进"一带一路"建设,加强国际产能和装备制造合作,建设立足周边、面向全球的高标准自由贸易区网络,这都要求加快体制机制创新,更好平衡引进来与走出去的双向利益,以进一步开放换取其他国家对我国的更大开放,在扩大开放中实现我国与世界各国互利共赢、共同发展。

关键词:建设制造强国

报告原文:推动集成电路、第五代移动通信、飞机发动机、新能源汽车、新材料等产业发展,实施重大短板装备专项工程,发展工业互联网平台,创建"中国制造2025"示范区。大幅压减工业生产许可证,强化产品质量监管。全面开展质量提升行动,推进与国际先进水平对标达标,弘扬工匠精神,来一场中国制造的品质革命。

解读:中国正处于转型发展的关键时期,支撑发展的要素条件发生深刻变化。国际上看,新一轮科技革命和产业变革正在孕育中,国际竞争加剧,发达国家新一轮贸易保护主义抬头,发展中国家利用低成本优势加速推进工业化,积极参与全球产业再分工,承接产业及资本转移,我国的一些劳动密集型产业开始转移。在这种国际国内大背景下,制造业不进则退,必须抓住机遇转型升级。中国的制造业发展空间还很大,只有坚定不移地进行产业升级、创新和提高劳动生产率,才能将潜在的优势转变为现实竞争优势。

关键词:深化"放管服"改革

报告原文:全面实施市场准入负面清单制度。在全国推开"证照分离"改革,重点是照后减证,各类证能减尽减、能合则合,进一步压缩企业开办时间。大幅缩短商标注册周期。工程建设项目审批时间再压减一半。全面实施"双随机、一公开"监管,决不允许假冒伪劣滋生蔓延,决不允许执法者吃拿卡要。深入推进"互联网＋政务服务",使更多事项在网上办理,必须到现场办的也要力争做到"只进一扇门""最多跑一次"。大力推进综合执法机构机制改革,着力解决多头多层重复执法问题。加快政府信息系统互联互通,打通信息孤岛。清理群众和企业办事的各类证明,没有法律法规依据的一律取消。优化营商环境就是解放生产力、提高竞争力,要破障碍、去烦苛、筑坦途,为市场主体添活力,为人民群众增便利。

解读:"简政放权、放管结合、优化服务"等,成为改革开放大背景下的新突破。"放管服"改革是加快政府职能转变的关键之举,需要持续进行利益格局的调整、权责关系的重塑、管理模式的再造、工作方式的转型,切实解决各级各部门抓落实的意愿和能力的问题。

关键词:"一带一路"

报告原文:推进"一带一路"国际合作。坚持共商共建共享,落实"一带一路"国际合作高峰论坛成果。推动国际大通道建设,深化沿线大通关合作。扩大国际产能合作,带动中国制造和中国服务走出去。优化对外投资结构。加大西部、内陆和沿边开放力度,拓展经济合作新空间。

解读:"一带一路"强调共商、共建、共享原则,给21世纪的国际合作带来新的理念。在欧亚大陆上至少有一半的国家已经明确表示愿意参与,愿意参与的国家数量还在不断增加中。"一带一路"倡议目标是要建立一个政治互信、经济融合、文化包容的利益共同体、命运共同体和责任共同体。这也有利于推动形成全面开放新格局,进一步拓展开放范围和层次,完善开放结构布局和体制机制,以高水平开放推动高质量发展。

关键词:促进外商投资

报告原文:加强与国际通行经贸规则对接,建设国际一流营商环境。全面放开一般制造业,扩大电信、医疗、教育、养老、新能源汽车等领域开放。有序开放银行卡清算等市场,放开外资保险经纪公司经营范围限制,放宽或取消银行、证券、基金管理、期货、金融资产管理公司等外资股比限制,统一中外资银行市场准入标准。实施境外投资者境内利润再投资递延纳税。简化外资企业设立程序,商务备案与工商登记"一口办理"。全面复制推广自贸区经验,探索建设自由贸易港,打造改革开放新高地。

解读:目前,中国制造企业走出去的多,外资进来的少,利用外资格局面临巨大的挑战。未来吸引外资的核心是中国的消费优势,当前利用外资的新优势,就是我们巨大的中高端化的国内市场。围绕补短板、促进结构调整、促进实体企业发展、促进新旧动能转换和创新动能的加速形成,新一轮的加强引进外资要服务于调结构促转型、促进经济服务化、促进新兴产业发展的更高水平的对外开放。重点领域包括高技术制造业、战略新兴产业和生产性服务业领域。

关键词：养老金并轨

报告原文：李克强在讲话中提到我国建立统一的城乡居民基本养老、医疗保险制度，实现机关事业单位和企业养老保险制度并轨。

解读：2015年国务院出台《关于机关事业单位工作人员养老保险制度改革的决定》，宣告存在了近20年的养老金"双轨制"走向终结。同等学历、同等职称、同等职务、同等技能、同等贡献的人因退休时的单位性质不同，退休金也不同的深层次矛盾被消除。整合城乡居民医疗保险也在行进当中。重复参保、城乡居民医保待遇不够公平等问题一直是城镇居民医保和新农合分割管理的弊病。当前，全国31个省份出台了城镇居民医保和新农合整合规划，接下来更多省份城乡居民将不再受城乡身份的限制，医保管理服务实现一体化。

关键词：网络提速降费

报告原文：加大网络提速降费力度，实现高速宽带城乡全覆盖，扩大公共场所免费上网范围，明显降低家庭宽带、企业宽带和专线使用费，取消流量"漫游"费，移动网络流量资费年内至少降低30%，让群众和企业切实受益，为数字中国建设加油助力。

解读：伴随着4G手机在中国的全面普及，移动通信早已从过去的语音通话时代步入了流量时代，上网成为人们在移动通信上的最大消费项。过去一年，国内移动互联网接入流量消费同比增长162.7%，平均每个手机用户一个月消费1 775MB的流量，是上年的2.3倍。与此同时，这一年国内移动数据及互联网业务收入对电信业务收入增长贡献率达到150%以上。

2017年9月1日，中国移动、中国电信、中国联通三大电信运营商全面取消了手机国内长途和漫游费。这意味着，从那一天起，国内手机通话资费不再区分本地和外地长途。当年年底，国家工信部在总结移动通信"提速降费"方面的工作时指出，2017年超前完成了全面取消手机国内长途和漫游费，降低中小企业互联网专线资费和国际长途电话资费等《政府工作报告》确定的年度任务。但对于降低上网资费，才是近年群众更加迫切的呼声。业内观察人士认为，电信运营商降低资费的三大动力，第一个是技术的进步，第二个是竞争，第三个是政府的压力。2018年2月11日，在国家发改委的宏观经济运行情况发布会上，新闻发言人曾就清理规范涉企收费时表示："将督促基础电信企业降低流量资费和中小企业专线标准资费,以及国际港澳台漫游资费。"到今年的政府工作报告,这一惠民政策终于落下石锤。

关键词:医保支付异地就医

报告原文:深化养老保险制度改革,建立企业职工基本养老保险基金中央调剂制度。深化公立医院综合改革,协调推进医疗价格、人事薪酬、药品流通、医保支付改革,提高医疗卫生服务质量,下大力气解决群众看病就医难题。深入推进教育、文化、体育等改革,充分释放社会领域巨大发展潜力。

解读:医疗、医保、医药这"三驾马车"的联动改革,依旧在完善当中。过去几年来,持续"实施医疗、医保、医药联动改革,全面推开公立医院综合改革,取消长期实行的药品加成政策,药品医疗器械审批制度改革取得突破"。不过,值得注意的是,由于利益分割上的均衡博弈,目前推行异地就医即时报销有时仍会遇阻。问题的焦点是要厘清"利益的分割"。如何在一种新的制度安排下,消解地方政府、投保单位和投保人之间的利益冲突,从而同时提高他们对设计安排的支持,将是关键中的关键。

关键词:减轻企业税负

报告原文:进一步减轻企业税负。改革完善增值税,按照三档并两档方向调整税率水平,重点降低制造业、交通运输等行业税率,提高小规模纳税人年销售额标准。大幅扩展享受减半征收所得税优惠政策的小微企业范围。大幅提高企业新购入仪器设备税前扣除上限。实施企业境外所得综合抵免政策。扩大物流企业仓储用地税收优惠范围。继续实施企业重组土地增值税、契税等到期优惠政策。全年再为企业和个人减税 8 000 多亿元,促进实体经济转型升级,着力激发市场活力和社会创造力。

解读:减税是积极财政的一个方式,减轻企业税负保持了积极的财政政策,同时给企业让出了足够的空间进行发展,这些年我国政府一直在不断地减税,从营改增,到高科技,到固定资产折旧,等等。今年有针对性地对制造业降低税负,有利于实体经济的转型发展。

关键词:科技投入向民生倾斜

报告原文:加快国家创新体系建设,强化基础研究和应用基础研究,启动一批科技创新重大项目,高标准建设国家实验室,鼓励企业牵头实施重大科技项目,支持科研院所、高校与企业融通创新,加快创新科技成果转化应用,国家科技投入要向民生领域倾斜,加强雾霾治理、癌症等重大疾病防治攻关,使科技更好造福人民。

解读:"科技惠民""民生科技"是近年来频繁被提及的两个词汇,比如今年全国科技工作会议中,科技部部长万钢提出新时代科技创新工作的历史使命之一即为"坚持以人民为中心的发展思想,紧扣社会主要矛盾变化,大力推进科技惠民,切实增强人民群众获得感幸福感"。可以预想,在未来一段时间中,大量的科研经费将会直接投到这些可以"增强人民群众获得感、幸福感"的领域中,比如医疗、环保等领域。

关键词:大气、水、土壤污染防治

报告原文:五年来,生态环境状况逐步好转。制定实施大气、水、土壤污染防治三个"十条"并取得扎实成效。单位国内生产总值能耗、水耗均下降20%以上,主要污染物排放量持续下降,重点城市重污染天数减少一半,森林面积增加1.63亿亩,沙化土地面积年均缩减近2 000平方公里,绿色发展呈现可喜局面。

解读:过去五年,中国环保执法力度大大升级,环境改善成效明显,2017年底,首个针对环境突出问题开展综合治理的行动计划——《大气污染防治行动计划》(简称"大气十条")所确定的各项任务指标已全面完成。2018年环保部将在巩固已有成果的基础上,继续保持环境执法高压态势,更加突出和深化大气、水、土壤三大领域污染治理。同时,着力开展清水行动,扎实推进净土行动,制定《土壤污染防治法》,深入推进环保领域改革。

关键词:蓝天保卫战

报告原文:推进污染防治要取得更大成效。巩固蓝天保卫战成果,今年二氧化硫、氮氧化物排放量要下降3%,重点地区细颗粒物(PM2.5)浓度继续下降。推动钢铁等行业超低排放改造。提高污染排放标准,实行限期达标。开展柴油货车超标排放专项治理。深入推进水、土壤污染防治,今年化学需氧量、氨氮排放量要下降2%。实施重点流域和海域综合治理,全面整治黑臭水体。加大污水处理设施建设力度,完善收费政策。严禁"洋垃圾"入境。加强生态系统保护和修复,全面划定生态保护红线,完成造林1亿亩以上,耕地轮作休耕试点面积增加到3 000万亩,扩大湿地保护和恢复范围,深化国家公园体制改革试点。严控填海造地。严格环境执法。我们要携手行动,建设天蓝、地绿、水清的美丽中国。

解读:今年国家明确把打赢蓝天保卫战作为打好污染防治攻坚战的重中之重,打赢蓝天保卫战被放在最为优先考虑的位置。这不仅重点突出,而且主要环境指标非常明确。目前,环保部正抓紧研究起草蓝天保卫战三年作战计划,确立具体战役,一个战役接着一个战役打,现在已明确主攻阵地、主攻方向和突破点。同时,环保部将出台重点区域大气污染防治实施方案,稳步推进北方地区清洁取暖,加快淘汰燃煤小锅炉等。

关键词:产教融合

报告原文:支持社会力量举办职业教育。鼓励企业牵头实施重大科技项目,支持科研院所、高校与企业融通创新,加快创新成果转化应用。要提供全方位创新创业服务,推进"双创"示范基地建设,鼓励大企业、高校和科研院所开放创新资源,发展平台经济、共享经济,形成线上线下结合、产学研用协同、大中小企业融合的创新创业格局,打造"双创"升级版。

解读:去年年底,国务院办公厅印发《关于深化产教融合的若干意见》,指出要强化企业在应用型人才培养中的重要主体作用,鼓励企业以独立、合资、合作等方式依法参与举办职业教育和高等教育。此次政府工作报告中又一次强调了职业教育的重要性。产教融合、校企合作、鼓励培训将是大势所趋,职业教育行业或将迎来快速发展期。

关键词:提升教育质量

报告原文:要多渠道增加学前教育资源供给,运用互联网等信息化手段,加强对儿童托育全过程监管,一定要让家长放心安心。以经济社会发展需要为导向,优化高等教育结构,加快"双一流"建设,支持中西部建设有特色、高水平大学。

解读:在教育资源供给数量不断增加的背景下,教育质量成为人们日益迫切的需求。李克强总理在政府工作报告中提及要"发展有质量的教育",高质量的教育水平一方面需要互联网等信息化技术的赋能,另一方面则需要教育政策关注点由数量向质量转变。2017年九月,双一流高校建设方案公布,这对于高等院校转向以质量提升为核心的内涵式发展而言,具有里程碑式的意义。

关键词:健全对金融控股公司监管

报告原文:强化金融监管统筹协调,健全对影子银行、互联网金融、金融控股公司等监管,进一步完善金融监管。

解读:这是政府工作报告首次提出健全对金融控股公司监管这样的表述。在过去十年国内,金融混业发展趋势日益明显,一方面是金融机构发起设立的金控集团,旗下有银行、保险、证券等金融牌照,同时一些实业资本也在发起设立金控集团,如央企金控,及民营资本金控越来越多。然而,金融风险存在具有隐蔽性、复杂性和传染性,何况现代金融产品呈现复杂化趋势,且交易频率高、资金流动快,经常跨市场、跨机构、跨产品,一旦出现风险,后果不可想象,这都对监管提出了挑战。此前,银监会主席郭树清表示,少数不法分子通过复杂架构，虚假出资，循环注资，违规构建庞大的金融集团，已经成为深化金融改革和维护银行体系安全的严重障碍，必须依法予以严肃处理。由此，健全对金融控股公司监管已然十分迫切。

关键词：放宽或取消外资股比限制

报告原文：有序开放银行卡清算等市场，放开外资保险经纪公司经营范围限制，放宽或取消银行、证券、基金管理、期货、金融资产管理公司等外资股比限制，统一中外资银行市场准入标准。

解读：放宽外资投资中国金融机构的比例，在2017年11月已经官方提及，包括投资比例限制放宽和不受限制的情况与条件。此次在2018年两会政府工作报告中阐述，更加体现了中国继续开放金融业的信心和决心。尤其是报告中明确表示，在银行、证券、基金等领域放宽或者取消外资股比限制，这一重要变革，将给外资金融机构以更多投资机遇和话语权，也将为中国金融业带来更加多元的投资和激发市场活力。可以期待的是，未来，第一家外资券商、外资公募基金将有望出现。

关键词：人工智能

报告原文：发展壮大新动能。做大做强新兴产业集群，实施大数据发展行动，加强新一代人工智能研发应用，在医疗、养老、教育、文化、体育等多领域推进"互联网＋"。发展智能产业，拓展智能生活。运用新技术、新业态、新模式，大力改造提升传统产业。

解读：自"人工智能"这一表述进入政府工作报告以来，在本次报告中首次被强调与传统产业融合的必要性。2017年来，在学术界、企业界共同努力下，人工智能各细分领域的技术正在向交通、金融、安防、法务等传统行业渗透，进入了从技术到行业落地的关键时刻。其中智能驾驶领域已进入法律落地阶段。

关键词：加快技术创新成果转化

报告原文：加强国家创新体系建设。强化基础研究和应用基础研究，启动一批科技创新重大项目，高标准建设国家实验室。鼓励企业牵头实施重大科技项目，支持科研院所、高校与企业融通创新，加快创新成果转化应用。国家科技投入要向民生领域倾斜，加强雾霾治理、癌症等重大疾病防治攻关，使科技更好造福人民。

解读：在2015年，国务院就印发了《关于进一步做好新形势下就业创业工作的意见》，推动高校、科研院所等事业单位专业技术人员在职创业、离岗创业。随后，人力社保部在2017年印发《关于支持和鼓励事业单位专业技术人员创新创业的指导意见》，离岗创业人员的待遇主要包括：一是离岗创业期间，依法继续在原单位参加社会保险。二是离岗创业期间继续执行原单位职称评审、培训、考核、奖励等管理制度。三是离岗创业期间的工资、医疗等待遇，由各地各部门根据国家和地方有关政策结合实际确定。四是事业单位应当与离岗创业人员订立离岗协议。五是可在3年内保留人事关系。离岗创业人员离岗创业期间，本人提出与原单位解除聘用合同的，原单位应当依法解除聘用合同；本人提出提前返回的，可以提前返回原单位。离岗创业人员返回的，如无相应岗位空缺，可暂时突破岗位总量聘用，并逐步消化。

关键词：支持社会力量增加医疗供给

报告原文：积极扩大消费和促进有效投资。顺应居民需求新变化扩大消费，着眼调结构增加投资，形成供给结构优化和总需求适度扩大的良性循环。……支持社会力量增加医疗、养老、教育、文化、体育等服务供给。

解读：社会力量正成为中国医疗供给越来越重要的组成部分。自2012年以来，中国资本市场对民营医院和公立医院的投资呈现井喷增长，交易金额年复合增长率高达80%，增长约50倍。投资机构、医药集团、保险资金和医药相关产业链企业组成多元化的资本结构，成为社会办医疗机构持续发展的核心推动力。

关键词：基本医保补助再增

报告原文：实施健康中国战略。提高基本医保和大病保险保障水平，居民基本医保人均财政补助标准再增加40元，一半用于大病保险。

解读：目前，我国基本医疗保险覆盖13.5亿人。城乡居民医保财政补助从2015年的380元提高到2017年的450元。大病保险制度基本建立，已有1 700多万人次受益。今年的政府工作报告中，明确提出"一半用于大病保险"。这将在政策上，为民众防范大病返贫建设了有力的社会保障网络。

关键词：加强食药品监管

报告原文：政府报告指出，要创新食品药品监管方式，注重用互联网、大数据等提升监管效能，加快实现全程留痕、信息可追溯，让问题产品无处藏身、不法制售者难逃法网，让消费者买得放心、吃得安全。做好北京冬奥会、冬残奥会筹办工作，多渠道增加全民健身场所和设施。人民群众身心健康、向善向上，国家必将生机勃勃、走向繁荣富强。

解读：食品、药品安全一直是个重要问题。从多年来的产业发展形势看，伴随着药品监管体系的改革，药品安全已经达到相对安全的局面。而食品由于市场化程度高，零、散、乱等原因，监管效果不尽如人意，或许实施更可

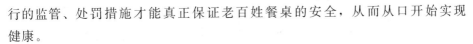

行的监管、处罚措施才能真正保证老百姓餐桌的安全,从而从口开始实现健康。

关键词:物流减负

报告原文:进一步减轻企业税负。改革完善增值税,按照三档并两档方向调整税率水平,重点降低制造业、交通运输等行业税率,提高小规模纳税人年销售额标准。扩大物流企业仓储用地税收优惠范围。继续实施企业重组土地增值税、契税等到期优惠政策。全年再为企业和个人减税8 000多亿元,促进实体经济转型升级,着力激发市场活力和社会创造力。深化收费公路制度改革,降低过路过桥费用。加大中介服务收费清理整顿力度。全年要为市场主体减轻非税负担3 000多亿元,不合理的坚决取消,过高的坚决降下来,让企业轻装上阵、聚力发展。

解读:物流总费用占GDP的比例是国际通用评价物流效率的指标,该比例越低,说明物流效率越高。2017年,我国社会物流总费用与GDP的比率为14.6%,该比例自2013年以来持续下降,但是与发达国家相比,这一比例仍然较高,欧美日等发达国家均低于10%,我国物流效率仍有较大提升空间。2017年,国务院印发《关于进一步推进物流降本增效促进实体经济发展意见》,强调物流对于第一、二、三产业发展的重要性,从信息化、设施建设等方面降低物流成本,鼓励智能物流及第三方物流。此次《政府工作报告》再提为物流行业减负,行业转型再迎政策利好。

关键词:服务业比重上升

报告原文:五年来,经济结构出现重大变革。消费贡献率由54.9%提高到58.8%,服务业比重从45.3%上升到51.6%,成为经济增长主动力。

解读:"十三五计划"明确指出,要发展现代服务业,推动生产性服务业向专业化和价值链高端延伸,将使金融保险、商务服务、科技服务、信息服务和创意等生产性服务业,以及研发、设计、标准、供应链管理等生产性服务环节成为新的经济增长点。目前,服务业增速稳步推进。

关键词:降低国有景区门票价格

报告原文:增强消费对经济发展的基础性作用。推进消费升级,发展消费新业态新模式。创建全域旅游示范区,降低重点国有景区门票价格。

解读:"十三五规划"明确指出到2020年,旅游市场总规模达到67亿人次,旅游投资总额2万亿元,旅游业总收入达到7万亿元。届时,旅游业对国民经济的综合贡献度达到12%,对餐饮、住宿、民航、铁路客运业的综合贡献率达到85%以上,年均新增旅游就业人数100万人以上。国家统计局数据显示，2011年至2017年我国游客接待量从26亿增长至50亿，旅游收入从1.93万亿增长到4万亿，两项指标均翻番。我国常年国内旅游市场规模保持年15%左右的增速，总收入保持12%左右的增长速度，远超GDP增长速度。

关键词：加快新旧发展动能接续转换

报告原文：加快新旧发展动能接续转换。深入开展"互联网＋"行动，实行包容审慎监管，推动大数据、云计算、物联网广泛应用，新兴产业蓬勃发展，传统产业深刻重塑。实施"中国制造2025"，推进工业强基、智能制造、绿色制造等重大工程，先进制造业加快发展。

解读：政府已经在山东设立了全国首个新旧动能转换综合试验区。山东成立了6 000亿元规模的新旧动能转换基金，充分发挥财政资金的杠杆放大和引导作用，吸引金融和社会资本加大对新旧动能转换重点领域投入，壮大培育新动能，改造提升传统动能，支持山东创新发展、持续发展、领先发展。按照山东新旧动能综改区规划，山东新旧动能转换综改试验区到2022年将基本形成新动能主导经济发展的新格局，经济质量优势显著增强，现代化经济体系建设取得积极进展。新兴产业逐步成长为新的增长引擎，成为引领经济发展的主要动能。

关键词：优化投资结构

报告原文：优化投资结构，鼓励民间投资，发挥政府投资撬动作用，引导更多资金投向强基础、增后劲、惠民生领域。

解读：优化投资结构最重要的是把投资用在需要的地方。在投资过程中进一步提高公共投资决策的透明度，所有公共投资项目都要坚持科学决策、民主决策，防止以扩大内需为名搞形象工程和政绩工程。此外，地方政府应该认真落实地方配套资金，对不重视民生项目、有投资能力而没有优先落实中央投资项目配套资金的地区，要减少中央投资的安排。

关键词：推进"互联网＋"

报告原文：做大做强新兴产业集群，实施大数据发展行动，加强新一代人工智能研发应用，在医疗、养老、教育、文化、体育等多领域推进"互联网＋"。

解读：自2015年"互联网＋"概念第一次写入政府工作报告，被纳入国家经济社会发展的顶层设计后，我国已经大力推动网络技术在日常生活中的运用。这不仅有利于整个互联网行业的发展，而且对社会、经济、文化、环境、资源和基础设施等领域将产生重要作用，在今年的政府工作报告中，明确提到了要在医疗、养老、教育、文化、体育等多领域推进"互联网＋"，这将成为打造我国发展"升级版"、引领创新驱动发展新常态的强动力。

关键词：支持优质创新型企业上市融资

报告原文：促进大众创业、万众创新上水平。我国拥有世界上规模最大的人力人才资源，这是创新发展的最大"富矿"。要提供全方位创新创业服务，推进"双创"示范基地建设，鼓励大企业、高校和科研院所开放创新资源，发展平台经济、共享经济，形成线上线下结合、产学研用协同、大中小企业融合的创新创业格局，打造"双创"升级版。设立国家融资担保基金，支持优质创新型企业上市融资，将创业投资、天使投资税收优惠政策试点范围扩大到全国。

解读：2017年全年上市新股共计438只，较2016年的227增幅达92.95%，从募集总金额看，2017年2 301.09亿元的IPO融资，较2016年的1 496.08亿元上涨53.81%，IPO堰塞湖问题得到了极大的改善。证监会副主席姜洋接受证券时报采访时表示，证监会支持国家战略，对新技术、新产业、新业态、新模式的"四新"产业，重点支持创新型、引领型、示范型企业。

关键词：新型城镇化质量

报告原文：提高新型城镇化质量。今年再进城落户1 300万人，加快农业转移人口市民化。优先发展公共交通，健全菜市场、停车场等便民服务设施。有序推进"城中村"、老旧小区改造，完善配套设施，鼓励有条件的加装电梯。加强排涝管网、地下综合管廊等建设。新型城镇化的核心在人，要加强精细化服务、人性化管理，使人人都有公平发展机会，让居民生活得方便、舒心。

解读：国家对城镇化发展不同的阶段提出了不同的要求。今年总理的政府工作报告中，相关内容除了对进城人口做了数量要求，更多篇幅着眼在质量上，具体是城镇化的配套设施和人性化管理上。表明了中国的城镇化已由数量增长转变为以质量增长为主的阶段。

关键词：新就业无房职工

报告原文：更好解决群众住房问题。启动新的三年棚改攻坚计划，今年开工580万套。加大公租房保障力度，对低收入住房困难家庭要应保尽保，将符合条件的新就业无房职工、外来务工人员纳入保障范围。坚持房子是用来住的、不是用来炒的定位，落实地方主体责任，继续实行差别化调控，建立健全长效机制，促进房地产市场平稳健康发展。支持居民自住购房需求，培育住房租赁市场，发展共有产权住房。加快建立多主体供给、多渠道保障、租购并举的住房制度，让广大人民群众早日实现安居宜居。

解读:"将符合条件的新就业无房职工、外来务工人员纳入保障范围"意味着中国的保障房覆盖面将在未来进一步扩大,保障房体系的层次感和渠道进一步丰富。真正向实现应保尽保迈出坚实一步。

关键词:宅基地三权分置

报告原文:探索宅基地所有权、资格权、使用权分置改革。改进耕地占补平衡管理办法,建立新增耕地指标、城乡建设用地增减挂钩节余指标跨省域调剂机制,所得收益全部用于脱贫攻坚和支持乡村振兴。

解读:探索宅基地三权分置改革,为农地改革提出了理论化的指针。另外,有关耕地指标调剂机制中的土地收益用于支持脱贫攻坚和乡村振兴的措施,有望为焕发农村生机活力创造新的动能。

关键词:新能源汽车购置税减免

报告原文:加快制造强国建设,推动集成电路、第五代移动通信、飞机发动机、新能源汽车、新材料等产业发展。实施重大短板装备专项工程,发展工业互联网平台,创建"中国制造2025"示范区。同时,要推进消费升级,发展消费新业态新模式,将新能源汽车车辆购置税优惠政策再延长三年。

解读:今年新能源汽车补贴开始大幅退坡,到2020完全取消。新能源汽车推广进入真正攻坚阶段,政策的支持也逐步向直接财政补贴以外的方式转变。2018年4月,"双积分"政策试实行,2019年正式实行。确定购置税政策延长,可以稳定消费信心,促进消费热情,帮助新能源汽车度过转型期。但目前,新能源汽车私人消费市场仍面临诸多发展问题,未来仍需要政策组合拳支持。

四、2018年政府工作报告中的十大民生亮点

"把群众最关切、最烦心的事一件一件解决好,促进社会公平正义和人的全面发展,使人民生活随着国家发展一年比一年更好。"继续减少农村贫困人口,取消流量"漫游"费,提高个税起征点,加强托幼全程监管……今年的政府工作报告直面民生热点、焦点、难点,一系列惠民政策令百姓感到温暖和振奋。

亮点1,扶贫:今年再减少农村贫困人口1 000万以上

报告提出,加大精准脱贫力度。今年再减少农村贫困人口1 000万以上,完成易地扶贫搬迁280万人;开展扶贫领域腐败和作风问题专项治理,改进考核监督方式。5年来,脱贫攻坚取得决定性进展,贫困人口减少6 800多万,贫困发生率由10.2%下降到3.1%。下一步应继续推进精准扶贫、精准

脱贫，攻克深度贫困地区的脱贫问题。目前，扶贫领域还存在一些贪腐和责任落实不力等问题，要进一步加强监督，改进考核方式，让脱贫工作得到群众认可、经得起历史检验。

亮点2，就业：城镇调查失业率涵盖农民工等城镇常住人口

报告提出，2018年城镇新增就业1 100万人以上；城镇调查失业率涵盖农民工等城镇常住人口，今年首次把这一指标作为预期目标，以更全面反映就业状况，更好体现共享发展要求。2017年全国农民工总量达28 652万人，2018年需在城镇就业的新成长劳动力在1 500万以上。

亮点3，养老：建立企业职工基本养老保险基金中央调剂制度

报告提出，深化养老保险制度改革，建立企业职工基本养老保险基金中央调剂制度；继续提高退休人员基本养老金和城乡居民基础养老金。人口老龄化已成为我国经济社会发展面临的重要挑战。建立养老保险基金中央调剂制度，将在全国范围内对养老保险基金的结余与缺口进行有效调剂，减轻部分养老保险基金收支缺口地区支付压力，为稳步提高基本养老金打下坚实基础。

亮点4，医疗：居民基本医保人均财政补助标准再增加40元

直面百姓看病难、看病贵的问题，报告提出深化公立医院综合改革，协调推进医疗价格、人事薪酬、药品流通、医保支付改革；提高基本医保和大病保险保障水平，居民基本医保人均财政补助标准再增加40元。过去5年，居民基本医保人均财政补助标准由240元提高到450元，大病保险制度基本建立、已有1 700多万人次受益。提高财政补助标准将进一步织密基本医疗社会保障网。

亮点5，教育：着力解决中小学生课外负担重问题，加强对儿童托育全过程监管

报告提出，着力解决中小学生课外负担重问题；要多渠道增加学前教育资源供给，运用互联网等信息化手段，加强对儿童托育全过程监管，一定要让家长放心安心。课业负担重是我国教育领域长期以来存在的问题，不仅影响学生健康成长，也让家长叫苦不迭。解决这一问题，关键是改变应试教育模式，改变对学生的评价体系，提高课堂教学质量和效率，尊重学生兴趣，并规范课外培训班。同时，构建安全的幼教体系，需要政府部门、幼教机构等各方构建闭合的责任链，综合运用多种手段，把责任落实到人。

亮点6，住房：加快建立多主体供给、多渠道保障、租购并举制度

报告提出，启动新的三年棚改攻坚计划，今年开工580万套；加大公租房保障力度；加快建立多主体供给、多渠道保障、租购并举的住房制度，让广大人民群众早日实现安居宜居。过去一年，我国住房制度改革取得实质性进展。棚户区改造加速推进、住房租赁市场加速布局、老旧小区改造持续推进、"房子是用来住的、不是用来炒的"定位逐步实现。

亮点 7，环保：重点地区 PM2.5 浓度继续下降

报告提出，巩固蓝天保卫战成果，今年二氧化硫、氮氧化物排放量要下降3%，重点地区细颗粒物（PM2.5）浓度继续下降。过去五年，我国重拳整治大气污染，重点地区细颗粒物（PM2.5）平均浓度下降30%以上。

亮点 8，个税：提高个税起征点

报告提出，提高个人所得税起征点，增加子女教育、大病医疗等专项费用扣除，合理减负。目前我国个人所得税3 500元的起征点，是2011年调整后确定的。

亮点 9，新型城镇化：建设菜市场、停车场、电梯、排涝管网等设施

报告提出，提高新型城镇化质量。今年再进城落户1 300万人，加快农业转移人口市民化。优先发展公共交通，健全菜市场、停车场等便民服务设施。有序推进"城中村"、老旧小区的改造，完善配套设施，鼓励有条件的加装电梯。加强排涝管网、地下综合管廊等建设。

亮点 10，消费：网费、过桥费、景区门票等都要降，新能源汽车车辆购置税优惠政策再延长三年

报告提出，明显降低家庭宽带、企业宽带和专线使用费，取消流量"漫游"费，移动网络流量资费年内至少降低30%；深化收费公路制度改革，降低过路过桥费用；降低重点国有景区门票价格；将新能源汽车车辆购置税优惠政策再延长三年，全面取消二手车限迁政策。

拓展阅读

2018年政府工作报告

专题三 我国的宪法修正

学习重点

1. 我国宪法修正的程序；
2. 我国宪法修正的历史；
3. 第五次宪法修正案的主要内容；
4. 第五次宪法修正的意义。

宪法修正又称"宪法修改"，是宪法制定者或者是依照宪法的规定享有宪法修改权的国家机关或其他特定的主体对宪法规范中不符合宪法制定者利益或社会实际需要的内容而根据宪法所规定的特定修改程序加以删除、增加、变更宪法部分内容的宪法创制活动。

在我国，制定和修改宪法有严格的规定，不可随意为之。

第一节 宪法修正的基本问题

一、宪法修正的基本原则

宪法修正对宪法自身的稳定性和政治的连续性都有消极作用。频繁的宪法修正，甚至会破坏宪政程序和社会秩序。为了减轻宪法修正的负面影响和

充分发挥其适应现实社会的积极作用,宪法修正应遵循两大基本原则:

(一)慎重原则

所谓慎重原则,指的是修宪机关在决定是否修改宪法和如何修改宪法时应进行全局性的综合考虑,只有在条件成熟时才可以修改宪法。坚持这一原则是因为:

其一,宪法位于一国金字塔法律体系的顶端,是其他一切法律制定和实施的根据。宪法修改后,其他法律为了与宪法保持一致以获取因具有合宪性而享有的各项保护措施,必然会做出相应的变更或废止。这样,整个社会的立法成本会骤然增加,立法成本的最终承担者——纳税人的负担也会随之加重。并且,更令纳税人难以忍受的是,在其他法律进行大规模的调整期间,国家权力与公民权利的运作区间呈不定状态,公民没有充分的依据来寻求法律保护。同时,原有行为预期的瓦解也将使社会陷入无序和停滞状态。

其二,如果一个社会已经具备了民主传统,那么对于宪法的任何修订都必须尽量不去触动宪法的结构。宪法结构的稳定是宪法稳定的外在表现。宪法结构不宜触动的原因是:特定时代的制宪者对自己设计的宪法结构总是情有独钟,同时期的普通公众也心存恋旧情结。宪法修改,即使内容更趋正当性,但由于触动了宪法结构,致使部分公民产生宪法被肢解的痛苦感觉,从而可能诱发抵触情绪,使新宪法的实施困难重重。

(二)程序正当原则

英国人蒲莱斯根据修宪机关和修宪程序的差异,将宪法分为柔性宪法和刚性宪法。前者指宪法的修改由普通立法机关或依普通立法程序进行;后者包括三种情况:一是修宪权由特殊的制宪团体专有;二是修宪草案虽由普通立法机关进行,但需经其他团体批准;三是普通立法机关可为修宪机关,但修宪程序不同于普通立法程序,或要求召开上下两院的联席会议,或要求2/3以上的多数赞同等。目前,我国即以刚性宪法为主,在价值取向上,追求程序的正当性。

修宪程序的正当性一方面有利于确保修宪内容的正当性,从而提高其社会的适应能力,延缓下一次宪法修改的到来;另一方面能增强修宪内容的可接受性,为其实施铺平道路。

二、宪法修正的方式

我国宪法修正方式主要有两种:全面修正和部分修正。

全面修正即对宪法全文进行修正,如我国1975年宪法、1978年宪法、

1982年宪法都属于全面修正。

部分修正亦即对宪法原有的部分条款加以改变，或者新增若干条款，而不牵动其他条款和整个宪法的修改方式。部分修正不仅便于适应形势发展的需要，能够及时反映国家政治、经济、文化等各方面的发展变化，而且又能保持宪法的相对稳定性，维护宪法的权威。

决定宪法是全面修正还是部分修正的关键在于，宪法规范与社会现实的冲突程度。全面修正宪法的起因是宪法规范与社会现实发生非正常性的严重冲突，如立宪或修宪的指导思想错误、宪法的基本制度与社会现实尖锐矛盾等；部分修正宪法的起因则是宪法规范与社会现实之间发生的正常冲突。部分修正的具体方法主要包括修改条文、增补条文和删除条文等。

三、宪法修正的机关

根据宪法的规定，中华人民共和国全国人民代表大会为最高国家权力机关，是唯一有权修改宪法的机关。

四、宪法修正的程序

从我国宪法规定和修宪实践看，宪法修正程序一般包括提案、审定、起草、议决和公布五个阶段。

（一）提案

提案是启动宪法修正程序的第一阶段。如何规定修宪提案权的主体直接关系到修宪的社会效果。我国宪法第六十四条第一款规定："宪法的修改，由全国人民代表大会常务委员会或者五分之一以上的全国人民代表大会代表提议，并由全国人民代表大会以全体代表的三分之二以上的多数通过。"《中共中央关于全面推进依法治国若干重大问题的决定》提出："党中央向全国人大提出宪法修正建议，依照宪法规定的程序进行宪法修正。"由此可见，全国人大常委会、五分之一以上的全国人大代表大会代表或中国共产党党中央都可以提议修宪。

（二）审定

审定是在宪法修正案提出以后，由法定有权机关对宪法"应否修改"做原则上审查与决定的程序。

（三）起草

起草是指在决定宪法应该修改以后，由法定有权机关对决定修改的部分进行具体的草案拟定。起草的目的不是决定宪法应否修改，而是决定宪法条文应该如何修改。在实践中要注意贯彻公开、民主的原则,听取社会各阶层的意见,使草案获得广泛的民众支持。

(四)议决

根据我国宪法第六十四条第一款之规定,宪法修正案须经全国人民代表大会全体代表的三分之二以上多数通过。

(五)公布

公布是修改宪法的最后程序,也是必经程序。宪法修正案只有经过法定的公布程序,才能正式生效实施。在我国,宪法并未明确规定宪法修正案的公布机关。但是,数次修宪过程中已经形成了公布修正案的宪法惯例,即由全国人民代表大会公布宪法修正案。

五、我国宪法修正的历史

中华人民共和国成立前夕,召开了中国人民政治协商会议的第一届全体会议,通过了《中国人民政治协商会议共同纲领》。该纲领于1949年9月29日颁布实施,具有临时宪法的作用。此后,中华人民共和国宪法历经了四次全面修正和五次部分修正。

(一)全面修正的历史

1. 五四宪法

1954年9月20日在第一届全国人民代表大会第一次会议上通过了《中华人民共和国宪法》,共4章106条,被称为五四宪法。这是中华人民共和国的第一部比较完善的宪法,是在对《共同纲领》进行修改的基础上制定的。

2. 七五宪法

七五宪法由第四届全国人民代表大会第一次会议通过。这部宪法文本是在"文化大革命"还未结束的特殊历史条件下形成的,是"左"的思想的产物。它大量删减了宪法必须明确规定的内容,起不到国家生活准则的国家根本大法的作用,是一部有严重缺点、错误的宪法。

3. 七八宪法

七八宪法由第五届全国人民代表大会第一次会议通过,它对1975年宪法文本做了修改。但由于当时历史条件的限制,这部宪法未能彻底清理"文化大革命"期间"左"的思想影响,仍存在一些不正确的政治理论观念和不适应客观实际情况的条文规定。

4. 八二宪法

八二宪法由第五届全国人民代表大会第五次会议通过,它继承和发展了

1954年制定的宪法的基本原则，总结了中国社会主义发展的经验，并吸收了国际经验，是一部有中国特色、适应中国社会主义现代化建设需要的根本大法。它规定四项基本原则作为总的指导思想，强调以经济建设作为国家的工作重点，明确规定今后国家的根本任务是集中力量进行社会主义现代化建设。它规定公民在法律面前一律平等，任何组织或个人都不得有超越宪法和法律的特权。关于公民的各项基本权利的规定，更加切实和明确。在国家机构方面，它加强了人民代表大会制度，将原来属于全国人大的一部分职权交由它的常委会行使，恢复设立国家主席作为国家元首的代表。它规定国家领导人连续任期不得超过两届。

八二宪法是我国现行宪法。随着社会经济发展，我国先后五次对其进行了部分修正。

（二）部分修正的历史

1. 第一次宪法修正

1988年，我国第一次采用宪法修正案的形式修改宪法，由七届全国人大一次会议通过。主要修改之处为：增加规定"国家允许私营经济在法律规定的范围内存在和发展"；同时将有关条款修改为"土地的使用权可以依照法律的规定转让。"

2. 第二次宪法修正

1993年，八届全国人大一次会议通过宪法修正案，主要将"社会主义初级阶段"和"建设有中国特色的社会主义"及"改革开放"正式写进宪法；将"家庭联产承包为主的责任制"取代"人民公社"，"市场经济"取代"计划经济"。

3. 第三次宪法修正

1999年，九届全国人大二次会议再一次通过了宪法修正案。这次是以党的十五大为依据，对宪法部分内容做适当修改：将"邓小平理论"写进宪法序言，与马克思列宁主义、毛泽东思想一起，成为指引我国社会主义现代化建设的旗帜；明确中华人民共和国实行依法治国，建设社会主义法治国家；明确我国将长期处于社会主义初级阶段，确立了我国的社会主义的基本经济制度和分配制度；修改了我国的农村生产经营制度；确立了非公有制经济在社会主义市场经济中的地位；将宪法第二十八条"反革命的活动"修改为"危害国家安全的犯罪活动"。

4. 第四次宪法修正

2004年，第十届全国人大二次会议再次通过了宪法修正案。其主要内容包括：

(1) 确立"三个代表"重要思想在国家政治和社会生活中的指导地位。

(2) 增加"推动物质文明、政治文明和精神文明协调发展"的内容。

(3) 在爱国统一战线中增加"社会主义事业的建设者"。

(4) 完善土地征用制度，"国家为了公共利益的需要，可以依照法律规定对土地实行征收或者征用并给予补偿。"

(5) 进一步明确对发展非公有制经济的方针，"国家保护个体经济、私营经济等非公有制经济的合法的权利和利益。国家鼓励、支持和引导非公有制经济的发展，并对非公有制经济依法实行监督和管理"。

(6) 完善对私有财产保护的规定，"公民的合法的私有财产不受侵犯"，"国家依照法律规定保护公民的私有财产权和继承权"。"国家为了公共利益的需要，可以依照法律规定对公民的私有财产实行征收或者征用并给予补偿。"

(7) 增加建立健全社会保障制度的规定，"国家建立健全同经济发展水平相适应的社会保障制度"。

(8) 增加"国家尊重和保障人权"的规定。

(9) 完善全国人民代表大会的组成，增加特别行政区的代表。

(10) 将"戒严"修改为"紧急状态"。

(11) 关于国家主席职权的规定，增加"进行国事活动"的规定。

(12) 修改乡镇人民代表大会任期规定，由三年改为五年。

(13) 增加"中华人民共和国国歌是《义勇军进行曲》"的规定。

5. 第五次宪法修正

2018年3月11日第十三届全国人大一次会议第三次全体会议经投票表决通过了《中华人民共和国宪法修正案》。

第二节　第五次宪法修正案

唯物史观认为，法律作为上层建筑的重要组成部分，要随着经济基础的变化而变化。

我国宪法发展的一个显著特点就是，必须随着党领导人民建设中国特色社会主义实践的发展而不断完善发展。这是实践发展的必然要求，也是宪法发展的一条基本规律。只有不断地、及时地通过宪法确认党和人民创造的伟大成就和宝贵经验，体现实践发展和时代发展的新形势、新要求，才能更好发挥宪法的规范、引领、推动、保障作用。

一、第五次宪法修正的总体要求

党的十九届二中全会确定了宪法修正的总体要求，为宪法修正提供了方向指引。

（一）宪法修正要高举中国特色社会主义伟大旗帜

旗帜引领方向，道路决定命运。习近平总书记强调：党和国家的长期实践充分证明，只有社会主义才能救中国，只有中国特色社会主义才能发展中国。只有高举中国特色社会主义伟大旗帜，我们才能团结带领全党全国各族人民，在中国共产党成立100年时全面建成小康社会，在新中国成立100年时建成富强民主文明和谐美丽的社会主义现代化强国，赢得中国人民和中华民族更加幸福美好的未来。中国特色社会主义，承载着几代中国共产党人的理想和探索，寄托着无数仁人志士的夙愿和期盼，凝聚着千千万万革命先烈的奋斗和牺牲，是历史和人民的选择。要发展中国、稳定中国，要全面建成小康社会、加快推进社会主义现代化，实现中华民族伟大复兴，必须坚定不移坚持和发展中国特色社会主义。宪法修正必须高举中国特色社会主义伟大旗帜，坚持中国特色社会主义法治道路，确保沿着正确方向胜利前进。

（二）宪法修正要坚持以马克思列宁主义、毛泽东思想、邓小平理论、"三个代表"重要思想、科学发展观、习近平新时代中国特色社会主义思想为指导

《共产党宣言》发表以来的实践证明，马克思主义只有与本国国情相结合、与时代发展同步、与人民群众共命运，才能焕发出强大的生命力、创造力、感召力。党的十八大以来，国内外形势变化和我国各项事业的发展，尤其是我国社会主要矛盾已经转化为人民日益增长的美好生活需要和不平衡不充分的发展之间的矛盾，促使我们必须从理论和实践结合上系统回答新时代坚持和发展什么样的中国特色社会主义、怎样坚持和发展中国特色社会主义这个重大时代课题。围绕这个重大时代课题，以习近平同志为核心的党中央坚持以马克思列宁主义、毛泽东思想、邓小平理论、"三个代表"重要思想、科学发展观为指导，坚持解放思想、实事求是、与时俱进、求真务实，坚持辩证唯物主义和历史唯物主义，紧密结合新的时代条件和实践要求，以全新的视野深化对共产党执政规律、社会主义建设规律、人类社会发展规律的认识，进行艰辛理论探索，形成了习近平新时代中国特色社会主义思想，成为全党全国人民为实现中华民族伟大复兴而奋斗的行动指南。宪法修正应当坚

持以习近平新时代中国特色社会主义思想为指导，这是时代发展的要求，是党心所向，民心所望。

（三）宪法修正要坚持党的领导、人民当家做主、依法治国有机统一

坚持党的领导、人民当家做主、依法治国有机统一是中国特色社会主义政治发展道路的鲜明特点和优势。党的领导、人民当家做主、依法治国三者具有内在统一性。党的领导是人民当家做主和依法治国的根本保证，人民当家做主是社会主义民主政治的本质特征，依法治国是党领导人民治理国家的基本方式，三者统一于我国社会主义民主政治伟大实践。坚持党的领导，就是坚持党是宪法修正的领导核心；人民当家做主就是要坚持以人民为中心，在宪法修正中体现人民的需求和愿望；依法治国就是要严格遵循宪法修正的程序。坚持三者有机统一，对确保宪法修正的科学性、民主性、法治性具有重要意义。

宪法修正要全面贯彻党的十九大精神，把党的十九大确定的重大理论观点和重大方针政策特别是习近平新时代中国特色社会主义思想载入国家根本法，体现党和国家事业发展的新成就、新经验、新要求。党的十九大在新的历史起点上对新时代坚持和发展中国特色社会主义做出重大战略部署，提出了一系列重大政治论断，确定了新的奋斗目标。通过宪法修正，把党的十九大确定的重大理论观点和重大方针政策特别是习近平新时代中国特色社会主义思想载入国家根本法，体现党的最新执政理念，是全党全国人民的共同意愿，是新时代坚持和发展中国特色社会主义的必然要求，具有重要的宪法理论意义和政治实践意义。

牢牢把握宪法修正的总体要求，在总体保持我国宪法连续性、稳定性、权威性的基础上推动宪法与时俱进、完善发展，更好体现人民意志，更好体现中国特色社会主义制度的优势，更好适应提高党长期执政能力、推进全面依法治国、推进国家治理体系和治理能力现代化的要求，为新时代坚持和发展中国特色社会主义、实现"两个一百年"奋斗目标和中华民族伟大复兴的中国梦提供有力宪法保障。

二、第五次宪法修正的原则

作为国之根本、法之源泉，宪法修正关系全局，影响广泛而深远。宪法修正要贯彻科学立法、民主立法、依法立法的要求，注重从政治上、大局上、战略上分析问题，注重从宪法发展的客观规律和内在要求上思考问题，切实维护宪法权威性，真正实现宪法目的，彰显宪法价值。党的十九届二中全会确定了宪法修正必须贯彻以下原则：

坚持党的领导。党的十九大报告指出："坚持党对一切工作的领导。"修改宪法，是事关全局的重大政治活动和重大立法活动，必须在党中央集中统一领导下进行。要增强"四个意识"，坚定"四个自信"，坚定不移走中国特色社会主义政治发展道路和中国特色社会主义法治道路，把坚持党的集中统一领导贯彻到宪法修正全过程，坚持正确政治方向。

坚持严格依法按程序进行。守程序是法治之始。党领导人民制定宪法法律，党领导人民执行宪法法律，党带头遵守宪法法律，体现了"社会主义法治必须坚持党的领导，党的领导必须依靠社会主义法治"的内在统一。宪法规定了严格的修改程序。宪法修正实践也积累了丰富的经验，逐渐形成了一些成熟的政治惯例。严格依法按程序修改宪法，确保党的主张通过法定程序成为国家意志，是遵循宪法法律发展规律的必然要求，是对法治精神的恪守。

坚持充分发扬民主、广泛凝聚共识。"政之所兴在顺民心，政之所废在逆民心。"人心向背，是决定一个政党、一个政权兴亡的根本性因素。宪法作为法之统帅、法律之母，是党和人民意志的集中体现。宪法修正要广察民情、广纳民意、广聚民智，充分体现人民的意志。充分发扬民主、广泛凝聚共识，才能确保宪法修正反映人民意志、得到人民拥护。

坚持对宪法做部分修改、不做大改。宪法既不能频繁修改，又不能一成不变，需要在连续性、稳定性和适应性之间寻求平衡。我国1982年宪法延续的修改原则是只做必要性修改，可改可不改的不改，能通过宪法解释解决的不做修改，以利于宪法稳定，利于国家稳定。我国现行宪法是一部好宪法。这次宪法修正仍然坚持对宪法做部分修改、不做大改的原则，是要对各方面普遍要求修改、实践证明成熟、具有广泛共识、需要在宪法上予以体现和规范、非改不可的，进行必要的、适当的修改；对不成熟、有争议、有待进一步研究的，不做修改；对可改可不改、可以通过有关法律或宪法解释予以明确的，原则上不改，以保持宪法的连续性、稳定性、权威性。

三、第五次宪法修正的主要内容

2018年3月11日第十三届全国人民代表大会第一次会议通过《中华人民共和国宪法修正案》（以下简称《宪法修正案》），对我国现行宪法做出21条修改。具体修改内容如下：

（一）确立科学发展观、习近平新时代中国特色社会主义思想在国家政治和社会生活中的指导地位

《宪法修正案》将宪法序言第七自然段中"在马克思列宁主义、毛泽东思想、邓小平理论和'三个代表'重要思想指引下"修改为"在马克思列宁主义、毛泽东思想、邓小平理论、'三个代表'重要思想、科学发展观、习近平新时代中国特色社会主义思想指引下"。同时,在"自力更生,艰苦奋斗"前增写"贯彻新发展理念"。

主要考虑是:科学发展观是党的十六大以来以胡锦涛同志为主要代表的中国共产党人推进马克思主义中国化的重大成果,党的十八大党章修正案已经将其确立为党的指导思想。习近平新时代中国特色社会主义思想是马克思主义中国化最新成果,是党和人民实践经验和集体智慧的结晶,是中国特色社会主义理论体系的重要组成部分,是全党全国人民为实现中华民族伟大复兴而奋斗的行动指南,是党的十八大以来党和国家事业取得历史性成就、发生历史性变革的根本理论指引,其政治意义、理论意义、实践意义已被实践所充分证明,在全党全国人民中已经形成高度共识。党的十九大党章修正案已经将其确立为党的指导思想。在宪法中把科学发展观、习近平新时代中国特色社会主义思想同马克思列宁主义、毛泽东思想、邓小平理论、"三个代表"重要思想写在一起,确立其在国家政治和社会生活中的指导地位,反映了全国各族人民的共同意愿,体现了党的主张和人民意志的统一,明确了全党、全国人民为实现中华民族伟大复兴而奋斗的共同思想基础,具有重大的现实意义和深远的历史意义。

创新、协调、绿色、开放、共享的新发展理念是党的十八大以来以习近平同志为核心的党中央推动我国经济发展实践的理论结晶,是习近平新时代中国特色社会主义经济思想的主要内容,必须长期坚持、不断丰富发展。把"新发展理念"写入宪法,有利于从宪法上确认这一重要理论成果,更好发挥其在决胜全面建成小康社会,开启全面建设社会主义现代化国家新征程中对我国经济发展的重要指导作用。

(二)调整充实中国特色社会主义事业总体布局和第二个百年奋斗目标的内容

《宪法修正案》将宪法序言第七自然段中"推动物质文明、政治文明和精神文明协调发展,把我国建设成为富强、民主、文明的社会主义国家"修改为"推动物质文明、政治文明、精神文明、社会文明、生态文明协调发展,把我国建设成为富强民主文明和谐美丽的社会主义现代化强国,实现中华民族伟大复兴"。与此相适应,在宪法第三章《国家机构》第三节第八十九条第六项"领导和管理经济工作和城乡建设"后面,增加"生态文明建设"的内容。

主要考虑是:从物质文明、政治文明和精神文明协调发展到物质文明、政治文明、精神文明、社会文明、生态文明协调发展,是我们党对社会主义建设规律认识的深化,是对中国特色社会主义事业总体布局的丰富和完善。把我国建设成为富强民主文明和谐美丽的社会主义现代化强国,实现中华民族伟大复兴,是党的十九大确立的奋斗目标。做这样的修改,在表述上与党的十九大报告相一致,有利于引领全党全国人民把握规律、科学布局,在新时代不断开创党和国家事业发展新局面,齐心协力为实现"两个一百年"奋斗目标、实现中华民族伟大复兴的中国梦而不懈奋斗。

(三)完善依法治国和宪法实施举措

《宪法修正案》将宪法序言第七自然段中"健全社会主义法制"修改为"健全社会主义法治"。

主要考虑是:从健全社会主义法制到健全社会主义法治,是我们党依法治国理念和方式的新飞跃。做这样的修改,有利于推进全面依法治国,建设中国特色社会主义法治体系,加快实现国家治理体系和治理能力现代化,为党和国家事业发展提供根本性、全局性、稳定性、长期性的制度保障。

同时在宪法第一章《总纲》第二十七条增加一款,作为第三款:"国家工作人员就职时应当依照法律规定公开进行宪法宣誓。"

主要考虑是:全国人民代表大会常务委员会已于2015年7月1日通过了关于实行宪法宣誓制度的决定,不久前全国人大常委会又做了修订,将宪法宣誓制度在宪法中确认下来,有利于促使国家工作人员树立宪法意识、恪守宪法原则、弘扬宪法精神、履行宪法使命,也有利于彰显宪法权威,激励和教育国家工作人员忠于宪法、遵守宪法、维护宪法,加强宪法实施。

(四)充实完善我国革命和建设发展历程的内容

《宪法修正案》将宪法序言第十自然段中"在长期的革命和建设过程中"修改为"在长期的革命、建设、改革过程中";将宪法序言第十二自然段中"中国革命和建设的成就是同世界人民的支持分不开的"修改为"中国革命、建设、改革的成就是同世界人民的支持分不开的"。做这些修改,党和人民团结奋斗的光辉历程就更加完整。

(五)充实完善爱国统一战线和民族关系的内容

《宪法修正案》将宪法序言第十自然段中"包括全体社会主义劳动者、社会主义事业的建设者、拥护社会主义的爱国者和拥护祖国统一的爱国者的广泛的爱国统一战线"修改为"包括全体社会主义劳动者、社会主义事业的建设者、拥护社会主义的爱国者、拥护祖国统一和致力于中华民族伟大复兴的爱国者的广泛的爱国统一战线"。

主要考虑是：实现中华民族伟大复兴的中国梦已经成为团结海内外中华儿女的最大公约数。实现中国梦，需要凝聚各方面的力量共同奋斗。只有把全体社会主义劳动者、社会主义事业的建设者、拥护社会主义的爱国者、拥护祖国统一和致力于中华民族伟大复兴的爱国者都团结起来、凝聚起来，实现中国梦才能获得强大持久广泛的力量支持。

将宪法序言第十一自然段中"平等、团结、互助的社会主义民族关系已经确立，并将继续加强"修改为"平等团结互助和谐的社会主义民族关系已经确立，并将继续加强"。与此相适应，将宪法第一章《总纲》第四条第一款中"维护和发展各民族的平等、团结、互助关系"修改为"维护和发展各民族的平等团结互助和谐关系"。

主要考虑是：巩固和发展平等团结互助和谐的社会主义民族关系，是党的十八大以来以习近平同志为核心的党中央反复强调的一个重要思想。做这样的修改，有利于铸牢中华民族共同体意识，加强各民族交往交流交融，促进各民族和睦相处、和衷共济、和谐发展。

（六）充实和平外交政策方面的内容

《宪法修正案》在宪法序言第十二自然段中"中国坚持独立自主的对外政策，坚持互相尊重主权和领土完整、互不侵犯、互不干涉内政、平等互利、和平共处的五项原则"后增加"坚持和平发展道路，坚持互利共赢开放战略"；将"发展同各国的外交关系和经济、文化的交流"修改为"发展同各国的外交关系和经济、文化交流，推动构建人类命运共同体"。

做这样的修改，有利于正确把握国际形势的深刻变化，顺应和平、发展、合作、共赢的时代潮流，统筹国内国际两个大局、统筹发展安全两件大事，为我国发展拓展广阔的空间、营造良好的外部环境，为维护世界和平、促进共同发展做出更大贡献。

（七）充实坚持和加强中国共产党全面领导的内容

《宪法修正案》在宪法第一章《总纲》第一条第二款"社会主义制度是中华人民共和国的根本制度"后增写一句，内容为"中国共产党领导是中国特色社会主义最本质的特征"。

主要考虑是：中国共产党是执政党，是国家的最高政治领导力量。中国共产党领导是中国特色社会主义最本质的特征，是中国特色社会主义制度的最大优势。宪法从社会主义制度的本质属性角度对坚持和加强党的全面领导进行规定，有利于在全体人民中强化党的领导意识，有效把党的领导落实到国家工作全过程和各方面，确保党和国家事业始终沿着正确方向前进。

(八)增加倡导社会主义核心价值观的内容

《宪法修正案》将宪法第一章《总纲》第二十四条第二款中"国家提倡爱祖国、爱人民、爱劳动、爱科学、爱社会主义的公德"修改为"国家倡导社会主义核心价值观,提倡爱祖国、爱人民、爱劳动、爱科学、爱社会主义的公德"。

主要考虑是:社会主义核心价值观是当代中国精神的集中体现,凝结着全体人民共同的价值追求。做这样的修改,贯彻了党的十九大精神,有利于在全社会树立和践行社会主义核心价值观,巩固全党全国各族人民团结奋斗的共同思想道德基础。

(九)修改国家主席任职方面的有关规定

《宪法修正案》将宪法第三章《国家机构》第七十九条第三款"中华人民共和国主席、副主席每届任期同全国人民代表大会每届任期相同,连续任职不得超过两届"中"连续任职不得超过两届"删去。

主要考虑是:这次征求意见和在基层调研过程中,许多地区、部门和广大党员干部群众一致呼吁修改宪法中国家主席任职期限的有关规定。党的十八届七中全会和党的十九大召开期间,与会委员代表在这方面的呼声也很强烈。大家一致认为,目前,党章对党的中央委员会总书记、党的中央军事委员会主席,宪法对中华人民共和国中央军事委员会主席,都没有做出"连续任职不得超过两届"的规定。宪法对国家主席的相关规定也采取上述做法,有利于维护以习近平同志为核心的党中央权威和集中统一领导,有利于加强和完善国家领导体制。

(十)增加设区的市制定地方性法规的规定

《宪法修正案》在宪法第三章《国家机构》第一百条增加一款,作为第二款:"设区的市的人民代表大会和它们的常务委员会,在不同宪法、法律、行政法规和本省、自治区的地方性法规相抵触的前提下,可以依照法律规定制定地方性法规,报本省、自治区人民代表大会常务委员会批准后施行。"

增加这一规定,有利于设区的市在宪法法律的范围内,制定体现本行政区域实际的地方性法规,更为有效地加强社会治理、促进经济社会发展,也有利于规范设区的市制定地方性法规的行为。

(十一)增加有关监察委员会的各项规定

为了贯彻和体现深化国家监察体制改革的精神,为成立监察委员会提供宪法依据,《宪法修正案》在宪法第三章《国家机构》第六节后增加一节,作为第七节"监察委员会",就国家监察委员会和地方各级监察委员会的性质、地位、名称、人员组成、任期任届、领导体制、工作机制等做出规定。与此相适应，还做了如下修改：

（1）将宪法第一章《总纲》第三条第三款中"国家行政机关、审判机关、检察机关都由人民代表大会产生"修改为"国家行政机关、监察机关、审判机关、检察机关都由人民代表大会产生"。

（2）将宪法第三章《国家机构》第六十五条第四款"全国人民代表大会常务委员会的组成人员不得担任国家行政机关、审判机关和检察机关的职务"修改为"全国人民代表大会常务委员会的组成人员不得担任国家行政机关、监察机关、审判机关和检察机关的职务"。

（3）将宪法第三章《国家机构》第一百零三条第三款"县级以上的地方各级人民代表大会常务委员会的组成人员不得担任国家行政机关、审判机关和检察机关的职务"修改为"县级以上的地方各级人民代表大会常务委员会的组成人员不得担任国家行政机关、监察机关、审判机关和检察机关的职务"。

（4）在宪法第三章《国家机构》第六十二条第六项后增加一项，内容为"选举国家监察委员会主任"；在宪法第六十三条第三项后增加一项，内容为"国家监察委员会主任"；在宪法第六十七条第六项中增加"国家监察委员会"；在第十项后增加一项，内容为"根据国家监察委员会主任的提请，任免国家监察委员会副主任、委员"。

（5）将宪法第三章《国家机构》第一百零一条第二款中"县级以上的地方各级人民代表大会选举并且有权罢免本级人民法院院长和本级人民检察院检察长"修改为"县级以上的地方各级人民代表大会选举并且有权罢免本级监察委员会主任、本级人民法院院长和本级人民检察院检察长"；将宪法第一百零四条中"监督本级人民政府、人民法院和人民检察院的工作"修改为"监督本级人民政府、监察委员会、人民法院和人民检察院的工作"。

（6）删去宪法第三章《国家机构》第八十九条第八项"领导和管理民政、公安、司法行政和监察等工作"中的"和监察"。删去宪法第一百零七条第一款"县级以上地方各级人民政府依照法律规定的权限，管理本行政区域内的经济、教育、科学、文化、卫生、体育事业、城乡建设事业和财政、民政、公安、民族事务、司法行政、监察、计划生育等行政工作"中的"监察"。

做上述修改，反映了党的十八大以来深化国家监察体制改革的成果，贯彻了党的十九大关于健全党和国家监督体系的部署，也反映了设立国家监察委员会和地方各级监察委员会后，全国人民代表大会及其常务委员会和地方各级人民代表大会及其常务委员会、国务院和地方各级人民政府职权的新变化以及工作的新要求。

四、第五次宪法修正的意义

我国宪法作为治国安邦的总章程,在保持根本性、权威性、稳定性的同时,根据建设、改革和发展的需要,不断适应新形势、吸纳新经验、确认新成果、做出新规范,从而保持旺盛的生命力和凝聚力。这次宪法修正在中国特色社会主义进入新时代的历史背景下,站在健全完善党和国家领导制度、推进国家治理体系和治理能力现代化的高度,完善了党和国家的领导体制,完善了人民代表大会制度,完善了统一战线制度,建立健全了国家监察制度等,重大意义非同寻常。

第一,它为在国家政治和社会生活中贯彻习近平新时代中国特色社会主义思想提供了宪法保障。改革开放以来我们党治国理政的一条成功经验就是通过修改宪法把党的指导思想确立为国家的指导思想,实现党的主张、人民意志、依法治国的高度统一,这对于党和国家事业发展至关重要。习近平新时代中国特色社会主义思想已经成为全党全国各族人民团结奋斗的共同思想基础。

第二,为全面贯彻实施宪法确立的国家根本任务、发展道路、奋斗目标提供了宪法保障。我国宪法以国家根本法的形式,确立了中国特色社会主义道路、中国特色社会主义理论体系、中国特色社会主义制度的发展成果,反映了我国各族人民的共同意志和根本利益,成为历史新时期党和国家的中心工作、基本原则、重大方针、重要政策在国家法制上的最高体现。

第三,为确保党的长期执政和国家长治久安提供了宪法保障。中国共产党是执政党,是国家的最高政治领导力量。中国共产党领导是中国特色社会主义最本质的特征,是中国特色社会主义制度的最大优势。把党的领导载入宪法,从社会主义制度的本质属性角度对坚持和加强党的全面领导进行规定,有利于在全体人民中强化党的领导意识,有效把党的领导落实到国家工作全过程和各方面,确保党和国家的事业始终沿着正确方向前进。

第四,为进一步全面推进依法治国提供了宪法保障。宪法是党领导人民制定的,是党的主张和人民意志的高度统一,是坚持党的领导、人民当家做主、依法治国有机统一的根本依据。以宪法为准绳,才能建设完备的法律规范体系、高效的法治实施体系、严密的法治监督体系和有力的法治保障体系,不断深化依法治国实践。

第五,为支持和健全人民当家做主提供了宪法保障。宪法修改完善国家立法体制,进一步健全了人民当家做主的制度体系,强化了人民主体地位,促进了社会主义民主制度化、法律化，推动了人民代表大会制度的完善。治国无其法则乱，守法而不变则衰。第五次宪法修正实现了我国宪法的又一次与时俱进。修改后的宪法，更好地体现了全党和全体人民的意志，更好地展示了中国特色社会主义制度的优势，更好地适应了推进国家治理体系和治理能力现代化的要求，为动员和组织全国各族人民夺取新时代中国特色社会主义伟大胜利提供了有力的宪法保障。

拓展阅读

1. 中华人民共和国宪法

2. 宪法修改前后内容对照表

专题四 国内热点问题

学习重点

1. 中国共产党第十九次全国代表大会的主题；
2. 实施乡村振兴战略需要注意的关键问题；
3. 中国共产党与世界政党高层对话的意义；
4. 博鳌亚洲论坛2018年年会的五大亮点；
5. 香港回归20年取得的主要经验。

第一节 中国共产党第十九次全国代表大会

"中国向何处去？"这个问题每到关键时刻总是激荡在中国人心头。在全面建成小康社会决胜阶段、中国特色社会主义进入新时代的关键时期，2017年10月18日至24日，举世瞩目的中国共产党第十九次全国代表大会胜利召开。党的十九大着眼党和国家事业继往开来，提出具有全局性、战略性、前瞻性的行动纲领，明确宣示举什么旗、走什么路、以什么样的精神状态、担负什么样的历史使命、实现什么样的奋斗目标，在中华民族伟大复兴征程上树起一座新的历史丰碑。

一、大会主题：不忘初心　牢记使命

不忘初心，牢记使命，高举中国特色社会主义伟大旗帜，决胜全面建成小康社会，夺取新时代中国特色社会主义伟大胜利，为实现中华民族伟大复兴的中国梦不懈奋斗。

中国共产党人的初心和使命，就是为中国人民谋幸福，为中华民族谋复兴。这个初心和使命是激励中国共产党人不断前进的根本动力。全党同志一定要永远与人民同呼吸、共命运、心连心，永远把人民对美好生活的向往作为奋斗目标，以永不懈怠的精神状态和一往无前的奋斗姿态，继续朝着实现中华民族伟大复兴的宏伟目标奋勇前进。

二、大会盛况及主要成果

（一）大会盛况

来自全国各地的 2 280 名代表和 74 名特邀代表，代表全党 8 900 多万名党员、450 多万个基层党组织出席大会。大会期间，38 个代表团围绕十九大报告开展了热烈的讨论。代表们高度评价第十八届中央委员会的工作，高度评价党的十八大以来我国改革开放和社会主义现代化建设取得的历史性成就、发生的历史性变革。会场生动热烈的气氛、专注深入的研读、畅所欲言的发言、高度认可的评价，展现了全党的意志，传递了时代的呼声。在全体代表共同努力下，大会顺利完成各项议程和崇高使命，通过了关于十八届中央委员会报告的决议、关于十八届中央纪律检查委员会工作报告的决议、关于《中国共产党章程（修正案）》的决议，选举产生了新一届中央委员会和中央纪律检查委员会，取得了圆满成功。

党的十九大受到了全国人民和国际社会的广泛关注，3 068 名中外记者前来采访，其中港澳台记者和外国记者达到 1 818 人，外国记者来自 134 个国家，遍布世界五大洲。大会期间，中央国家机关、中央金融系统、中央企业系统和各省、自治区、直辖市 34 个代表团分 3 个批次向中外媒体开放，共吸引 3 200 多人次境内外记者到现场采访。本次代表团讨论开放期间，无论是参加记者人次、代表团回答采访提问时间，还是代表团负责人回答采访提问数量，皆创新高。在党代会期间第一次开设了"党代表通道"，举办 3 场采访活动。大会还举办了 2 场新闻发布会、6 场记者招待会、8 场党代表集体采访，向世界展示出中国共产党的开放、透明、自信、包容。大会期间，有 165 个国家 452 个主要政党发来 855 份贺电贺信，其中有 814 份是国家元首、政府

首脑、政党和重要组织机构领导人发来的。

(二) 大会主要成果

(1) 大会通过的党的十九大报告,高举中国特色社会主义伟大旗帜,以马列主义、毛泽东思想、邓小平理论、"三个代表"重要思想、科学发展观、习近平新时代中国特色社会主义思想为指导,分析了国际国内发展变化,回顾和总结了过去5年的工作和历史性变革,做出了中国特色社会主义进入了新时代、我国主要矛盾已经转化为人民日益增长的美好生活需要和不平衡不充分的发展之间的矛盾等重大政治论断,深刻阐述了新时代中国共产党的历史使命,确立了习近平新时代中国特色社会主义思想的历史地位,提出了新时代坚持和发展中国特色社会主义的基本方略,确定了决胜全面建成小康社会、开启全面建设社会主义现代化国家新征程的目标,对新时代推进中国特色社会主义伟大事业和党的建设新的伟大工程做出了全面部署,进一步指明了党和国家事业的前进方向,是全党全国各族人民智慧的结晶,是我们党团结带领全国各族人民在新时代坚持和发展中国特色社会主义的政治宣言和行动纲领,是马克思主义的纲领性文献。

(2) 大会通过的中央纪律检查委员会工作报告,总结了十八届中央纪律检查委员会的工作,充分肯定了在党中央坚强领导下,各级纪律检查委员会忠诚履行党章赋予的职责,深入开展党风廉政建设和反腐败斗争,锲而不舍落实中央八项规定精神,严明政治纪律和政治规矩,推动各级党组织落实管党治党政治责任,发挥巡视利剑作用,把纪律挺在前面,坚决遏制腐败蔓延势头,净化党内政治生态,推动形成和巩固发展了反腐败斗争压倒性态势。

(3) 大会通过的党章修正案,把习近平新时代中国特色社会主义思想同马列主义、毛泽东思想、邓小平理论、"三个代表"重要思想、科学发展观一道确立为党的行动指南,对在新的历史起点上进行伟大斗争、建设伟大工程、推进伟大事业、实现伟大梦想具有重大现实意义和深远历史意义,充分体现了党的十八大以来党的理论创新、实践创新、制度创新取得的成果,体现了党的十九大报告确立的重大理论观点和重大战略思想,反映了这些年党的建设的成功经验,对加强党的全面领导、推进全面从严治党提出了明确要求。

(4) 大会选举产生了由204名委员、172名候补委员组成的十九届中央委员会,实现了新老交替。还选举出十九届中央纪律检查委员会委员133名。

(5) 党的十九届一中全会选举了中央政治局委员、中央政治局常务委员会委员、中央委员会总书记;根据中央政治局常务委员会的提名,通过了中央书记处成员,决定了中央军事委员会组成人员;批准了十九届中央纪律检查委员会第一次全体会议选举产生的书记、副书记和常务委员会委员人选。一中全会选举产生了以习近平同志为核心的新一届中央领导集体。

三、十九大报告主要精神和亮点

十九大报告起草工作历时9个多月，文件起草组由习近平总书记担任组长。习近平总书记强调，要把报告写成凝聚全党智慧、顺应人民期待、对我国发展具有重大指导作用、在国际社会产生广泛影响的文件。中央就党的十九大报告议题向各地区各部门征求了意见，文件起草组赴16个省区市进行调研，请中央和国家机关59家单位开展专题调研，组织25家国家高端智库试点单位进行深入调研。习近平总书记多次主持召开征求意见座谈会，当面听取各方面对报告稿的意见和建议。中央政治局常委会召开4次会议，中央政治局召开2次会议，对报告稿进行讨论研究。十八届七中全会对报告稿进行了充分讨论和认真修改，在此基础上通过了报告稿。可以说，整个文件起草过程，是充分发扬民主、集中全党全国人民智慧的过程，是深入调查研究、总结实践经验的过程，是解放思想和统一思想有机结合的过程。

十九大报告全文32 000多字，共分13个部分。报告中的主要精神和新思想、新论断、新征程、新部署主要体现以下几个方面：

1. 高度评价过去5年的工作和历史性变革

党的十八大以来的5年，是党和国家发展进程中极不平凡的5年，改革开放和社会主义现代化建设取得了历史性成就，经济建设取得重大成就，全面深化改革取得重大突破，民主政治建设迈出重大步伐，思想文化建设取得重大进展，人民生活不断改善，生态文明建设成效显著，强军兴军开创新局面，港澳台工作取得新进展，全方位外交布局深入开展，全面从严治党成效卓著。五年来，以习近平同志为核心的党中央，以巨大的政治勇气和强烈的责任担当，提出一系列新理念、新思想、新战略，出台一系列重大方针政策，推出一系列重大举措，推进一系列重大工作，解决了许多长期想解决而没有解决的难题，办成了许多过去想办而没有办成的大事。5年来的成就是全方位的、开创性的，5年来的变革是深层次的、根本性的。

2. 作出中国特色社会主义进入新时代的重大政治论断

改革开放之初，我们党发出了走自己的路、建设中国特色社会主义的伟大号召。从那时以来，我们党团结带领全国各族人民不懈奋斗，推动我国经济实力、科技实力、国防实力、综合国力进入世界前列，推动我国国际地位实现前所未有的提升，党的面貌、国家的面貌、人民的面貌、军队的面貌、中华民族的面貌发生了前所未有的变化，中华民族正以崭新姿态屹立于世界的东方。

经过长期努力，中国特色社会主义进入了新时代，这是我国发展新的历史方位。中国特色社会主义进入新时代，意味着近代以来久经磨难的中华民族迎来了从站起来、富起来到强起来的伟大飞跃，迎来了实现中华民族伟大复兴的光明前景；意味着科学社会主义在21世纪的中国焕发出强大生机活力，在世界上高高举起了中国特色社会主义伟大旗帜；意味着中国特色社会主义道路、理论、制度、文化不断发展，拓展了发展中国家走向现代化的途径，给世界上那些既希望加快发展又希望保持自身独立性的国家和民族提供了全新选择，为解决人类问题贡献了中国智慧和中国方案。

这个新时代，是承前启后、继往开来、在新的历史条件下继续夺取中国特色社会主义伟大胜利的时代，是决胜全面建成小康社会、进而全面建设社会主义现代化强国的时代，是全国各族人民团结奋斗、不断创造美好生活、逐步实现全体人民共同富裕的时代，是全体中华儿女勠力同心、奋力实现中华民族伟大复兴中国梦的时代，是我国日益走近世界舞台中央、不断为人类做出更大贡献的时代。

3. 做出我国社会主要矛盾已经转化的重大政治论断

中国特色社会主义进入新时代，我国社会主要矛盾已经转化为人民日益增长的美好生活需要和不平衡不充分的发展之间的矛盾。

必须认识到，我国社会主要矛盾的变化是关系全局的历史性变化，对党和国家工作提出了许多新要求。必须认识到，我国社会主要矛盾的变化，没有改变我们对我国社会主义所处历史阶段的判断，我国仍处于并将长期处于社会主义初级阶段的基本国情没有变，我国是世界最大发展中国家的国际地位没有变。我们要牢牢把握社会主义初级阶段这个基本国情，牢牢立足社会主义初级阶段这个最大实际，牢牢坚持党的基本路线这个党和国家的生命线、人民的幸福线，在继续推动发展的基础上，着力解决好发展不平衡不充分问题，大力提升发展质量和效益，更好满足人民在经济、政治、文化、社会、生态等方面日益增长的需要，更好推动人的全面发展、社会全面进步。

4. 四个"伟大"深刻阐述了新时代中国共产党的历史使命

实现中华民族伟大复兴是近代以来中华民族最伟大的梦想。中国共产党一经成立，就把实现共产主义作为党的最高理想和最终目标，义无反顾肩负起实现中华民族伟大复兴的历史使命，团结带领人民进行了艰苦卓绝的斗争，谱写了气吞山河的壮丽史诗。

我们党团结带领人民找到了一条以农村包围城市、武装夺取政权的正确革命道路，进行了28年浴血奋战，完成了新民主主义革命，1949年建立了中华人民共和国，实现了中国从几千年封建专制政治向人民民主的伟大飞跃。

我们党团结带领人民完成社会主义革命，确立社会主义基本制度，推进社会主义建设，完成了中华民族有史以来最为广泛而深刻的社会变革，为当代中国一切发展进步奠定了根本政治前提和制度基础，实现了中华民族由近代不断衰落到根本扭转命运、持续走向繁荣富强的伟大飞跃。

我们党团结带领人民进行改革开放新的伟大革命，破除阻碍国家和民族发展的一切思想和体制障碍，开辟了中国特色社会主义道路，使中国大踏步赶上时代。

今天，我们比历史上任何时期都更接近、更有信心和能力实现中华民族伟大复兴的目标。"行百里者半九十"中华民族伟大复兴，绝不是轻轻松松、敲锣打鼓就能实现的。全党必须准备付出更为艰巨、更为艰苦的努力。

实现伟大梦想，必须进行伟大斗争。全党要更加自觉地坚持党的领导和我国社会主义制度，坚决反对一切削弱、歪曲、否定党的领导和我国社会主义制度的言行；更加自觉地维护人民利益，坚决反对一切损害人民利益、脱离群众的行为；更加自觉地投身改革创新时代潮流，坚决破除一切顽瘴痼疾；更加自觉地维护我国主权、安全、发展利益，坚决反对一切分裂祖国、破坏民族团结和社会和谐稳定的行为；更加自觉地防范各种风险，坚决战胜一切在政治、经济、文化、社会等领域和自然界出现的困难和挑战。全党要充分认识这场伟大斗争的长期性、复杂性、艰巨性，发扬斗争精神，提高斗争本领，不断夺取伟大斗争新胜利。

实现伟大梦想，必须建设伟大工程。这个伟大工程就是我们党正在深入推进的党的建设新的伟大工程。全党要更加自觉地坚定党性原则，勇于直面问题，敢于刮骨疗毒，消除一切损害党的先进性和纯洁性的因素，清除一切侵蚀党的健康肌体的病毒，不断增强党的政治领导力、思想引领力、群众组织力、社会号召力，确保我们党永葆旺盛生命力和强大战斗力。

实现伟大梦想，必须推进伟大事业。全党要更加自觉地增强道路自信、理论自信、制度自信、文化自信，既不走封闭僵化的老路，也不走改旗易帜的邪路，保持政治定力，坚持实干兴邦，始终坚持和发展中国特色社会主义。

伟大斗争，伟大工程，伟大事业，伟大梦想，紧密联系、相互贯通、相互作用，其中起决定性作用的是党的建设新的伟大工程。推进伟大工程，要结合伟大斗争、伟大事业、伟大梦想的实践来进行，确保党在世界形势深刻变化的历史进程中始终走在时代前列，在应对国内外各种风险和考验的历史进程中始终成为全国人民的主心骨，在坚持和发展中国特色社会主义的历史进程中始终成为坚强领导核心。

5. 确立了习近平新时代中国特色社会主义思想的历史地位

十八大以来，国内外形势变化和我国各项事业发展都给我们提出了一个重大时代课题，这就是必须从理论和实践结合上系统回答新时代坚持和发展什么样的中国特色社会主义、怎样坚持和发展中国特色社会主义。围绕这个重大时代课题，我们党坚持以马克思列宁主义、毛泽东思想、邓小平理论、"三个代表"重要思想、科学发展观为指导，坚持解放思想、实事求是、与时俱进、求真务实，坚持辩证唯物主义和历史唯物主义，紧密结合新的时代条件和实践要求，以全新的视野深化对共产党执政规律、社会主义建设规律、人类社会发展规律的认识，进行艰辛理论探索，取得重大理论创新成果，创立了习近平新时代中国特色社会主义思想。

报告用"八个明确"对习近平新时代中国特色社会主义思想进行了阐述：明确坚持和发展中国特色社会主义，总任务是实现社会主义现代化和中华民族伟大复兴，在全面建成小康社会的基础上分两步走，在本世纪中叶建成富强民主文明和谐美丽的社会主义现代化强国；明确新时代我国社会主要矛盾是人民日益增长的美好生活需要和不平衡不充分的发展之间的矛盾，必须坚持以人民为中心的发展思想，不断促进人的全面发展、全体人民共同富裕；明确中国特色社会主义事业总体布局是"五位一体"、战略布局是"四个全面"，强调坚定道路自信、理论自信、制度自信、文化自信；明确全面深化改革总目标是完善和发展中国特色社会主义制度、推进国家治理体系和治理能力现代化；明确全面推进依法治国总目标是建设中国特色社会主义法治体系、建设社会主义法治国家；明确党在新时代的强军目标是建设一支听党指挥、能打胜仗、作风优良的人民军队，把人民军队建设成为世界一流军队；明确中国特色大国外交要推动构建新型国际关系，推动构建人类命运共同体；明确中国特色社会主义最本质的特征是中国共产党领导，中国特色社会主义制度的最大优势是中国共产党领导，党是最高政治领导力量，提出新时代党的建设总要求，突出政治建设在党的建设中的重要地位。

习近平新时代中国特色社会主义思想，是对马列主义、毛泽东思想、邓小平理论、"三个代表"重要思想、科学发展观的继承和发展，是马克思主义中国化最新成果，是党和人民实践经验和集体智慧的结晶，是中国特色社会主义理论体系的重要组成部分，是全党全国人民为实现中华民族伟大复兴而奋斗的行动指南，必须长期坚持并不断发展。

6. 确定了开启全面建设社会主义现代化国家新征程的目标

从十九大到二十大，是"两个一百年"奋斗目标的历史交汇期。我们既要全面建成小康社会、实现第一个百年奋斗目标，又要乘势而上开启全面建设社会主义现代化国家新征程，向第二个百年奋斗目标进军。综合分析国际国内形势和我国发展条件，从2020年到本世纪中叶可以分两个阶段来安排：

第一个阶段，从2020年到2035年，在全面建成小康社会的基础上，再奋斗15年，基本实现社会主义现代化。到那时，我国经济实力、科技实力将大幅跃升，跻身创新型国家前列；人民平等参与、平等发展权利得到充分保障，法治国家、法治政府、法治社会基本建成，各方面制度更加完善，国家治理体系和治理能力现代化基本实现；社会文明程度达到新的高度，国家文化软实力显著增强，中华文化影响更加广泛深入；人民生活更为宽裕，中等收入群体比例明显提高，城乡区域发展差距和居民生活水平差距显著缩小，基本公共服务均等化基本实现，全体人民共同富裕迈出坚实步伐；现代社会治理格局基本形成，社会充满活力又和谐有序；生态环境根本好转，美丽中国目标基本实现。

第二个阶段，从2035年到本世纪中叶，在基本实现现代化的基础上，再奋斗15年，把我国建成富强民主文明和谐美丽的社会主义现代化强国。到那时，我国物质文明、政治文明、精神文明、社会文明、生态文明将全面提升，实现国家治理体系和治理能力现代化，成为综合国力和国际影响力领先的国家，全体人民共同富裕基本实现，我国人民将享有更加幸福安康的生活，中华民族将以更加昂扬的姿态屹立于世界民族之林。

7. 提出新时代坚持和发展中国特色社会主义基本方略

坚持党对一切工作的领导，坚持以人民为中心，坚持全面深化改革，坚持新发展理念，坚持人民当家做主，坚持全面依法治国，坚持社会主义核心价值体系，坚持在发展中保障和改善民生，坚持人与自然和谐共生，坚持总体国家安全观，坚持党对人民军队的绝对领导，坚持"一国两制"和推进祖国统一，坚持推动构建人类命运共同体，坚持全面从严治党，这14条构成新时代坚持和发展中国特色社会主义的基本方略。全党同志必须全面贯彻党的基本理论、基本路线、基本方略，更好引领党和人民事业发展。

8. 按照"五位一体"总体布局进行全面部署

报告对经济建设、政治建设、文化建设、社会建设、生态文明建设进行了全面部署。包括：要贯彻新发展理念，建设现代化经济体系。深化供给侧结构性改革，加快建设创新型国家，实施乡村振兴战略，实施区域协调发展战略，加快完善社会主义市场经济，推动形成全面开放新格局。要健全人民当家做主制度体系，发展社会主义民主政治。坚持党的领导、人民当家做主、依法治国有机统一，加强人民当家做主制度保障，发挥社会主义协商民主重要作用，深化依法治国实践，深化机构和行政体制改革，巩固和发展爱国统一战线。要坚定文化自信，推动社会主义文化繁荣兴盛。牢牢掌握意识形态工作领导权，培育和践行社会主义核心价值观，加强思想道德建设，繁荣发展社会主义文艺，推动文化事业和文化产业发展。要提高保障和改善民生水平，加强和创新社会治理。优先发展教育事业，提高就业质量和人民收入水平，加快社会保障体系建设，坚决打赢脱贫攻坚战，实施健康中国战略，打造共建共治共享的社会治理格局，有效维护国家安全。要加快生态文明体制改革，建设美丽中国。推进绿色发展，着力解决突出环境问题，加大生态系统保护力度，改革生态环境监管体制。

总的来看，报告立意高远、总揽全局、思想深刻、主题突出、论述精辟，具有很强的思想性、前瞻性、战略性、指导性，通篇贯穿着坚定的信念追求、强烈的历史担当、非凡的创新品格，给人以信仰的感召、方向的指引、进取的力量、胜利的信心，是我们党迈向新时代、开启新征程、续写新篇章的政治宣言和行动指南。

中国共产党第十九次全国代表大会报告

第二节　国家机构改革

党的十九届三中全会审议通过的《中共中央关于深化党和国家机构改革的决定》和《深化党和国家机构改革方案》指出，深化党和国家机构改革，是以习近平同志为核心的党中央着眼党和国家事业发展全局做出的重大改革部署，是提高党的执政能力和领导水平的重大措施，是实现"两个一百年"奋斗目标、全面建成社会主义现代化强国、实现中华民族伟大复兴的必然要求。

一、深化党和国家机构改革的重要意义

深化党和国家机构改革，是新时代坚持和发展中国特色社会主义的必然要求。中国特色社会主义进入新时代，我国社会主要矛盾发生历史性变化，决胜全面建成小康社会、全面建设社会主义现代化国家新征程已经开启。面对新时代新任务提出的新要求，解决党和国家机构职能体系中存在的障碍和弊端，更好发挥我国社会主义制度优越性，变得日益迫切和重要。

深化党和国家机构改革，是加强党的长期执政能力建设的必然要求。党政组织机构和管理体制是我们党执政的重要载体。通过改革完善坚持党的领导的体制机制，把党的领导贯彻落实到党和国家机关全面正确履行职责的各领域各环节，这是确保党始终总揽全局、协调各方的必然要求，也是从制度上保证党的长期执政和国家长治久安的重要举措。

深化党和国家机构改革，是社会主义制度自我完善和发展的必然要求。党和国家机构职能体系是中国特色社会主义制度的重要组成部分，是我们党治国理政的重要保障。在新时代，我们党要统揽伟大斗争、伟大工程、伟大事业、伟大梦想，就必须加快推进国家治理体系和治理能力现代化，努力形成更加成熟、更加定型的中国特色社会主义制度。

深化党和国家机构改革，是实现"两个一百年"奋斗目标、建设社会主义现代化国家、实现中华民族伟大复兴的必然要求。我国发展新的历史方位，我国社会主要矛盾的变化，到2020年全面建成小康社会，到2035年基本实现社会主义现代化，到本世纪中叶全面建成社会主义现代化强国，迫切要求通过科学设置机构、合理配置职能、统筹使用编制、完善体制机制，使市场在资源配置中起决定性作用、更好发挥政府作用，更好推进党和国家各项事业发展，更好满足人民日益增长的美好生活需要，更好推动人的全面发展、社会全面进步、人民共同富裕。

二、改革开放以来国家机构历次改革回顾

改革开放以来，我国分别在1982年、1988年、1993年、1998年、2003年、2008年和2013年进行了七次规模较大的政府机构改革。

(一) 1982年国家机构改革

1982年3月8日,五届全国人大常委会第二十二次会议通过了关于国务院机构改革问题的决议。这次改革明确规定了各级各部的职数、年龄和文化结构,减少了副职,提高了素质;在精简机构方面,国务院各部门从100个减为61个,人员编制从原来的5.1万人减为3万人。

(二) 1988年国家机构改革

1988年4月9日,七届全国人大一次会议通过了国务院机构改革方案,启动了新一轮的机构改革。这次改革着重于大力推进政府职能的转变。改革的重点是那些与经济体制改革关系密切的经济管理部门。通过改革,国务院部委由原有的45个减为41个,直属机构从22个减为19个,非常设机构从75个减到44个。在国务院66个部、委、局中,有32个部门共减少1.5万多人,有30个部门共增加5 300人,增减相抵,机构改革后的国务院人员编制比原来减少了9 700多人。

(三) 1993年国家机构改革

1993年3月22日,八届全国人大一次会议审议通过了关于国务院机构改革方案的决定。方案实施后,国务院组成部门、直属机构从原有的86个减少到共59个,人员减少20%。1993年4月,国务院决定将国务院的直属机构由19个调整为13个,办事机构由9个调整为5个。国务院不再设置部委归口管理的国家局,国务院直属事业单位调整为8个。此外,国务院还设置了国务院台湾事务办公室与国务院新闻办公室。

(四) 1998年国家机构改革

1998年3月10日,九届全国人大一次会议审议通过了关于国务院机构改革方案的决定。改革的目标是:建立办事高效、运转协调、行为规范的政府行政管理体系,完善国家公务员制度,建设高素质的专业化行政管理队伍,逐步建立适应社会主义市场经济体制的有中国特色的政府行政管理体制。根据改革方案,国务院不再保留的有15个部、委。新组建的有4个部、委。更名的有3个部、委。改革后除国务院办公厅外,国务院组成部门由原有的40个减少到29个。

(五) 2003年国家机构改革

2003年的政府机构改革,是在加入世贸组织的大背景之下进行的。2003年3月10日,十届全国人大一次会议第三次全体会议通过了关于国务院机构改革方案的决定。方案特别提出了"决策、执行、监督"三权相协调的要求。除国务院办公厅外,国务院29个组成部门经过改革调整为28个,不再保留国家经贸委和外经贸部，其职能并入新组建的商务部。

（六）2008年国家机构改革

2008年3月15日，十一届全国人大一次会议通过关于国务院机构改革方案的决定。这次国务院改革涉及调整变动的机构共15个，正部级机构减少4个。改革后，新组建工信部、交通运输部等5个部委，除国务院办公厅外，国务院组成部门设置27个。

（七）2013年国家机构改革

2013年3月14日，十二届全国人大一次会议表决通过了关于国务院机构改革和职能转变方案的决定。这次国务院机构改革，重点围绕转变职能和理顺职责关系，稳步推进大部门制改革，实行铁路政企分开，整合加强卫生和计划生育、食品药品、新闻出版和广播电影电视、海洋、能源管理机构。国务院正部级机构减少4个，其中组成部门减少2个，副部级机构增减相抵数量不变。改革后，除国务院办公厅外，国务院设置组成部门25个。

三、2018年国家机构改革

（一）深化党和国家机构改革的指导思想、目标、原则

1. 深化党和国家机构改革的指导思想。深化党和国家机构改革，必须全面贯彻党的十九大精神，坚持以马克思列宁主义、毛泽东思想、邓小平理论、"三个代表"重要思想、科学发展观、习近平新时代中国特色社会主义思想为指导，适应新时代中国特色社会主义发展要求，坚持稳中求进工作总基调，坚持正确改革方向，坚持以人民为中心，坚持全面依法治国，以加强党的全面领导为统领，以国家治理体系和治理能力现代化为导向，以推进党和国家机构职能优化协同高效为着力点，改革机构设置，优化职能配置，深化转职能、转方式、转作风，提高效率效能，为决胜全面建成小康社会、开启全面建设社会主义现代化国家新征程、实现中华民族伟大复兴的中国梦提供有力制度保障。

2. 深化党和国家机构改革的目标。深化党和国家机构改革，目标是构建系统完备、科学规范、运行高效的党和国家机构职能体系，形成总揽全局、协调各方的党的领导体系，职责明确、依法行政的政府治理体系，中国特色、世界一流的武装力量体系，联系广泛、服务群众的群团工作体系，推动人大、政府、政协、监察机关、审判机关、检察机关、人民团体、企事业单位、社会组织等在党的统一领导下协调行动、增强合力，全面提高国家治理能力和

治理水平。

3. 深化党和国家机构改革要遵循的原则。第一，坚持党的全面领导。党的全面领导是深化党和国家机构改革的根本保证。必须坚持中国特色社会主义方向，增强政治意识、大局意识、核心意识、看齐意识，坚定中国特色社会主义道路自信、理论自信、制度自信、文化自信，坚决维护以习近平同志为核心的党中央权威和集中统一领导，自觉在思想上、政治上、行动上同党中央保持高度一致，把加强党对一切工作的领导贯穿改革各方面和全过程，完善保证党的全面领导的制度安排，改进党的领导方式和执政方式，提高党把方向、谋大局、定政策、促改革的能力和定力。第二，坚持以人民为中心。全心全意为人民服务是党的根本宗旨，实现好、维护好、发展好最广大人民根本利益是党的一切工作的出发点和落脚点。必须坚持人民主体地位，坚持立党为公、执政为民，贯彻党的群众路线，健全人民当家做主制度体系，完善为民谋利、为民办事、为民解忧、保障人民权益、倾听人民心声、接受人民监督的体制机制，为人民依法管理国家事务、管理经济文化事业、管理社会事务提供更有力的保障。第三，坚持优化协同高效。优化就是要科学合理、权责一致，协同就是要有统有分、有主有次，高效就是要履职到位、流程通畅。必须坚持问题导向，聚焦发展所需、基层所盼、民心所向，优化党和国家机构设置和职能配置，坚持一类事项原则上由一个部门统筹、一件事情原则上由一个部门负责，加强相关机构配合联动，避免政出多门、责任不明、推诿扯皮，下决心破除制约改革发展的体制机制弊端，使党和国家机构设置更加科学、职能更加优化、权责更加协同、监督监管更加有力、运行更加高效。第四，坚持全面依法治国。依法治国是党领导人民治理国家的基本方式。必须坚持改革和法治相统一、相促进，坚持依法治国、依法执政、依法行政共同推进，坚持法治国家、法治政府、法治社会一体建设，依法依规完善党和国家机构职能，依法履行职责，依法管理机构和编制，既发挥法治规范和保障改革的作用，在法治下推进改革，做到重大改革于法有据，又通过改革加强法治工作，做到在改革中完善和强化法治。

（二）国务院机构改革的主要内容

根据国务院总理李克强提请第十三届全国人民代表大会第一次会议审议的国务院机构改革方案的议案，改革后，国务院正部级机构减少8个，副部级机构减少7个，除国务院办公厅外，国务院设置组成部门26个。

第一，关于国务院组成部门调整。

（1）组建自然资源部。不再保留国土资源部、国家海洋局、国家测绘地理信息局。

（2）组建生态环境部。不再保留环境保护部。

（3）组建农业农村部。不再保留农业部。

（4）组建文化和旅游部。不再保留文化部、国家旅游局。

（5）组建国家卫生健康委员会。不再保留国家卫生和计划生育委员会。不再设立国务院深化医药卫生体制改革领导小组办公室。

（6）组建退役军人事务部。

（7）组建应急管理部。不再保留国家安全生产监督管理总局。

（8）重新组建科学技术部。

（9）重新组建司法部。不再保留国务院法制办公室。

（10）优化水利部职责。不再保留国务院三峡工程建设委员会及其办公室、国务院南水北调工程建设委员会及其办公室。

（11）优化审计署职责。不再设立国有重点大型企业监事会。

（12）监察部并入新组建的国家监察委员会。不再保留监察部、国家预防腐败局。

第二，关于国务院其他机构调整。

（1）组建国家市场监督管理总局。不再保留国家工商行政管理总局、国家质量监督检验检疫总局、国家食品药品监督管理总局。

（2）组建国家广播电视总局。不再保留国家新闻出版广电总局。

（3）组建中国银行保险监督管理委员会。不再保留中国银行业监督管理委员会、中国保险监督管理委员会。

（4）组建国家国际发展合作署。

（5）组建国家医疗保障局。

（6）组建国家粮食和物资储备局。不再保留国家粮食局。

（7）组建国家移民管理局。

（8）组建国家林业和草原局。不再保留国家林业局。

（9）新组建国家知识产权局。

（10）调整全国社会保障基金理事会隶属关系。

（11）改革国税地税征管体制。

拓展阅读

深化党和国家机构改革方案

第三节 乡村振兴战略

实施乡村振兴战略是十九大做出的重大决策部署,写进了党章,成为全党的共同意志。中央经济工作会议将实施乡村振兴战略作为重点工作加以部署,中央农村工作会议也聚焦乡村振兴战略。2018年中央一号文件提出要举全党全社会力量推动乡村全面振兴。学习贯彻十九大精神和习近平新时代中国特色社会主义思想,一项重要任务就是实施好乡村振兴战略。乡村振兴战略,是我们做好新时代农业农村工作的总遵循。

一、深刻理解实施乡村振兴战略的重大意义

实施乡村振兴战略是新时代指导"三农"工作的行动纲领。农业农村农民问题是关系国计民生的根本性问题。实施乡村振兴战略,必须始终把解决好"三农"问题作为全党工作重中之重。中央之所以把解决好"三农"问题放在各项工作的首位,是因为在全面建成小康进程中,在工业化、城镇化、信息化和农业现代化同步发展过程中,农业现代化这条短腿和农村现代化这个短板还没有补齐。习近平总书记指出:"没有农业现代化,没有农村繁荣富强,没有农民安居乐业,国家现代化是不完整、不全面、不牢固的。"决胜全面建成小康社会,重点就是要补齐农业农村这块短板。为此,十九大报告首次提出"实施乡村振兴战略",并在"加快推进农业农村现代化"表述中,增加了"农村"这两个字。乡村振兴战略确立不仅是建立在深刻认识我国城乡关系变化趋势,总结国内外城乡发展规律,学习借鉴其他国家实现农业农村现代化正反两方面经验教训的基础上,也是我们党在农业农村发展理论和实

践上的又一次重大飞跃。以乡村涵盖农业农村的所有问题，改变了过去单纯强调农业现代化和新农村建设目标的提法，丰富发展了统筹城乡发展理论，把解决"三农"问题放到重构乡村发展战略目标任务的高度来进行谋划，拓宽了解决了我国"三农"问题的发展思路，扩大了战略目标范围，提升战略目标的高度，使我国"三农"问题变为一项综合性的系统工程，具有整体性、全面性的特点。应当说乡村振兴战略是在新的发展理念下提出来的，它不仅为新时代我国"三农"工作指明了方向，也成为未来解决"三农"问题、全面激发农村发展活力的行动指南。

二、深入理解实施乡村振兴战略的总要求

党的十九大报告明确指出要坚持农业农村优先发展，按照产业兴旺、生态宜居、乡风文明、治理有效、生活富裕的总要求，建立健全城乡融合发展体制机制和政策体系，加快推进农业农村现代化。深入理解乡村振兴战略的总要求，才能科学制定战略规划，走好中国特色社会主义乡村振兴道路。

产业兴旺是实现乡村振兴的基石。发展现代农业是产业兴旺最重要的内容，其重点是通过产品、技术、制度、组织和管理创新，提高良种化、机械化、科技化、信息化、标准化、制度化和组织化水平，推动农业、林业、牧业、渔业和农产品加工业转型升级。一方面，大力发展以新型职业农民、适度经营规模、作业外包服务和绿色农业为主要内容的现代农业；另一方面，推进农村一、二、三产业融合发展，促进农业产业链延伸，为农民创造更多就业和增收机会。

生态宜居是提高乡村发展质量的保证。其内容涵盖村容整洁，村内水、电、路等基础设施完善，以保护自然、顺应自然、敬畏自然的生态文明理念纠正单纯以人工生态系统替代自然生态系统的错误做法，等等。它提倡保留乡土气息、保存乡村风貌、保护乡村生态系统、治理乡村环境污染，实现人与自然和谐共生，让乡村人居环境绿起来、美起来。

乡风文明是乡村建设的灵魂。乡风文明建设既包括促进农村文化教育、医疗卫生等事业发展，改善农村基本公共服务；又包括大力弘扬社会主义核心价值观，传承遵规守约、尊老爱幼、邻里互助、诚实守信等乡村良好习俗，努力实现乡村传统文化与现代文明的融合；还包括充分借鉴国内外乡村文明的优秀成果，实现乡风文明与时俱进。

治理有效是乡村善治的核心。治理越有效，乡村振兴战略的实施效果就越好。为此，应建立健全党委领导、政府负责、社会协同、公众参与、法治

保障的现代乡村社会治理体制，健全自治、法治、德治相结合的乡村治理体系，加强农村基层基础工作，加强农村基层党组织建设，深化村民自治实践，建设平安乡村。进一步密切党群、干群关系，有效协调农户利益与集体利益、短期利益与长期利益，确保乡村社会充满活力、和谐有序。

生活富裕是乡村振兴的目标。乡村振兴战略的实施效果要用农民生活富裕程度来评价。为此，要努力保持农民收入较快增长，持续降低农村居民的恩格尔系数，不断缩小城乡居民收入差距，让广大农民群众和全国人民一道进入全面小康社会，向着共同富裕目标稳步前进。

三、实施乡村振兴战略需要注意的几个关键问题

乡村振兴战略既是对改革开放40年来乡村发展实践和经验的总结，也是立足顶层设计从中国特色社会主义进入新时代的背景出发，谋篇布局，提出的新时代乡村发展新方略。乡村振兴战略的焦点是实现城乡融合发展，重点是实现城乡资源的高效配置，关键是形成城乡融合发展的体制机制。当前，我国乡村振兴还存在不少短板：一是产业问题；二是人的问题；三是乡村文化问题；四是生态环境问题；五是乡村治理问题。以上问题既具有普遍性，也具有地区特点。整体上看，这实际上是由于供给侧无法满足需求侧，中高端匮乏、深度融合不强、放大效应不明显的结果。因此，需要进一步夯实发展基础、补齐发展短板，以引导乡村振兴高质量发展。

1. 实现乡村产业振兴

实现乡村产业振兴的切入点是加强乡村互联网基础设施建设，以实现农村一、二、三产业和城乡互联网融合发展。加大互联网基础设施投入，补上乡村发展滞后的短板。在互联网基础设施建设周期长、农村家庭互联网无法做到全覆盖的情况下，应尽量实现"村村通"，实现以村为单位的互联网接入，将中国农村的发展接入信息化发展的路径，实现城乡信息共享的公共服务均等化，促进乡村搭上互联网和新经济发展的快车。

以产业兴旺带动乡村发展，以"一村一品"带动乡村形成产业发展的循环系统。不同村庄应根据具体的环境，栽种具有经济和观赏价值的林木，形成四季有花、四时有景的格局。发展艺术农业，将农田设计成具有当地乡村特色的图画和形象，打造艺术乡村。深入进行农产品开发，引进农产品深加工企业，将特色食品产业化，打造绿色农产品产业基地。开展农村度假休养游，通过对环境、设施等的改善吸引游客，发展自然休养村、家乡休闲村、民宿村等。推动乡村生活富裕，需建构乡村现代农业产业体系，最终实现推

进农业由增产导向转向提质导向。

2. 实现乡村人的振兴

乡村振兴的希望是人的振兴。有些地方的乡村产业振兴带动了人的振兴，让乡村重新成为"希望的田野"。年轻人在乡村振兴发展中找到了人生的"奔头"和发展的动力，成为乡村振兴的主力军。凋敝的农村在产业发展中又重新找回了"人气"，焕发了新的生机与活力。推动乡村人的振兴，要把人力资本开发放在首要位置，既要鼓励下乡发展、回乡创业，也要带动职业转换，大力发展新型职业农民，加强职业培训。让愿意留在乡村、建设家乡的人留得安心，让愿意回报乡村的人更有信心。大力开展乡村就业供给侧改革，发展职业教育，采用"工厂实习＋教育培训＋技能提高"等形式，通过融入国家发展战略改变自身命运，为国家高端装备的发展提供合格、高端的劳动力，减少因为智能化发展而导致的智能鸿沟。支持公共职业技能实训基地建设，实施新生代农民工就业技能提升计划，为国家提供合格的新时代产业工人，破解劳动力人才流动体制机制障碍。

乡村振兴的关键是把青年人吸引回来。要让青年在乡村找到实现人生出彩的机会和舞台，重点是实现乡村要素与城市要素的结合，实现一体化、市场化资源再配置，将城市需求与乡村的供给、乡村的需求与城市的供给，通过青年人返乡创业、城市居民下乡创业、农村居民留乡创业结合起来，实现全要素综合配给。

3. 实现乡村文化振兴

看得见山，望得见水，记得住乡愁，是人们对美好乡村的深刻记忆和希冀。乡村振兴不能没有文化的振兴，几千年的乡愁是乡村文化，更是中华文化深沉的积淀。推动乡村文化振兴：一要在产业振兴与人的振兴带动下，赋予传统乡村文化新的内涵，发展新乡村文化，形成良好家风、淳朴民风文化新局面；二要将乡村经济振兴与文化振兴结合起来，在深入挖掘优秀传统文化资源中找到经济振兴的文化增长点，重点是以旅游业带动城乡融合发展，把城市消费者对美好乡村的向往需求与乡村供给结合起来；三要挖掘乡土文化人才，提高乡村社会文明程度，保护乡土风情、传统村落等，让乡土文明在新时代城乡融合发展中绽放新的活力。城市现代文化要下乡，焕发新活力的乡土文化也要进城，二者在互动交流中实现资源优化配置尤其是公共文化服务均等化。乡村文化振兴是乡村振兴的根，更是乡村振兴的魂，乡愁的传承、乡土气息的塑造是乡村发展生机勃勃最直观体现。

4. 实现乡村生态振兴

绿水青山就是金山银山。乡村是绿水青山的主要承载区，也是乡村振兴的主要资源地。生态振兴既要让一方水土养得起一方人，也要像保护眼睛一样保护生态环境，像对待生命一样对待生态环境。实现乡村生态振兴，既要实现乡村生活生态环境美，又要实现乡村居住生态环境净，既要加强污染治理，处理点源面源污染，又要减少农药化肥使用，发展绿色农业。既要守住乡村生态发展的红线，又要筑牢生态发展的底线，没有乡村生态文明的良好，没有美丽乡村，乡村产业振兴就是一张白纸，乡村人的振兴就会沦为空谈，乡村文化振兴就没有山好水美的环境基础。此外，加强乡村生态振兴，要大力发展绿色金融、碳汇交易，形成绿色生活方式。

5. 实现乡村治理振兴

实现乡村治理振兴，重在深入推进乡村治理体系和治理能力现代化，形成法治、德治、自治相结合的乡村治理新局面，实现城乡治理的同步化、专业化、融合化，让治理能力成为乡村振兴的新生产力，确保乡村社会充满活力、安定有序。

首先，进一步加强扶贫治理能力。"小康不小康关键看老乡"，其中精准扶贫、精准脱贫是重点。强化扶贫治理，提高扶贫质量，让农民富起来是带动乡村全面振兴的重要指标。其次，进一步加强监察治理。这就要求进一步完善乡村基层组织，实现乡村从"熟人社会"到"规矩社会"的转变。强化监察治理，可以管住"微腐败"，强化基层组织作风建设。再次，进一步加强乡村发展治理和服务治理能力，实现城乡治理体系和治理能力建设同步化。搭建乡村知识、信息、政策的交互平台，解决发展死角，将农民迫切需要的知识、政策信息及时传递到农民手中，打通政策和信息传递的末端。最后，加大社会治理创新，推动普惠分享发展，扶持公益分享，鼓励民间组织下沉乡村参与乡村振兴建设。

深入推进乡村振兴战略，实现城乡融合发展，要以创新的思维、创新的工作、创新的境界带动工作发展，最终达到正确处理五个方面关系的目的。在绿色发展理念指导下，推动融合三产的综合产业发展，带动乡村产业振兴，进而实现乡村人的振兴。人的振兴是乡村振兴的关键，也是延续中国乡村发展、守住乡村命脉的核心。

第四节　雄安新区

2017年4月1日，新华通讯社受权发布：中共中央、国务院决定设立河北雄安新区。消息一出，犹如平地春雷，响彻大江南北。涉及河北省雄县、容城、安新3县及周边部分区域的雄安新区，迅速成为海内外高度关注的焦点。设立雄安新区是以习近平同志为核心的党中央做出的一项重大的历史性战略选择。这是继深圳经济特区和上海浦东新区之后又一具有全国意义的新区，是千年大计、国家大事。

一、雄安新区设立的简要历程及重大意义

十八大以来，中共中央总书记、国家主席、中央军委主席习近平多次深入北京、天津、河北考察调研，多次主持召开中央政治局常委会会议、中央政治局会议，研究决定和部署实施京津冀协同发展战略。习近平明确指示，要重点打造北京非首都功能疏解集中承载地，在河北适合地段规划建设一座以新发展理念引领的现代新型城区。

2014年2月26日，习近平总书记在听取京津冀协同发展工作汇报时做了重要指示，京津冀协同发展逐渐上升为国家战略。

2015年4月2日和4月30日，召开中共中央政治局常委会会议和中央政治局会议研究《京津冀协同发展规划纲要》。

2016年5月27日，中共中央政治局会议审议了《关于规划建设北京城市副中心和研究设立河北雄安新区的有关情况的汇报》。

2017年2月23日，国家主席习近平专程到河北省安新县进行实地考察，主持召开河北雄安新区规划建设工作座谈会。

2017年4月1日，中共中央、国务院印发通知，决定设立河北雄安新区。

2017年4月26日，河北雄安新区临时党委委员、筹备工作委员会在发布会上表示，雄安新区将30平方千米启动区的控制性详规和城市设计，面向全球招标，开展设计竞赛和方案征集。

2017年6月，中国共产党河北雄安新区工作委员会、河北雄安新区管理委员会获批设立，为中共河北省委、河北省人民政府派出机构。

雄安新区规划建设以特定区域为起步区先行开发，起步区面积约100平方千米，中期发展区面积约200平方千米，远期控制区面面积约2 000平方千米。

二、雄安新区概况

河北雄安新区（Hung an District）位于京津冀地区核心腹地，河北保定市境地，规划范围涵盖河北省雄县、容城、安新3县及周边部分区域，对雄

县、容城、安新3县及周边区域实行托管。"雄安"的名字，取自"雄县、安新县"各一字，朗朗上口、声名远扬，既尊重历史，又寓意吉祥。"雄"字意味宏伟、阳刚、英雄；"安"字包含稳定、牢固、安康，体现了地域特色，符合中华传统文化，契合国家现在"两个一百年"奋斗目标、实现中华民族伟大复兴的中国梦的内在要求。

雄安新区位于京津保腹地，各方优势明显，土地水利环境地质支撑条件优良，发展空间充裕，正是集中承接北京非首都功能疏解的首选之地。

（1）具有区位优势。地处华北平原，一马平川。雄安新区与北京、天津构成一个等边三角形，距离北京、天津、石家庄和保定市分别约105千米、105千米、155千米、30千米。

（2）交通便捷。雄安新区东至大广高速、京九铁路，南至保沧高速，西至京港澳高速、京广客专，北至荣乌高速、津保铁路等交通干线。基本形成与北京、天津、石家庄、保定的半小时通勤圈。同时具备空港优势，距离北京新机场约55千米，完全可以满足高端高新产业的发展需要。

（3）生态良好。拥有华北平原最大的淡水湖白洋淀，漕河、南瀑河、萍河、南拒马河等多河流在区域内交汇。九河下梢，汇集成淀，星罗棋布的苇田，摇船入淀，但见浩渺烟波，苍苍芦苇，悠悠小舟，岸上人家，宛若"华北江南"。

（4）开发度低。雄安新区范围内人口密度低，建筑少，拆迁量不大。核心区所辖人口尚不到10万人，仅相当于北京的一个社区。可开发建设的土地较充裕且可塑性强，具备一定的城市基础条件。

三、雄安新区的重点任务

习总书记明确指示，要重点打造北京非首都功能疏解集中承载地，在河北适合地段规划建设一座以新发展理念引领的现代新型城区。2017年2月23日，国家主席习近平专程到河北省安新县进行实地考察，主持召开河北雄安新区规划建设工作座谈会。规划建设雄安新区，要在党中央领导下，坚持稳中求进的工作总基调，牢固树立和贯彻落实新发展理念，适应把握引领经济发展新常态，以推进供给侧结构性改革为主线，坚持世界眼光、国际标准、中国特色、高点定位，坚持生态优先、绿色发展，坚持以人民为中心、注重保障和改善民生，坚持保护弘扬中华优秀传统文化、延续历史文脉，建设绿色生态宜居新城区、创新驱动发展引领区、协调发展示范区、开放发展先行区，努力打造贯彻落实新发展理念的创新发展示范区。

规划建设雄安新区要突出7个方面的重点任务：

一是建设绿色智慧新城，建成国际一流、绿色、现代、智慧城市。

二是打造优美生态环境，构建蓝绿交织、清新明亮、水城共融的生态城市。

三是发展高端高新产业，积极吸纳和集聚创新要素资源，培育新动能。

四是提供优质公共服务，建设优质公共设施，创建城市管理新样板。

五是构建快捷高效交通网，打造绿色交通体系。

六是推进体制机制改革，发挥市场在资源配置中的决定性作用和更好发挥政府作用，激发市场活力。

七是扩大全方位对外开放，打造扩大开放新高地和对外合作新平台。

四、设立雄安新区的现实意义

雄安新区作为北京非首都功能疏解集中承载地，与北京城市副中心形成北京新的两翼，有利于有效缓解北京"大城市病"，探索人口经济密集地区优化开发新模式；与以2022年北京冬奥会和冬残奥会为契机推进张北地区建设形成河北两翼，有利于加快补齐区域发展短板，提升区域经济社会发展质量和水平。规划建设河北雄安新区，是尊重城市建设规律、解决"大城市病"问题的关键一招，是创新区域发展路径、打造新的经济增长极的点睛之笔。从国外经验看，解决"大城市病"问题，许多国家都采用"跳出去"建新城的方法。从我国经验看，改革开放以来，我们通过建设深圳经济特区和浦东新区推动了珠三角、长三角地区发展。设立雄安新区，既贯彻了协同发展、创新发展的时代思考，也吸收借鉴了国内外有益经验，为拓展区域发展新空间铺就一条新路。

雄安新区不同于一般意义的新区，其定位首先是疏解北京非首都功能集中承载地，作为推进京津冀协同发展的两项战略举措，规划建设北京城市副中心和河北雄安新区，将形成北京新的两翼，拓展京津冀区域发展新空间。雄安新区在起步之初，就要加强同北京、天津、石家庄、保定等城市的融合发展，特别是要同北京中心城区、城市副中心在功能上有所分工，实现错位发展。统筹生产、生活、生态大布局。努力打造贯彻落实新发展理念的创新示范区，雄安新区将充分发挥京冀各自比较优势，形成京津冀目标同向、措施一体、优势互补、互利共赢的协同发展新格局。

"九层之台，起于累土；千里之行，始于足下。"建设雄安新区是一项历史性工程，是我们这代人留给子孙后代的历史遗产，尤其需要保持历史耐心，有计划分步骤推动新区建设。我们要按照党中央要求，以新发展理念为引领，高标准高质量组织规划编制，科学规划空间布局、功能定位，规划好再开工建设，不留历史遗憾；以改革开道，发扬改革创新精神，全面提高资源配置效率，建立体制机制新高地；以民生为本，推进基本公共服务均等化，补齐京津冀周边地区社会事业发展、公共服务水平短板；以实干铺底，坚持功成不必在我的精神境界，一件件事认真办，一茬一茬踏实干，一张蓝图干到底，让雄安新区建设经得起历史检验。

设立雄安新区，是以习近平同志为核心的党中央深入推进京津冀协同发展做出的一项重大决策部署，对于集中疏解北京非首都功能、探索人口经济密集地区优化开发新模式、调整优化京津冀城市布局和空间结构、培育创新驱动发展新引擎、促进北部地区的区域和经济发展、弥合首都与周围的工业农村地区的经济差距，具有重大现实意义和深远历史意义。

第五节 中国共产党与世界政党高层对话会

一、对话会的基本情况

（1）举行的时间、地点：2017年11月30日至12月3日在北京举行。

（2）会议的主题为"构建人类命运共同体、共同建设美好世界：政党的责任"。

（3）会议议程包括：开幕式、闭幕式、全体会议、"新时代的中国共产党与世界"十九大精神专题研讨会、四场平行分组会、部分外国政党领导人到中央党校参观座谈，参观"砥砺奋进的五年"大型成就展。

二、对话会的目的

一是希望与世界各国政党共商共议、平等交流，为应对人类社会面临的发展难题和共同挑战，携手构建人类命运共同体凝聚更多的动力和智慧；

二是希望与各国政党相互借鉴治党治国经验，共同提高执政和参政能力。我们党是开放包容的，既向世界介绍我们的经验做法，也向世界学习；

三是为各国各类政党相互沟通，深入交流提供契机，推动各政党在涉及人类前途命运等重大战略问题上形成更多的共识。

三、北京倡议的主要内容

（1）来自世界上 120 多个国家近 300 个政党和政治组织的领导人共 600 多名中外代表，于 2017 年 11 月 30 日至 12 月 3 日在中国北京出席由中共中央对外联络部主办的中国共产党与世界政党高层对话会。

（2）本次高层对话围绕"构建人类命运共同体、共同建设美好世界：政党的责任"这一主题，就"习近平新时代中国特色社会主义思想""新时代中国：新发展、新理念""创新世界、中国贡献"和"加强政党建设：政党的挑战和未来""建设美好国家：政党的实践和经验""共建'一带一路'：政党的参与和贡献""引领构建人类命运共同体：政党的角色和责任"等议题进行了广泛深入的对话交流，共同探讨人类社会未来发展方向和现实问题的应对之道，推动构建人类命运共同体，携手建设美好世界。会议达成广泛共识，取得圆满成功。

（3）世界正处于大发展大变革大调整时期，和平与发展仍然是时代主题。世界多极化、经济全球化、社会信息化、文化多样化深入发展，全球治理体系和国际秩序变革加速推进，各国相互联系和依存日益加深，人类对美好生活的向往和需要日益上升。同时，世界面临的不稳定不确定性突出，世界经济复苏进程仍不稳固，经济增长动能不足，贫富分化日益严重，世界范围内发展不平衡不充分的问题进一步凸显。世界安全形势复杂多变，地区热点问题此起彼伏，恐怖主义、网络安全、重大传染性疾病、气候变化等非传统安全威胁持续蔓延。我们生活的世界充满希望，也充满挑战，建设一个美好世界是我们共同的理想和心愿。

（4）面对深刻复杂变化的国际形势，没有哪个国家能够独自应对人类面临的各种挑战，也没有哪个国家能够退回到自我封闭的孤岛。国家的命运掌握在本国人民手中，人类社会的命运掌握在世界各国人民手中。站在人类社会发展的十字路口，我们如何看、怎么走，决定了人类的前途和未来。我们应该树立命运与共的理念，改变独善其身的意识，摒弃二元对立的思维，推动构建人类命运共同体、携手建设美好世界。

（5）只有各国共同坚持走和平发展道路，我们生活的世界才能更加安定美好。和平与发展是有机统一体，两者互为前提，互相促进。和平犹如空气和阳光，受益而不觉，失之则难存，和平是各国人民的永恒期望，也是实现发展的前提条件。同时，解决世界各种矛盾最终要靠发展，只有推动持续发展，才能从根本上维护世界和平。各国应恪守维护世界和平、促进共同发展的宗旨，坚定不移推进合作共赢，积极参与全球治理体系建设和变革，推动国际秩序朝着更加公正合理的方向发展。

（6）推动建设相互尊重、公平正义、合作共赢的新型国际关系是构建人类命运共同体、建设美好世界的必然要求。相互尊重，就是要相互尊重主权、独立和领土完整，尊重各自选择的发展道路和价值理念，超越社会制度、意识形态和文化传统差异，以更加开放和包容的态度推动国与国之间的交流合作，在追求自身利益的同时兼顾别国的利益和合理关切。公平正义，就是要推动各国权利平等、机会平等和规则平等，世界上的事情由各国政府和人民共同商量来办；坚持联合国宪章宗旨和原则，确保国际法平等统一适用，不能"合则用、不合则弃"；要根据事情本身的是非曲直决定立场政策，不拉帮结派、不搞双重标准。合作共赢，就是要摒弃零和游戏、你输我赢的旧思维，树立双赢、共赢的新理念，通过协商和合作，实现利益共享和共同发展。

（7）构建人类命运共同体无前例可鉴、无经验可循，但勇气和责任感将照亮我们前进的道路，给予我们不竭的动力。大家一起走，就能走得更远。在推动构建人类命运共同体、建设美好世界的过程中，政府、政党、议会、社会组织、公民等都应发挥积极作用。其中，政党作为国家政治生活的基本组织和重要力量，发挥着重要的政治引领作用。当前，持久和平、普遍安全、共同繁荣、开放包容、清洁美丽等日益成为世界各国人民对美好未来的期待，引领和推动世界朝着这个方向不断前进，是政党不可推卸的责任和使命所在。我们倡议世界各国政党同我们一道，做世界和平的建设者、全球发展的贡献者、国际秩序的维护者。不同国家的政党应增进互信、加强沟通、密切协作，探索在新型国际关系的基础上建立求同存异、相互尊重、互学互鉴的新型政党关系，汇聚构建人类命运共同体的强大力量。

（8）提倡政党要做伙伴关系的推动者。对话不对抗、结伴不结盟是国与国交往的正确道路。各国应摒弃冷战思维和强权政治，不拉帮结派，不搞"小圈子"，在不断深化相互认知和谋求合作共赢的过程中，建设更加紧密的伙伴关系。大国要尊重彼此核心利益和重大关切，大国对小国要平等相待、义利兼顾、义重于利，邻国之间要与邻为善、以邻为伴。要把深海、极地、外空、互联网等领域打造成各方合作的新疆域，而不是相互博弈的竞技场。政党要保持思想和行动自觉，推动各国政府和人民增进相互理解，促进政策沟通和民心相通，为建设全球伙伴关系发挥更加积极的作用。

（9）提倡政党要做世界和平的建设者。追求安全是人类的本能需求，我们要树立共同、综合、合作、可持续的新安全观，既有效维护国家安全，也推进全球安全治理。要坚持以对话解决争端、以协商化解分歧，尊重联合国发挥斡旋主渠道作用，推动解决传统安全和地区热点问题，合力应对恐怖主义等非传统安全威胁。政党应更具责任感和使命感，发挥更具建设性的作用，不断推动世界向远离恐怖、普遍安全的目标迈进。

（10）提倡政党要做全球发展的促进者。各国要坚持同舟共济、合作共赢，不搞孤立主义、排他主义和保护主义。各国特别是主要经济体要加强宏观政策协调，维护世界贸易组织规则，支持多边贸易体制，促进贸易和投资便利化，推动建设开放型世界经济。同时，进一步完善全球经济金融治理，以共商共建共享为原则，推动有关机制和安排更加公正合理。更加关注弱势群体，集中力量精准扶贫，推动经济全球化朝着更加开放、包容、普惠、平衡、共赢的方向发展，减少全球发展不平衡不充分现象，使各国人民共享世界经济增长红利。在这一过程中，政党要更具创新性和行动力，兼顾本国人民发展和世界人民共同发展的需求，为世界创造更多合作机会，为建设一个远离贫困、共同繁荣的世界贡献更多智慧和方案。

（11）提倡政党要做文明互鉴的践行者。文明差异不应成为世界冲突的根源，而应成为人类文明发展进步的动力。要尊重人类文明多样性，促进不同文明不同发展模式交流对话，在竞争比较中取长补短，在交流互鉴中共同发展。政党作为不同文明的传承者和弘扬者，尤其应该秉持和而不同的精神，推动各国以文明交流超越文明隔阂、文明互鉴超越文明冲突、文明共存超越文明优越，携手建设一个远离封闭、开放包容的世界。

（12）提倡政党要做生态环境的守护者。人类共有一个家园，要树立生态文明理念，坚持尊崇自然、顺应自然、保护自然，形成人与自然、人与人、人与社会和谐共生、命运与共的局面。要倡导绿色、低碳、循环、可持续的生产生活方式，平衡推进2030年可持续发展议程，不断开拓生产发展、生活富裕、生态良好的文明发展道路。要共同推动《巴黎协定》实施，在公平分担前提下，积极做出更多自主贡献承诺。政党要着眼长远、面向未来，承担起为本代人、后代人和生态环境负责的重任，创新手段方式，为建设一个山清水秀、清洁美丽的世界做出更大贡献。

（13）高度评价以习近平总书记为核心的中国共产党和中国政府为推动构建人类命运共同体、建设美好世界所付出的巨大努力和做出的重要贡献。我们高兴地看到，"一带一路"建设逐渐从理念转化为行动，从愿景转变为现实，建设成果丰硕。中国在"一带一路"建设过程中提出的思想理念也日益深入人心，"共商共建共享"原则被纳入联合国决议，以和平合作、开放包容、互学互鉴、互利共赢为核心的丝路精神日益凝聚起广泛的共识，政策沟通、设施联通、贸易畅通、资金融通、民心相通也为国际和地区合作提供了重要思路。实践证明，"一带一路"倡议顺应时代潮流，符合各国人民利益，为推动构建人类命运共同体提供了实践平台，我们对此抱有热切期待和良好祝愿。

（14）习近平新时代中国特色社会主义思想强调，要推动构建人类命运共同体，这表明中国共产党既是为中国人民谋幸福的政党，也是为人类进步事业而奋斗的政党，不仅关注本国人民福祉，也具备世界眼光和大党担当。北京倡议高度赞赏中共自我革命的勇气。中共十八大以来，以习近平总书记为核心的中共中央坚定不移推进全面从严治党，不断提高党的执政能力和领导水平，为中国取得的历史性成就、发生的历史性变革奠定了最坚实的基础，也为中国发挥负责任大国作用、为世界做出新的更大贡献提供了最重要的保障。

（15）作为中国共产党与世界政党高层对话会的配套活动，中方与非洲国家政党代表围绕"构建中非命运共同体：政党的使命和作用"、与中亚国家政党围绕"引领地方合作、共建'一带一路'"主题进行了坦诚深入的对话交流，取得了广泛共识。这些共识对于深化区域合作、推动构建区域和人类命运共同体具有深远的意义。中国作为世界第二大经济体和世界上最大的发展中国家，其发展理念和成功实践对发展中国家消除贫困、加快发展具有重要的借鉴意义。政党对话在加深相互理解、交流治国理政经验、推动务实合作、增进政治互信等方面发挥着重要作用，国际社会应鼓励各国政党之间开展更多交流，搭建多种形式、多种层次的国际政党交流合作网络。倡议将中国共产党与世界政党高层对话会机制化，使之成为具有广泛代表性和国际影响力的高端政治对话平台。

四、对话会的意义

第一，政党大会彰显了中国共产党的时代责任与广阔的胸襟气度。建设和平、繁荣、美好的世界家园是中国共产党人的重要责任。一直以来，中国共产党始终秉持着开放并包、集思广益、互惠互济的心态，积极争取世界各国政党的支持、信任与合作，为促进世界的和平与发展不懈地努力奋斗着。如今，建立人类命运共同体的道路上集结了更多的伙伴和开拓者，世界政党之间的高层次合作更加密切，这一切都为中国共产党主动担当时代责任注入了源源不断的动力。此时召开政党大会，是在新时代加深世界政党充分对话与合作的良好机会。大会立意明确、开门见山，表明了中国共产党对人类前途与命运的关切和对美好未来的信心与憧憬。拥有 8 900 万党员的中国共产党借助此次政党大会，向世界展示了一个大国大党融入世界的笃实态度，这对世界进一步为我国敞开胸怀、促成多元合作具有积极的意义。

第二，政党大会深刻诠释了习近平新时代中国特色社会主义思想的价值意蕴。习近平新时代中国特色社会主义思想是党的十九大的重要成果，此次政党大会充分诠释了习近平新时代中国特色社会主义思想在世界层面上的精髓，使中国共产党发展中国特色大国外交、推动构建新型国际关系的目标任务得到了进一步的关注和探讨，为在世界领域传递习近平新时代中国特色社会主义思想提供了良好的平台。在世界视野下，思想的进步即全人类的共同进步，习近平新时代中国特色社会主义思想的价值意蕴在更广阔的世界领域得到实现。

第三，政党大会是对新时代中国特色大国外交的有力落实。习近平总书记在主旨讲话中指出，"中国共产党是为中国人民谋幸福的党，也是为人类进步事业而奋斗的党"，提出"让发展成果惠及世界各国，让人人享有富足安康"的奋斗目标，这是对于新时代中国特色大国外交理念的有力践行。体现了中国共产党在硕果之下的分享品质，在成绩面前的谦虚态度，更彰显了全党和全国人民在新时代中开放、友好、主动、兼容的大国外交心态。习近平总书记强调，"我们不'输入'外国模式，也不'输出'中国模式，更不会要求别国'复制'中国的做法"，充分表明了中国特色大国外交的理性思维和责任精神。可以说，政党大会表明了我国将主动参与国际热点难点问题的政治解决进程，努力推进各国友好关系建立，积极探寻世界各国融洽共存契合点，促进全球治理体系深层次变革。同时，使世界政党更加深刻地认识和了解新时代中国的外交理念，为增进国际友谊、促进政党高层对话创造了积极的条件。

借助政党大会的契机，中国共产党进一步凝结了世界智慧。政党大会为各国政党增进信任、交流与合作开辟了良好的开端，中国共产党也将始终与世界各国政党一道，携手建设更加美好的世界，共同为建立人类命运共同体而不懈拼搏，为促进世界的繁荣发展、为实现世界人民的幸福安康做出贡献。

习近平在中国共产党与世界政党高层对话会上的主旨讲话

第六节　2018博鳌亚洲论坛

一、博鳌亚洲论坛简介

博鳌亚洲论坛（英文名称为Boao Forum For Asia，缩写BFA），是一个非政府、非营利性、定期、定址的国际组织。

论坛由菲律宾前总统拉莫斯、澳大利亚前总理霍克及日本前首相细川护熙于1998年倡议，并于2001年2月27日正式宣告成立。中国海南博鳌为论坛总部的永久地所在，从2002年开始，论坛每年定期在博鳌召开年会。

论坛得到亚洲各国普遍支持，赢得世界广泛关注。论坛目前已成为亚洲以及其他大洲有关国家政府、工商界和学术界领袖就亚洲以及全球重要事务进行对话的高层次平台。论坛致力于通过区域经济的进一步整合，推进亚洲国家实现共同发展。

论坛的宗旨是立足亚洲，面向世界，促进和深化本地区内和本地区与世界其他地区间的经济交流、协调与合作。为政府、企业及专家学者等提供一个共商经济、社会、环境及其他相关问题的高层对话平台。通过论坛与政界、商界及学术界建立的工作网络为会员与会员之间、会员与非会员之间日益扩大的经济合作提供服务。

二、2018年年会概况

2018年4月8日至4月11日，博鳌亚洲论坛2018年年会在海南省博鳌镇召开。年会主题为"开放创新的亚洲，繁荣发展的世界"，设置了"全球化与一带一路""开放的亚洲""创新"和"改革再出发"4个板块，共60多场正式讨论，来自各国的2 000多位嘉宾汇聚一堂，共商合作共赢大计，共谋发展繁荣良方，为亚洲和世界提供"博鳌智慧"，贡献"博鳌力量"。国家主席习近平应邀出席了年会开幕式并发表了题为《开放共创繁荣　创新引领未来》的主旨演讲，会见了与会外国国家元首、政府首脑和国际组织负责人，集体会见了论坛理事，并同与会中外企业家代表进行了座谈。

三、2018年年会的五大亮点

2018年是中国改革开放40周年，也是贯彻落实十九大精神的开局之年。

在这一重要历史时刻，习近平主席出席年会开幕式并举行一系列活动，对于深入推进新时代中国特色大国外交、推动构建亚洲和人类命运共同体、促进人类和平与发展事业具有重大意义。这也是今年中国首个重大主场活动，为本届年会增添了一系列亮点。

一是展示改革开放新前景。

习近平主席指出，"改革开放是当代中国发展进步的必由之路，也是实现中国梦想的必由之路"。在中国共产党领导下，四十年来中国人民成功走出了一条中国特色社会主义道路。习近平主席在总结中国改革开放伟大成就、经验、启示以及对世界的意义和影响的基础上，阐释了在新的历史当头，中国一系列新的改革开放的重要举措。

二是解读中国发展新时代。

2017年召开的中共十九大制定了中国发展建设的新蓝图，中国特色社会主义进入新时代。习近平主席在这次论坛期间向各界嘉宾深入阐释了新时代的深刻涵义，介绍了中国新发展理念、目标和任务，以及新时代的中国将为各国和世界带来的巨大机遇。

三是提出共创未来新主张。

在博鳌亚洲论坛2013年、2015年年会上，习近平主席首次提出并深刻阐释了推动构建亚洲和人类命运共同体的重大理念。可以说博鳌亚洲论坛见证了中国领导人和中国特色大国外交的博大胸怀和世界担当。当前，构建人类命运共同体的理念受到国际上越来越多的认可和欢迎，被写入联合国多份决议和文件。本次年会期间，习近平主席把握时代潮流和世界大势，直面人类社会发展面临的现实难题，就进一步推动构建亚洲和人类命运共同体，开创亚洲和世界美好未来鲜明地发出中国声音、阐明中国立场。

四是打造伙伴关系新成果。

奥地利总统范德贝伦、菲律宾总统杜特尔特、蒙古总理呼日勒苏赫、荷兰首相吕特、巴基斯坦总理阿巴西、新加坡总理李显龙、联合国秘书长古特雷斯，以及国际货币基金组织总裁拉加德等应邀出席今年论坛年会。其中，联合国秘书长、奥地利总统、荷兰首相、蒙古总理、新加坡总理还将访华。习近平主席、李克强总理等中国领导人分别同上述领导人举行了会见会谈等活动，就双多边务实合作、全球治理、世界经济和贸易问题深入交换了意见，达成了新的共识和成果。

五是增添论坛发展新动力。

今年是博鳌亚洲论坛理事会换届之年，习近平主席集体会见了现任和后任理事,就论坛的建设发展等问题同他们进行了交流,再次彰显了中国政府支持推动博鳌亚洲论坛发展的真诚愿望和切实行动,对论坛扩大发展空间、提升世界影响产生了重要作用。

四、中国扩大开放的新举措

在本次年会上,习近平主席宣布,中国决定在扩大开放方面采取一系列新的重大举措。

第一,大幅放宽市场准入。

确保放宽银行、证券、保险行业外资股比限制的重大措施落地,同时加大开放力度,加快保险行业开放进程,放宽外资金融机构设立限制,扩大外资金融机构在华业务范围,拓宽中外金融市场合作领域。尽快放宽汽车行业等制造业外资股比限制。

第二,创造更有吸引力的投资环境。

加强同国际经贸规则对接,增强透明度,强化产权保护,坚持依法办事,鼓励竞争、反对垄断。习近平主席宣布于今年上半年完成修订外商投资负面清单工作,全面落实准入前国民待遇加负面清单管理制度。

第三,加强知识产权保护。

重新组建国家知识产权局,完善执法力量,加大执法力度,把违法成本显著提上去。保护在华外资企业合法知识产权,希望外国政府加强对中国知识产权的保护。

第四,主动扩大进口。

中国不以追求贸易顺差为目标,真诚希望扩大进口,促进经常项目收支平衡。今年将相当幅度降低汽车进口关税,同时降低部分其他产品进口关税,加快加入世界贸易组织《政府采购协定》进程。希望发达国家对正常合理的高技术产品贸易停止人为设限,放宽对华高技术产品出口管制。欢迎各国朋友来华参加11月在上海举办的首届中国国际进口博览会。

五、2018年年会的意义

博鳌亚洲论坛2018年年会是在全球化和自由贸易面临挑战、未来走向面临不确定性的背景下举行的。习近平主席继2013年、2015年两度与会之后,第三次出席博鳌亚洲论坛,这足以说明今年这次会议具有非同寻常的意义。

其一,面对当前激烈变化、波诡云谲的世界政治、经济形势,发出中国声音。博鳌亚洲论坛是中国改革开放的产物,当年开办的初衷是为经济界、理论界探讨中国发展、研判世界走向提供一个平台。开办之初，博鳌并不广为人知，去博鳌参会还需多方探路。如今，博鳌这个地名在全球已经响当当，这也表明了这个论坛的年会，为全球经济发展做出了它的独特贡献。因此，利用博鳌论坛发出中国声音，也有着独特的作用。今年以来，世界政治、经济形势急剧变化，出现了许多无法预料的大事情，这就需要我们在适当的时机，利用特殊的场合，来表明我们对这些变化的看法。在本届年会上，习近平主席的主旨演讲，以冷静客观的分析和坚定鲜明的语言表明中国的态度，对蓄意破坏经济秩序、挑起事端的国家发出警告："和平发展是世界各国人民的共同心声，冷战思维、零和博弈越发陈旧落伍，妄自尊大或独善其身只能四处碰壁。"这样的语言我们并不想用，但如果有人想用"妄自尊大"的做法给中国制造麻烦，那么我们就不得不用。

其二，为中国庆祝改革开放40周年，向世界宣示"改革再出发，开放再扩大"的中国决心。菲律宾前总统阿罗约到海南参加博鳌论坛年会对记者表示："中国改革开放40年，谁也没有想到中国会一步一个脚印地创造了自己的发展模式。今天的中国强大了，但是和别的国家并没有成为竞争对手，而是成为合作伙伴。"这番话，是世界对中国改革开放、对中国发展走向强盛正确认识的集中概括。40年的发展，表明我们"聚精会神搞建设，改革开放不动摇"所选择的道路是正确的。中国进行改革开放，顺应了中国人民要发展、要创新、要美好生活的历史要求，契合了世界各国人民要发展、要合作、要和平生活的时代潮流。在主旨演讲中，习近平主席不仅鲜明地表示了"我要明确地告诉大家，中国开放的大门不会关闭，只会越开越大"，而且宣布了扩大开放的措施。其中，主动扩大进口是对近期贸易摩擦的回应，表明了中国在解决矛盾争端中的灵活性，更表现了中国对促进和平发展，不冲突、不对抗、不极端的善意。

其三，博鳌亚洲论坛将利用年会的形式，成为中国与世界沟通的重要平台，成为世界政界人士、经济界人士、理论界人士平等交流的重要平台，成为轻松接触、建立友情的平台。习近平主席在演讲开场即说："海南有一首民歌唱道：'久久不见久久见，久久见过还想见。'"这两句被习近平主席强调是民歌的歌词，通过同声传译传到与会者耳中以后，赢来了一片会心的笑声。这个会心的笑声，与时不时拿起制裁大棒、时不时绷起脸来骂人、时不时恐吓威胁的景象形成鲜明对照。

博鳌亚洲论坛的风采、富有价值的"博鳌方案"，是中国风采、中国方案的缩影。建立人类命运共同体，为世界谋大同。博鳌亚洲论坛的意义，正在于此。

专题四 国内热点问题

拓展阅读

习近平主席博鳌亚洲论坛 2018 年年会开幕式主旨演讲

第七节 香港回归 20 周年

2017 年 7 月 1 日,是中国政府恢复对香港行使主权的 20 年。回归祖国的 20 年来,香港这颗"东方之珠"迎来了无数璀璨瞬间,在中央的关心和内地的大力支持下,特区政府带领全体香港民众,勠力同心,谱写出动人的发展乐章。但同时,香港也经历过无数次风风雨雨。在数不清的悲喜交错、高低起伏中,香港同胞一起欢呼喝彩,一起迎难而上,共同守护着这个家园,努力创造更美好的明天。

一、香港回归的历史瞬间

香港回归是指中华人民共和国政府决定在 1997 年 7 月 1 日对香港恢复行使主权,大不列颠及北爱尔兰联合王国政府于 1997 年 7 月 1 日将香港交还给中华人民共和国的历史事件。

1997 年 6 月 30 日午夜至 7 月 1 日凌晨,香港会议展览中心新翼灯火辉煌,举世瞩目的中英两国政府香港政权交接仪式在这里的五楼大会堂隆重举行。

历史的时钟指在 1997 年 7 月 1 日零点那一刻,大会堂全场肃立,几千双眼睛向鲜艳的五星红旗和紫荆花区旗行注目礼。这是中华民族长久期盼的一个瞬间,这是永载世界史册的一个瞬间!零时 4 分,中华人民共和国主席江泽民在这里庄严宣告:根据中英关于香港问题的联合声明,两国政府如期举行了香港交接仪式,宣告中国对香港恢复行使主权。中华人民共和国香港特别行政区正式成立。经历了百年沧桑的香港回归祖国,标志着香港同胞从此成为祖国这块土地上的真正主人，香港的发展从此进入一个崭新的时代。

二、香港回归的意义

香港回归有利于推进祖国的和平统一大业，促进我国的社会主义现代化建设；有利于促进香港地区的繁荣稳定与发展。香港回归十余年，在一国两制、港人治港、高度自治的方针下，香港发展走向日益繁荣；香港回归是一国两制伟大构想的成功实践，通过香港回归的实践证明邓小平提出这一政策是英明正确的，同时为澳门问题的解决以及澳门的回归提供了实践的范本，最终也为解决台湾问题实现中国完全统一留下了一笔宝贵的财富；香港的顺利回归不仅是给西方大国以有力的回击，而且香港回归的成功实践也为世界许多国家和地区解决类似问题提供了实例，对世界政治发展具有重大意义。

三、香港回归 20 年的经济发展情况

"一国两制"在人类文明史上前所未有，弹指一挥间，香港已回归祖国 20 年。香港在"一国两制"框架下一路走来，保持了繁荣稳定。尽管也曾经遭遇亚洲金融危机冲击，但在中央政府强大支持下，在内地的大市场护佑下，特区政府和香港市民沉着应对，赢得了具有历史意义的重要胜利。让我们一起回顾回归 20 年来，香港在"一国两制"下的经济成就。

1. 跨越香港回归的浩大工程——香港新机场启用

耗资 1 550 亿港币的香港国际机场总面积达 1 248 公顷，在弹丸之地的香港是个奇迹；单是客运大楼就占 51 万平方米，相当于 86 个足球场，是世界最大的建筑物之一。这一跨越香港回归的浩大工程，在经过几年运行之后，新机场迎来黄金发展时期，连续 4 年被评为世界最佳机场，航空货运量稳居世界首位。

2. 金融保卫战：击退"金融大鳄"索罗斯

1998 年"闪袭"香港金融市场是索罗斯为数不多的败仗之一。在香港遭到国际金融炒家的狙击之前，东南亚金融市场经历了一场暴风骤雨的袭击，许多东南亚国家和地区的汇市、股市轮番暴跌，金融系统乃至整个社会经济受到严重创伤。索罗斯的一连串狙击，令港币遭到大量投机性的抛售，汇率受到冲击，一路下滑，香港金融市场一片混乱，港币多年来首度告急，保卫香港货币稳定注定是一场你死我活的生死战。香港特区政府动用外汇基金合法地干预香港股市，与国际炒家在金融市场上进行殊死拼杀。中国政府强调，将会全力支持香港特区政府捍卫港币稳定。必要时，中国银行将会与香港金

融管理局合作,联手打击索罗斯的投机活动,这对香港无疑是一种强心剂。一连串的反击,使索罗斯的香港征战未能讨到任何便宜,损失惨重。

3. CEPA 出世

2003 年,在香港回归六周年之际,中央政府回应特区政府的提议,签署了《内地与香港关于建立更紧密经贸关系的安排》(CEPA),稳定了香港商界对香港经济的信心,香港经济开始明显复苏。2004 年 1 月 1 日,正式实施的 CEPA,将香港与内地的经济紧紧维系在一起。CEPA 自签署后,香港 GDP 增速在 2004 年、2005 年、2006 年都保持在高速发展的态势,超过世界经济平均发展速度的一倍多,使香港日益成为跨国公司拓展内地与亚洲业务的首选之地。

4. 香港自由行开放

中央政府于 2003 年 7 月 28 日起,放宽了内地居民往来香港的签证政策,先后允许内地 49 个城市居民申请来港"个人游"(自由行)。作为香港四大经济支柱之一的旅游业,自由行由 2002 年的 638 万人次逐年递增,至 2014 年达至最高峰,有近 4 725 万人次,占整体旅客量逾 77%,增幅逾 7 倍,带动的行业每年可吸引 30 多万香港劳动人口就业。

5. "沪港通""深港通"相继问世

2014 年 11 月,"沪港通"正式开通,开通以来,南向交易(从内地到香港)日益受到欢迎,两年间南向交易占香港主板成交量的比重由 1%~2%上升至 12%。从"沪港通"到"深港通",迈出这一步耗时 700 多个日夜。在"沪港通"成功运行两周年,"深港通"也正式启动。启动"深港通",全面实现内地与香港资本市场的互联互通,是中国必须寻求国际金融话语权的强国之路。从长期来看,"沪港通"和"深港通"对吸引外国资金进入中国股市意义深远,它们的开通是中国资本市场改革的重大里程碑。

6. "债券通"获批

2017 年 5 月 16 日,中国人民银行和香港金融管理局发布联合公告称,决定同意开展香港与内地债券市场互联互通合作(以下简称"债券通"),正式启动时间将另行公告。这是继"沪港通""深港通"之后,中央政府支持香港发展、推动内地和香港金融合作的又一重要举措。多家机构纷纷表示,"债券通"的获批是一份迎接香港回归祖国 20 周年的特别礼物,意义重大,而这对于内地和香港乃至全球投资者和债券市场参与者都是一条通往更大业务机会的"快车道",且将强化香港国际金融中心地位。

7. 亚投行首位非主权经济体新成员

2017 年 6 月 13 日,香港特区政府宣布,香港已成为亚洲基础设施投资银行（亚投行）新成员，成为亚投行首个吸收的非主权意义的经济体，既体现了亚投行的成员组成的多元性和包容性，又为后续其他非主权经济体的加入做出了成功示范。作为国际金融中心，香港拥有"一国两制"的独特优势、成熟稳健和流动性充裕的金融市场以及大量具国际经验的顶尖金融人才，这些优势可以协助亚投行筹集资金，为其不同基建项目融资。

四、香港回归20年的主要经验与未来前景

（一）香港回归20年的主要经验

1997年，香港回到祖国的怀抱，洗刷了民族百年耻辱，完成了实现祖国完全统一的重要一步。香港回归祖国是彪炳中华民族史册的千秋功业，香港从此走上同祖国共同发展、永不分离的宽广道路。香港回归祖国20年来，"一国两制"的实践取得了举世公认的成功。回顾香港回归20年社会经济发展的成功经验，可以从以下方面进行归纳：

首先，由于"一国两制"的制度优势和香港得天独厚的地缘优势，香港回归20年来，尽管接连遭遇了亚洲金融风暴、非典疫情、欧洲债务危机和美国次贷危机等一系列外部冲击，但香港经济社会的大局始终保持稳定。回归以来，香港的平均经济增长率为3.6%，高于欧美发达国家，GDP总值从1.37万亿港币增至2.49万亿港币，特区政府的财政储备由4 575亿港币增至9 083亿港币。

其次，在"一国两制"的框架下，中央政府始终坚持"港人治港、高度自治"的战略方针。2012年12月，习近平总书记在中南海会见香港特区行政长官梁振英时明确指出："中央贯彻落实'一国两制'、严格按照基本法办事的方针不会变；支持行政长官和特别行政区政府依法施政、履行职责的决心不会变；支持香港和澳门两个特别行政区政府发展经济、改善民生、推进民主、促进和谐的政策也不会变。"香港在国际社会的良好形象和一系列优势得以长期保持，并不断发扬光大。一是香港连续20年被美国传统基金会评为全球最自由的经济体。二是由于低税的自由港制度、健康的财政状况、廉洁的政府与高效的监管等一系列制度设计与安排，香港屡屡受到国际评级机构的高度肯定。回归20年来，在瑞士洛桑管理学院发布的世界竞争力年报中香港平均排名前三，在近日发布的《2017年世界竞争力年报》中第二年被评为全球最具竞争力的经济体。三是香港国际金融中心的地位稳固。除个别年份外，香港在国际金融中心的排名紧随纽约、伦敦之后，排在第三位。此外，香港国际航运中心、国际贸易中心、国际物流中心、国际旅游中心以及国际购物

天堂的地位也相当稳定。

最后,在"一国两制"的框架下,香港与内地的合作取得了可喜的成果。回归20年来,香港与内地的合作成果主要体现在以下几方面:一是通过产业转移,香港与内地形成了"前店后厂"的模式,这种模式成功地为内地引进投资、形成良好的产业生态打下了坚实的基础。二是通过与内地签订CEPA实现了香港服务业与内地产业的结合,这种结合为内地产业引进先进的管理理念、实现国际化创造了良好的条件。三是通过一带一路、粤港澳大湾区、广东自贸区等特殊区域的合作,使香港开始发挥"超级联系人"的角色,即香港要在未来内地深化改革和全方位开放中扮演重要角色、发挥关键作用。

(二)展望未来香港前景

习近平主席对今后在香港更好地落实"一国两制"提出四点意见:第一,始终准确把握"一国"与"两制"的关系;第二,始终依照宪法和基本法办事;第三,始终聚焦发展这个第一要务;第四,始终维护和谐稳定的社会环境。

对于香港经济社会的未来发展,香港与内地的深度融合依然是重要动力来源。香港与内地的融合经过数十年的发展,面对国际国内新的发展形势,面对内地与香港新的发展阶段,需要站在新的高度进行谋篇布局。今年,李克强总理在政府工作报告中提出了建设粤港澳大湾区的国家战略。建设粤港澳大湾区是国家进一步深化改革的需要,是国家建立全方位对外开放格局的需要,是香港继续保持和增强国际优势的需要。

专题五 全球经济形势

学习重点

1. 影响 2018 年世界经济的关键问题;
2. 2018 年中国经济面临的挑战;
3. 2018 年中国经济工作的重点;
4. 2018 年美国、俄罗斯及欧盟经济发展趋势。

第一节 全球整体经济形势

一、影响 2018 年世界经济的几个关键问题

1. 世界经济回暖的基础是否稳固

对于这一轮世界经济回暖,一般认为是一种周期性复苏。当一个经济体偏离其长期发展趋势一段时间后,总是要回归其原本趋势的。这是市场经济自动调整所产生的周期性波动结果。但是这一轮周期的长度要远远高于平均值,不能理解为一种简单的、一般意义上的周期性复苏。金融危机之后的复苏跟受到随机冲击之后的复苏是不一样的。金融危机后的平均复苏周期为 8.3 年,其中发达经济体约为 7.3 年,新兴经济体约为 10 年。目前,金融机构资产负债表的修复取得明显进步,但发达经济体长期低利率的环境没有根本改

变,欧元区和日本还处于负利率环境,说明发达经济体金融中介偏好安全资产的局面还没有得到根本改观。另外,居民和企业的资产价值回升较快,但其负债水平还没有明显下降。因此,上述三个传导渠道虽在一定程度上得到了修复,但修复是不完全的。可见,世界经济虽然有一定程度的复苏,但还没有恢复到强劲、可持续的增长轨道上。

2. 国际贸易增速提升是否可持续

考察国际贸易增长势头是否会回到可持续的高速增长轨道,首先需要理解导致2012年至2016年期间国际贸易低增长甚至负增长的原因。

总结起来,国际贸易低增长的原因主要有六个:一是世界经济增长低迷引起出口需求下降。二是商品价格下降,尤其是大宗商品价格下降,导致出口额的增长低于实际货物出口量的增长。三是金融支持力度减弱。危机后金融机构需要修复资产负债表,减少了对国际贸易的信贷投放。四是贸易自由化的红利逐渐消失。主要是因为多边贸易谈判进展缓慢,区域贸易谈判虽然方兴未艾,但没有实际生效的重要协定。五是世界经济增长由更多的依赖制造业转向更多的依赖服务业,经济增长带来的制成品贸易比过去更少。六是全球价值链扩张速度放缓,中间产品反复过境产生的国际贸易减少。

上述六大导致国际贸易低迷的因素是否已经得到改变呢?目前来看,世界经济低迷状况有所好转,需求已经有所回升,商品价格也有一些回升。但是如果排除价格因素,货物实际出口量的增长没有那么高。2017年前两个季度,世界货物实际出口量同比增长分别为4.4%和3.5%,比上年同期上升幅度分别仅为3.8和1.0个百分点。金融支持方面,金融机构资产负债表有所修复。贸易自由化方面,世界贸易组织达成了《贸易便利化协定》,但是美国宣布退出跨太平洋伙伴关系协定(TPP),美国与欧盟的跨大西洋贸易与投资伙伴关系(TTIP)谈判以及美国与中国的双边投资条约(BIT)谈判基本陷入停滞,全球范围内的贸易保护加剧。服务业为主的增长趋势也没有改变。印度、越南和东欧地区虽然开始加入全球生产网络,但是还没有引起全球价值链格局大的变动。所以,国际贸易活跃的基础并不是特别稳固。预计未来全球货物出口额的增长率会在5%~10%,实际货物出口量的增长率会在5%左右。

3. 美国财政货币政策会有何外溢效果

美国财政货币政策未来将由两大因素主导:一是特朗普的财税方案;二是美联储的加息和缩表节奏。这两方面的政策均会对世界经济产生较大影响。特朗普的财税方案有三个核心要素,分别是减税、降低政府开支以及增加国防和基建投资。减税主要是为了增强美国经济活力；降低政府开支主要是为了平衡预算，弥补减税可能带来的财政赤字；增加国防和基建投资是主要为了安全和使美国更伟大。这个方案试图在增强美国经济活力和使美国更伟大的同时，实现预算平衡，并降低政府债务水平。特朗普财税方案的实施，政策后果很可能是：小幅的 GDP 增长率提升，大幅的财政赤字和政府债务增长。美国 GDP 增长率提升，会给世界经济带来正面的外溢效果。但是财政赤字和政府债务增长会给世界经济带来负面的外溢效果。其中政府债务的增长，会对利率产生上行压力，吸引外国资本流入美国和美元升值，并可能给世界其他地区带来经济动荡。

美联储加息和缩表节奏是另一个会对世界经济产生较大外溢效果的因素。美联储已经在 2015 年和 2016 年各加息一次，2017 年上半年加息两次，并已经宣称要启动缩表计划。所谓缩表，就是美联储减少其持有的国债和抵押贷款支持证券。美联储在金融危机期间为了给市场提供流动性和维持金融稳定，购买了大量金融机构的抵押贷款支持证券，在危机后为了刺激经济增长，大幅度降低联邦基金利率并用"量宽"政策降低长期利率，"量宽"政策实际上就是美联储不断购买中长期政府债务和抵押贷款支持证券。截至 2017 年 10 月底，美联储持有的美国中长期国债相对于 2008 年 9 月初，增加了约 2.0 万亿美元，抵押贷款支持证券增加了约 1.8 万亿美元，导致美联储资产总额高达 4.5 万亿美元，是 2008 年 9 月初的 4.9 倍。美联储减持中长期国债和抵押贷款支持证券的缩表行为，将对中长期利率造成上行压力，加上美联储提高联邦基金利率和特朗普财税政策对中长期利率的上行压力，美国未来的利率水平很可能快速大幅度提高，这一方面会抑制美国经济增长，另一方面会引导资本流入美国和美元升值，造成其他货币贬值尤其是新兴市场货币不稳定。当然，这种影响的程度取决于美联储加息和缩表的节奏。

4. 逆全球化会如何发展

逆全球化的内在原因是世界主要国家的经济不平衡和内部不平等。美国特朗普正是以降低贸易逆差为由来推行其保护主义色彩的贸易政策。贸易不平衡主要是因为国内的储蓄投资不平衡，以及在国际经济体系中缺乏国际收支的自动调整机制。特朗普对外推行减少贸易逆差的政策，对内推行减税和增加财政支出的政策。这两个政策是互相矛盾的。减税和增加财政支出会扩大美国的财政赤字，进而会进一步增加美国的贸易逆差，而不是减少其逆差。特朗普为了实现其降低贸易逆差的目标，很可能在财税政策调整以后，在国际贸易政策上采取更加强硬、力度更大的保护主义措施，并带来更大的全球化逆潮。

发达经济体居民收入差距拉大成为一个越来越严重的问题，也是发达经济体要求调整全球化政策的内在动因。事实上，发达经济体居民收入不平等程度提高有三个主要原因：一是资本收益率大于经济增长率的必然结果。因为这会导致资本收入在国民收入中的份额越来越大，财富越来越集中于少部分人手中，财富的巨大不平等带来收入不平等。这是法国经济学家皮凯蒂指出来的。二是技术进步有利于发达经济体的中高收入人群收入增长，而不利于低收入人群的收入增长。三是全球化。全球化之所以会带来不平等，是因为对全球化受损者的补偿机制运行不畅。这种补偿机制主要有两个：一是受损要素自动流向获益部门；二是直接对受损要素进行利益转移。这两个机制在欧美等发达经济体中均没有很好地运转起来。

采取逆全球化的贸易保护措施来降低不平等，而不针对财富集中和技术进步带来的不平等采取措施，不针对补偿机制运行不畅带来的不平等采取措施，发达经济体就不能真正遏制收入差距拉大的趋势。遗憾的是，那些能有效降低不平等程度的国内措施往往涉及国内重大利益调整，很难真正实施起来。而那些作用甚微的逆全球化措施，则往往成为发达经济体当政者捞取政治资本的筹码。这种状况对于全球化的未来和世界经济的未来都是危险的。

5. 全球债务水平持续积累会有何后果

各经济体债务水平和杠杆率上升表现在不同的部门，其中发达经济体主要是政府债务水平偏高，新兴经济体主要是居民和企业债务水平在不断上升。主要发达经济体虽然为政府债务设立一些人为的财政规则，如美国设债务上限，欧盟设赤字和债务超标的惩罚机制，但都没有阻止其债务水平的膨胀。政府债务的膨胀史，实际上是约束政府债务的机制一层一层被打破的历史和政府支出一项一项增加的历史。这些约束机制包括预算平衡机制、债务与偿债税源直接挂钩机制以及外部平衡机制。政府支出引起的债务融资包括战争融资、财政流动性融资、宏观稳定融资和福利融资等。今天的世界，已经严重缺乏约束各国财政赤字和债务增长的有效机制，而债务融资的理由却越来越多。发达经济体的政府债务，还会继续膨胀下去。

在政府债务得不到约束的情况下，唯一能够有效降低债务负担的途径，就是高速经济增长加上一定程度的通货膨胀。然而，过高的债务反而会妨碍增速提高。如果没有实体经济的加快增长，发达经济体政府债务继续膨胀的结果，要么是债务货币化和高通胀，要么是违约。这两种情况都会带来经济衰退。新兴经济体的企业和居民债务水平上升，已经成为一个新的风险点。

新兴经济体非金融企业债务与 GDP 之比在 2017 年一季度末已经达到了 103.6%，超过发达经济体 16.2 个百分点。

二、2018 年全球经济可能存在的风险

2018 年，在全球复苏"换挡提速"的强力驱动下，全球风险也将上演"变形记"，在三个维度出现重大转变：第一，由经济风险向金融风险转变。日益改善的全球复苏前景，一方面降低了财政风险和债务风险，有望渐次纾解本轮危机以来困扰全球的遗留问题；另一方面则加剧了主要经济体货币政策的不确定性，可能引致全球金融环境收紧和风险溢价跳升，从而催生资产市场泡沫风险和新兴市场货币风险。第二，由总量风险向结构风险转变。全球财政失衡总体舒缓，但局部区域的财政巩固压力持续聚集。全球债务占比下降，但负债规模加速增长，短期风险减弱而长期隐患迅速积累。第三，风险端和增长端由分到合。2018 年，无论是结构性的财政风险、债务风险，还是总体膨胀的金融风险，都将主要交汇于新兴市场。

因此，不同于 2017 年全球增长端和风险端的分离，2018 年增长端和风险端高度重合，奠定了本轮复苏换挡强势而又危险的格局，也威胁着全球复苏的可持续性。新风险塑造新格局，新格局孕育新变革。展望未来，全球经济治理体系的改革亟待提速，以避免全球金融监管竞次进一步恶化金融风险。由于新兴市场以及能源、资源出口型经济体承受重压，石油人民币、石油欧元等多元化计价结算体系亟需发展，以推动全球货币体系的优化升级，支撑全球经济的稳健复苏。

1. 财政风险：全球总体舒缓　局部压力聚集

2018 年，全球财政赤字水平将延续上一年的回落趋势，财政风险总体降低。新兴市场与发达经济体的财政状况同步改善，是全球财政失衡总体舒缓的主要原因。但是，2018 年财政巩固的实施进程仍将面临较大不确定性，局部地区的财政风险正在聚集。以巴西、沙特为代表，拉美国家和石油出口国可能率先陷入财政危机，并形成严重的外溢冲击。这一威胁亦将强化石油出口国的"去美元化"需求，推动其转向石油人民币、石油欧元等多元化石油计价结算体系。

第一，全球财政失衡总体舒缓。根据 IMF 预测数据推算，总量层面，2018 年全球财政赤字总额为 2.55 万亿美元，较上年下降 0.13 万亿美元。全球赤字率（财政赤字/GDP）为 3.03%，较上年回落 0.36 个百分点，虽然仍高于危机初期 2007 和 2008 年的 0.65% 和 2.16%，但是已经接近 3% 国际警

戒线。

分布层面，2018年，在全球有统计数据的191个经济体中，158个经济体预计将出现财政赤字，数量较上年减少3个，仍高于危机初期2007和2008年的98和119个。结构层面，2018年，有82个经济体的财政赤字率高于3%，同比减少10个，仍高于2007和2008年的34和53个。有40个经济体的财政赤字率高于5%，同比减少9个，高于2007年和2008年的19和21个。以上数据可知，2018年，全球财政失衡虽然不会恢复到危机前水平，但总体将延续2017年的向好趋势，出现普遍且明显的舒缓。中、高风险的经济体数量持续下降，全球财政风险的覆盖范围开始收窄。

第二，新兴、发达两翼同步改善。2018年，随着全球多元化再度涨潮，新兴市场与发达经济体的财政状况同步改善，扭转了2017年新兴市场的落后态势。变动趋势层面，根据IMF的预测数据，2018年发达经济体的总体财政赤字率为4.17%，较上年下降0.23个百分点。2018年新兴市场的总体财政赤字率为2.26%，较上年下降0.47个百分点。新兴市场和发达经济体的财政巩固速度"剪刀差"，在经历了2017年的收窄后，于2018年再度提升0.58个百分点。

第三，局部财政风险仍在聚集。由IMF预测数据可知，若要2018年末如期实现上述财政巩固目标，共有119个经济体需要承受缩小财政赤字率的压力，平均应减少财政赤字率0.28个百分点。在宏观乱纪元下，这一财政巩固过程将面临较大不确定性，局部财政风险仍在持续聚集。从动力结构看，对于土耳其、缅甸及中东欧诸国等新兴市场而言，地缘政治冲突的"黑天鹅"可能阻碍部分国家的经济复苏，削弱财政巩固的根本动力。对于美国、欧元区等发达经济体而言，民粹主义的崛起、国内阵营的分裂和赤字财政的推进，亦可能使调降福利、削减预算陷入困境。

从区域结构看，在2018年全球GDP总量前一百的经济体中，财政赤字率的前十名预计依次为：利比亚、委内瑞拉、巴林、阿曼、黎巴嫩、巴西、沙特、肯尼亚、哥斯达黎加和玻利维亚。这表明，财政风险正向石油出口国和拉美地区汇集。其中，巴西和沙特在区域经济和全球石油产业链中具有双重系统重要性，一旦两者陷入财政危机，将大概率产生严重的外溢冲击。值得注意的是，随着2014年6月以来美元指数中枢水平的抬升，全球油价陷入低迷期，导致石油出口国财政状况持续恶化。2018年，如果在美联储缩表和加息的共振下，石油价格继续保持较低位置，则可能迫使以沙特、巴西为代表的石油出口国借鉴委内瑞拉的先例，加快"去美元化"进程，为石油人民币、石油欧元等多元化石油计价结算体系提供发展机遇。

2. 债务风险：短期压力微降　长期隐患积累

2018年，全球债务风险的变化长短有别。一方面，得益于全球经济复苏"换挡提速"，全球总体债务占比有望微降，高危风险源减少，小幅改善了短期债务风险。另一方面，全球债务绝对规模的增速不降反升，长期债务压力持续增长。对于发达国家，高企的债务存量可能削弱温和复苏的可持续性。而对于新兴市场，快于名义经济增速的债务膨胀恐将逐步侵蚀经济的中长期增长。

第一，债务占比小幅下降。2018年，由于全球经济复苏日趋强劲，全球总体债务水平略有下降，债务风险呈现短期边际改善。从总体占比看，2017年10月IMF的预测表明，2017、2018年的全球负债率（债务总量/GDP）依次为82.79%和82.40%，较2016年峰值分别下降0.47个和0.86个百分点。与去年同期IMF的预测相比，负债率走势的阶段性拐点已经提前一年显现。从分布结构看，高危风险源向中等风险源退化，极端风险明显转弱。2018年，在IMF统计的186个经济体中，有30个经济体负债率高于80%，有16个经济体逾越100%技术破产线，分别较上一年减少3个和1个。而负债率超过60%国际警戒线的中等风险经济体数量，则预计于2018年上升至71个，较上年增加2个。

第二，债务规模扩张提速。根据IMF预测数据，2018年全球债务绝对规模的增长并未放缓，而是进一步提速。从总量看，2018年全球债务规模上升至69.53万亿美元，逼近70万亿大关，约等于3.4个美国或5.3个中国的2018年经济量。这一规模较上年大幅提升了3.89万亿美元，近似增加了1个2018年第四大经济体德国的经济量。从增速看，2018年全球债务规模的同比增速为5.92%，新兴市场债务规模的同比增速为11.41%，两者均升至2012年以来新高。而发达国家的债务规模增速达到4.28%，亦高于2017年水平。由此可知，虽然负债率的下降短期改善了债务风险，但是这种改善主要依赖于经济复苏的加速，而非得益于债务的有效削减。加速扩张的债务规模正在形成长期的风险压力，并使全球债务风险对于经济增速更加敏感。一旦未来全球复苏力度不及预期，就可能触发更为严重、广泛的债务危机。

第三，风险特征分化加剧。延续2017年趋势，2018年发达经济体、新兴市场的债务风险特征将进一步分化。对于发达经济体，债务风险压力主要源于难以消化的遗留存量。2018年，发达经济体的负债率小幅下滑至104.16%，但是仍将连续第8年高于100%技术破产线。在负债率总量前十的全球重要经济体中，发达国家占据 8 席（详见附图），包括：日本、希腊、意大利、葡萄牙、新加坡、美国、比利时和西班牙。其中，日本以及希腊、意大利等南欧国家的高债务存量，有可能削弱当前温和复苏的可持续性。对于新兴市场，虽然债务总量短期无虞，但是膨胀的债务增量恐将逐步侵蚀经济的中长期增长。2018 年，新兴市场总体负债率为 49.86%，较上年增加 1.52 个百分点，表明在新兴市场复苏加速的同时，债务增速将高于名义经济增速。在负债率增量前十的全球重要经济体中，新兴市场占据 7 席（详见附图），包括：巴林、阿曼、科威特、巴西、土库曼斯坦、黎巴嫩、厄瓜多尔。鉴于上述国家大部分以能源、资源出口为经济支柱，如果 2018 年全球大宗商品市场未能持续回暖，叠加发达经济体货币政策正常化引发的资本外流，则上述国家爆发主权债务危机的概率将大幅上升。

3. 金融风险：天鹅犀牛转换　新兴市场承压

2018 年，全球复苏"换挡提速"在舒缓财政、债务风险的同时，也推动金融风险成为新的主导风险。正如我们此前报告所指出，由于全球资本市场依然沉浸于宽松狂欢、市场波动性长期处于历史低位，一旦主要经济体的货币正常化进程快于预期，就可能打破暴风雨前的宁静，导致风险溢价的骤然跳升和资产市场的剧烈调整。

这一金融风险已不再是小概率、弱预期的"黑天鹅"，而是逐步逼近、伺机而动的"灰犀牛"。IMF 在《2017 年全球金融稳定报告》中指出，如果上述金融风险发生，预计会对全球经济增长造成 1.7 个百分点的损失，并迫使全球重回货币宽松时代。

对于这头"灰犀牛"，虽然难以精确预知其何时撞击全球经济，但是把握可能的冲击路径、预测潜在的冲击部位，亦能有效地未雨绸缪，助力风险防控。我们认为，一旦政策转向触发全球风险偏好逆转，那么将首先引发资本市场泡沫风险和新兴市场货币风险，其形成的沉重风险压力将主要由新兴市场承担。

第一，资本市场泡沫风险。当前，随着全球货币宽松的刺激效应达到高潮，叠加各国复苏前景普遍好转，全球股票市场的估值水平不断攀升。但是，如果货币政策转向引发金融环境过度收紧，缺少基本面支撑的部分股票市场将首先遭遇估值调整。基于相对估值法的基本思想，我们通过如下步骤构建宏观市盈率指标，以衡量资本市场的泡沫风险：

（1）测算分母，即计算出当年一国经济增长与一年前 IMF 预测值的差异，刻画该国实际增长相对于市场预期的变化，再将这一数值无量纲化，使其能够进行跨国比较；

(2) 测算分子，即将当年该国股市涨跌幅度无量纲化；

(3) 分子比上分母，即得到宏观市盈率，表示当年该国股市涨跌相对于实体经济表现的强弱程度。

通过对该指标进行跨国比较，可以考察哪些国家股市估值脱离了宏观基本面。从当前时点看，据我们测算，在"G7＋金砖"国家中，各国宏观市盈率分化显著：其中，印度、巴西、南非和美国的宏观市盈率超过1，尤其是印度、南非的年度增幅远高于其他国家。因此，以上四国的资本市场估值水平已经大幅偏离实体经济的增长表现，出现明显的资产泡沫，市场脆弱性正在上升。此外，2018年，如果美国特朗普政府的金融监管放松力度失当、节奏失序，则可能引发全球性的金融监管竞次，导致上述资本市场泡沫风险进一步扩张。

第二，新兴市场货币风险。除了冲击资本市场外，发达国家货币政策的收紧和全球风险溢价的跳升也会增强避险需求，刺激国际资本流出新兴市场，进而引致新兴市场本币汇率振荡。我们选用三类指标对影响汇率稳定的基本因素进行考察：其一，通过一国五年期主权CDS息差水平，衡量主权违约风险和政治风险。其二，通过一国外汇储备总量，衡量一国进行汇率干预、维持汇率稳定的能力。其三，通过一国财政赤字的GDP占比、经常账户赤字的GDP占比，即"双赤字"水平，衡量一国内外部经济的失衡程度。综合以上指标，2018年新兴市场排名前十的危险货币依次为：委内瑞拉玻利瓦尔、阿根廷比索、南非兰特、土耳其里拉、巴西雷亚尔、墨西哥比索、印度卢比、越南盾、印尼盾、白俄罗斯卢布。当全球资本流向逆转时，上述国家的币值稳定预计将受到严重冲击。尤其对于印度、巴西和南非而言，资产泡沫的破裂和本币币值的骤跌可能同时出现、相互共振，进而有可能触发系统性金融风险。

第二节　中国经济形势

一、2018年中国经济面临的挑战

2017年，我国国民经济稳中向好、好于预期，经济活力、动力和潜力不断释放，实现了平稳健康发展。展望2018年，中国经济将面临四大挑战：

1. 金融风险高发

金融安全事关国家安全。中央金融会议把防范和化解风险作为三大重要任务之一。金融监管当局和银行业应抓住关键，标本兼治，坚决守住不发生系统性风险底线。

近日有媒体爆出：陕西、河南等19家银行涉190亿假黄金骗贷案。这是今年继钱宝网300亿非法集资案、浦发银行775亿贷款造假案、甘肃邮储银行79亿票据诈骗案后，银监会通报处理的第4起金融大要案；短短一个月，银监会就开出了9亿元的天价罚单。

一浪高过一浪的金融风险事件，一单胜过一单的监管处罚，让原本就不咋平静的金融市场，陷入一片风声鹤唳之中。强监管之下的2018，会否成为金融风险事件的"高发年"？

金融风险事件为何今年高发？因为金融风险事件发生有其内在因果关系，而外部环境变化则是加剧这一因果关系进程的"催化剂"。之所以做出2018年是金融风险事件高发年的趋势判断，主要基于以下三点理由：

一是经济增速放缓。经济增速放缓和金融风险事件有关系吗？当然有。当经济处于高速增长期，银行、地方、企业之间积累的金融风险隐患，会在经济高增长中得到消化或掩盖。当经济运行质量下降，企业经营效益下滑，出现资金链条断裂时，银企之间长期积累的金融风险就会"水落石出"。侨兴债事件就是由侨兴集团经营效益下滑，资金链紧张，发生企业债券违约，从而引发银行风险事件的连锁反应。

二是金融监管升级。金融监管的最大难点是影子银行，也就是银行体内资金体外化循环的问题。2018年是金融乱象整治年，根据金融去杠杆、去通道的监管要求，银行表外资金将陆续回归表内。这意味着，以资管、信托、委贷、理财等方式流入地方融资平台、房地产、高耗能等行业的违规资金都将"改邪归正"，回归银行本源。部分地方融资平台、房地产、高耗能产业将面临"停血""断供"的危险。一旦借新还旧的"游戏"无法接续，企业债务风险就会转化为银行的经营风险。

三是金融风险积聚。任何事物产生都有一个从量变到质变的周期过程。金融风险积聚也具有其内在的周期性。从银监会近期通报的案件情况看，金融风险事件大多发生在三年以内。在金融强监管背景下，长期积聚的风险隐患，也会随监管升级而逐渐浮出水面。浦发银行成都分行775亿信贷造假案，就是一起时间跨度长达15年之久的陈案。

四是金融反腐深入。金融腐败滋生金融乱象。随着金融反腐的纵深推进，证券、保险、银行在公司治理、企业IPO、信贷资金审批、信托资管募集、险资运用等诸多领域的利益输送问题，将会成为金融反腐的重点方向。由腐败案件查处牵扯出的金融风险事件也会随之增加。

金融风险点多面广,往往牵一发而动全身。在诸多金融领域中,哪些会是金融风险事件的高发区呢?从近年金融风险变化趋势看,金融风险事件高发主要有以下几个领域:

一是资本市场造假。上市公司造假可以说是屡见不鲜,一直是资本市场监管的"顽疾"。金融乱象整治行动将对企业IPO、虚假信息披露、经营业绩造假和违规并购、内幕交易、老鼠仓等违规行为严厉打击,资本市场造假之风将会得到有效遏制。

二是银行内部案件。经济形势下行是金融机构案件高发的敏感期。近年来银行内部案件多发且作案手法由挪用公款、虚假按揭、假存单等"监守自盗"型,转向"飞单"理财、虚假委贷、违规票据贴现、"萝卜章"保函等"内外勾结"型,金融犯罪的技术含量和涉案金额也在"水涨船高"。邮储银行甘肃武威文昌支行发生的违规票据贴现案,涉案金额高达79亿之巨。

三是民间非法集资。P2P理财、非法集资、民间传销是金融风险事件的重要源头。近年先后发生的e租宝、钱宝网等多起涉案百亿的非法集资案,致使全国各地数十万人深陷其中。名目繁多的非法集资活动,严重干扰了社会秩序和金融秩序的稳定。严厉打击P2P理财、非法集资、民间传销活动,可有效防范和化解金融风险。

四是地方企业违约。地方融资平台、企业债务违约是金融风险事件传播的导火索。由于经济下行,地方融资平台、虚假PPP项目、隐性担保等潜在风险,会因经济形势变化而提前暴露;企业担保圈、三角债等风险事件也会传染积聚。地方债和企业债务违约是地方金融风险事件的重点领域,需要格外引起关注。

2. 地方债务会继续膨胀

截至2017年年底,全国地方政府债券规模为14.74万亿元,为全市场规模最大的债券品种;地方政府债券是地方政府债务的最主要构成形式,占比88.60%;地方债务水平中,江苏以1.2万亿金额高居榜首,广东、山东、贵州、四川债务规模均超8 000亿。从债务率来看,有5个地区超警戒线,存在债务风险,中西部省份债务率明显高于东部。

2018年,全国各地旧地方债务会继续膨胀。地方债务"明债"尚属可控,隐形债务规模难以估计,有些地方已超过"明债",风险因素积累显露,地方债务风险短期内解以化解。

近期地方政府经济数据挤水分、云南资本逾期兑付等事件触动市场神经,防范化解地方债务风险已迫在眉睫。

3. 房地产增长放缓，房企运营压力增大

2017年以来，行业监管明显趋紧，调控政策持续扩容，未来共有产权住房和租赁住房等长效机制的建立有助于降低行业波动性。同时，销售方面，三线价格洼地城市受外溢及棚改货币化等因素影响，热度明显提升，推动了销售金额上涨，但此轮上涨并非受刚性需求影响，因此预计不可持续。新开工指标增速继续下滑，增量的减少，加上存量的加速销售，行业库存压力有所减弱；企业盈利方面，销售的增长为收入奠定了基础，房企收入继续攀升，因结转多为2015年和2016年销售的项目，收入增速保持稳定，毛利率有所提升。

预计2018年，从调控范围上看，调控政策将持续，一二线中心城市及其周边三四线紧缩调控和弱三四线城市去库存政策并存；从土地供应来看，未来的变动主要体现在一线、核心二线城市等高能级城市和纯租赁住宅用地供应量的增加；从住房结构来看，住房租赁市场长效机制加速建立，房地产企业向出售与持有并举转型。从行业整体运营情况看，由于持续紧缩的政策环境将导致销售增速开始下降，销售的萎缩和融资渠道受阻将致使投资开发增速仍将维持低位运行。从房价来看，因投机需求的限制，部分缺乏刚需的热潮城市房价将有所下调，有着土地稀缺和强吸附能力的一线、拥有产业导入、经济发展较快的二线城市价格保持在较高水平，房价将加剧分化。从企业层面看，在调控政策的背景下，房企资产规模增速将有所放缓；受销售增速放缓和融资环境紧缩的影响，未来房企的现金流将承压。从债市方面看，受发行窗口审核紧缩，融资渠道受阻，为缓解资金压力，房企将不断寻求海外债、资产证券化、专项债券等创新型的融资方式；2017年房地产企业债券发行大幅减少，存续债主要于未来1~3年到期，偿债压力较为集中。从行业信用水平看，房地产企业信用水平受"马太效应"的影响，将进一步分化，大型房企信用水平将保持稳定，中小型房企面临一定的波动风险。

2018年，楼市调控因城施策将持续，一二线中心城市及其周边三四线紧缩调控和弱三四线城市去库存政策并存。一方面，尽管热点一二线城市房地产市场明显降温，但供不应求的市场格局并未实质性转向，房价犹存一定上涨压力，需要维持现有调控政策、力度不变；另一方面，更多三四线城市市场承接溢出的需求，热度持续提升，房价、地价快速上涨，前期宽松政策需转变为紧缩调控，以维持房地产市场整体的平稳健康发展。此外，2018年长效机制仍将是中长期房地产发展的重点，其中推进住房制度改革是首要工作，租赁市场支持力度加大,试点城市相关租赁政策也将进一步落实和细化。

对房企而言,随着国内楼市调控不断升级,尤其是限售政策推出后,企业推盘速度减慢,资金回笼的速度显著放缓,将导致房企运营层面资金紧张,未来拿地投资也将趋于平稳,同时,十九大明确定位"房子是用来住的,不是用来炒的",确定了房地产行业未来发展的总基调,房地产竞争格局将有所改变,相关政策的出台为租赁市场提供了较大的发展空间,促进房地产企业向出售与持有运营并举转型。

销售方面,调控政策难有放松的可能,加之房企、私人均要去杠杆,未来信贷和政策的限制将导致销售规模持续减少。从城市能级来看,因政策调控的严苛性,一线和核心二线将会率先下降,而三四线的调整将滞后于一线,政策相对宽松、需求外溢等因素仍将支持三四线保持一定的热度,但随着紧缩调控政策的不断扩容,预计2018年下半年三四线城市市场调整会显现。从商品房库存来看,2016年11月开始商品房待售面积出现负增长且降幅不断扩大,商品房库存不断下降,一方面说明房地产行业当期销售情况良好,库存去化速度加快;另一方面也说明未来可能存在库存无法及时弥补的问题。加之调控政策对消费端的限制,预计2018年全年商品房销售金额、面积势必将于高位微降,投资增速亦将有所下滑。

销售价格二线和三四线城市房价分化加剧,部分热炒城市房价因投机需求的限制将有所下调。企业经营在调控政策的背景下,房企资产规模增速将有所放缓,运营压力增大;现金流将承压。融资渠道融资环境仍将保持收紧态势,融资创新与多元持续推进,资产证券化成为房企重要的融资方式。债务负担房地产企业存续债主要于2019—2020年到期,偿债压力较为集中。信用质量房地产企业信用水平将进一步分化,大型房企信用水平将保持稳定,中小型房企面临一定的波动风险。

4. 经济增速下行的压力不容低估

2017年中国经济增长超过预期,主要原因在全球经济复苏的带动下,出口明显好于预期,2016年出口对经济增长贡献率为负,2017年则"转正"了。2018年中国经济能否实现平稳增长,首先取决于我们能不能够稳妥地防范并化解各类风险。

一是中美战略竞争的加剧;二是作为防范金融风险"重中之重"的去杠杆,其中又包括居民杠杆率快速上升和地方政府债务风险两大挑战;第三个问题则是第二个的目标,那就是防范和化解金融风险。

在中美关系方面,由于过去五年中国贸易顺差都在2 000亿美元以上,而且在持续增加,很难回避美国方面的反弹;同时美国大幅降税也会令中国面临更复杂的营商环境,因为以增值税为主的税制如果不改革,会对中国企业带来极大压力,而整体性的税制改革又面临着各种不确定性挑战。

在负债杠杆率方面,企业资产负债率有所降低,但同时居民部门杠杆率迅速提高。中国居民部门的负债率从20%上升到50%只花了十年时间,而美国则花了四十年时间。居民负债的快速上升,如果没有相应的政策应对,可能会形成市场风险。在这一政策背景下,未来几年,中国经济增速会在6.5%~7%波动,宏观调控政策在整体上会保持中性。

从"三驾马车"来看,投资增速或将进一步回落,原因在于:第一,基建投资持续五年维持15%以上的高增长,体量越来越大,恐难以持续;第二,房地产投资增速回落将难以避免;第三,制造业投资增速与民间投资的关联度较大,这些年来,民间投资意愿不足现象非常突出,如PPP项目中民间投资占比较低,故2018年制造业投资增速仍将维持中低水平。

从消费来看,它与居民收入水平的变化有较大相关性。随着中国步入中高收入水平国家,收入增速放缓也是大势所趋,所以,消费增速趋缓也不可避免,估计2018年将维持于9%~10%。此外,由于2016年以来居民收入结构出现了高收入群体的收入增速偏高、低收入群体的收入增速偏低的问题,会影响消费结构,需要引起重视。

从出口来看,2018年的出口增速或会低于2017年,一是基数原因,2017年出口增速较高;二是由于劳动力成本上升,海外直接投资(FDI)增速下降,影响到加工贸易的增量。中国出口占全球出口的比重达到13%,再要继续提升的难度很大,且由此带来的贸易摩擦也会越来越多,这就需要我国进一步扩大内需,减少对全球经济的依赖度。

综上所述,2018年中国经济增速可能会"稳中趋缓",GDP增速估计为6.5%左右。中国经济增速放缓合乎情理,如"二战"之后,日本、德国、韩国等成功转型的国家,都是在经济减速过程中转型成功的。中国目前已是全球制造业规模最大的国家,新兴产业的崛起也势不可挡,但新旧动能转换需要时间,尤其是新兴产业增速虽高,但在经济中的占比较小,需要有一个发展壮大的过程。在这一过程中,处理好经济转型与创新、经济减速与就业压力之间的关系尤为重要。

二、2018年我国经济工作的重点

2018年,中央经济工作会议指出,我国经济发展要围绕推动高质量发展,做好8项重点工作。

一是深化供给侧结构性改革。要推进中国制造向中国创造转变，中国速度向中国质量转变，制造大国向制造强国转变。深化要素市场化配置改革，重点在"破""立""降"上下功夫。大力破除无效供给，把处置"僵尸企业"作为重要抓手，推动化解过剩产能；大力培育新动能，强化科技创新，推动传统产业优化升级，培育一批具有创新能力的排头兵企业，积极推进军民融合深度发展；大力降低实体经济成本，降低制度性交易成本，继续清理涉企收费，加大对乱收费的查处和整治力度，深化电力、石油天然气、铁路等行业改革，降低用能、物流成本。

二是激发各类市场主体活力。要推动国有资本做强做优做大，完善国企国资改革方案，围绕管资本为主加快转变国有资产监管机构职能，改革国有资本授权经营体制。加强国有企业党的领导和党的建设，推动国有企业完善现代企业制度，健全公司法人治理结构。要支持民营企业发展，落实保护产权政策，依法甄别纠正社会反映强烈的产权纠纷案件。全面实施并不断完善市场准入负面清单制度，破除歧视性限制和各种隐性障碍，加快构建亲清新型政商关系。

三是实施乡村振兴战略。要科学制定乡村振兴战略规划。健全城乡融合发展体制机制，清除阻碍要素下乡各种障碍。推进农业供给侧结构性改革，坚持质量兴农、绿色兴农，农业政策从增产导向转向提质导向。深化粮食收储制度改革，让收储价格更好反映市场供求，扩大轮作休耕制度试点。

四是实施区域协调发展战略。要实现基本公共服务均等化，基础设施通达程度比较均衡，人民生活水平大体相当。京津冀协同发展要以疏解北京非首都功能为重点，保持合理的职业结构，高起点、高质量编制好雄安新区规划。推进长江经济带发展要以生态优先、绿色发展为引领。要围绕"一带一路"建设，创新对外投资方式，以投资带动贸易发展、产业发展。支持革命老区、民族地区、边疆地区、贫困地区改善生产生活条件。推进西部大开发，加快东北等老工业基地振兴，推动中部地区崛起，支持东部地区率先推动高质量发展。科学规划粤港澳大湾区建设。提高城市群质量，推进大中小城市网络化建设，增强对农业转移人口的吸引力和承载力，加快户籍制度改革落地步伐。引导特色小镇健康发展。

五是推动形成全面开放新格局。要在开放的范围和层次上进一步拓展，更要在开放的思想观念、结构布局、体制机制上进一步拓展。有序放宽市场准入，全面实行准入前国民待遇加负面清单管理模式，继续精简负面清单，抓紧完善外资相关法律，加强知识产权保护。促进贸易平衡，更加注重提升出口质量和附加值，积极扩大进口，下调部分产品进口关税。大力发展服务贸易。继续推进自由贸易试验区改革试点。有效引导支持对外投资。

六是提高保障和改善民生水平。要针对人民群众关心的问题精准施策，着力解决中小学生课外负担重、"择校热""大班额"等突出问题，解决好婴幼儿照护和儿童早期教育服务问题。注重解决结构性就业矛盾，解决好性别歧视、身份歧视问题。改革完善基本养老保险制度，加快实现养老保险全国统筹。继续解决好"看病难、看病贵"问题，鼓励社会资金进入养老、医疗等领域。着力解决网上虚假信息诈骗、倒卖个人信息等突出问题。做好民生工作，要突出问题导向，尽力而为、量力而行，找准突出问题及其症结所在，周密谋划、用心操作。

七是加快建立多主体供应、多渠道保障、租购并举的住房制度。要发展住房租赁市场特别是长期租赁，保护租赁利益相关方合法权益，支持专业化、机构化住房租赁企业发展。完善促进房地产市场平稳健康发展的长效机制，保持房地产市场调控政策连续性和稳定性，分清中央和地方事权，实行差别化调控。

八是加快推进生态文明建设。只有恢复绿水青山，才能使绿水青山变成金山银山。要实施好"十三五"规划确定的生态保护修复重大工程。启动大规模国土绿化行动，引导国企、民企、外企、集体、个人、社会组织等各方面资金投入，培育一批专门从事生态保护修复的专业化企业。深入实施"水十条"，全面实施"土十条"。加快生态文明体制改革，健全自然资源资产产权制度，研究建立市场化、多元化生态补偿机制，改革生态环境监管体制。

第三节 美国经济形势

一、2018年美国经济前景展望

1. 2018年美国经济将继续保持良好状态，在经济复苏轨道上稳步前行

2017年美国经济保持了一个较好的复苏态势，预计2018年该势头将会进一步延续。一方面，由于美国正处于全球经济周期性复苏的大环境中。据经济合作与发展组织（OECD）预测，2017—2018两年全球经济增速将分别达到3.34%和3.59%。据国际货币基金组织（IMF）2017年10月份数据，2017年全球经济增速将达到3.60%，全球75%的经济体增速都将加快，这也是近十年来最大范围的增长提速，2018年全球增速有望达到3.70%。另一方面，美国经济增长的内生动力也在增强。据美联储近期预测，2018年美国经济增速将达到2.1%；失业率为4.1%；核心PCE通货膨胀率2018年为1.9%，将再度接近2%的目标，未来两年美国经济将继续保持在充分就业和潜在增长水平。据IMF数据显示，2017—2018年经济增速将分别达到2.2%和2.3%，是发达经济体中表现最为良好者之一。

2. 特朗普税改方案取得重大突破，2018年美国经济强刺激作用显现

税改是"特朗普新政"的核心政策之一。自竞选之时起，特朗普就不断向民众阐释其税改主张。2017年4月，特朗普政府发布了税改计划的核心纲要，根据该计划，特朗普税改将成为自1986年以来规模最大的减税方案。但由于担心财政赤字、拉大贫富差距等问题及相关利益集团阻挠，国会迟迟没有通过。经过沟通和妥协，2017年9月27日特朗普政府推出折中版的税改新框架《改革我们破碎税制的联合框架》。10月19日，美参议院投票通过2018财年预算方案，批准未来10年新增1.5万亿美元赤字，解决了税改面临的最大难题。11月2日，众议院表决通过特朗普税改方案。12月2日，参议院表决通过特朗普税改方案。12月12日，特朗普在白宫正式签署该法案。特朗普税改政策会对未来美国经济产生重要影响。

3. 2018年美国货币政策将继续延续温和收紧的主基调，将保持稳步加息步伐

为提振经济、化解次贷，美国在金融危机期间相继实施了四轮量化宽松政策，通过购买国债、机构债等方式，增加基础货币供给，降低利率。量化宽松作为一项大规模的货币刺激政策，短期效果明显，对拉动世界经济走出泥潭功不可没，但长期并不具有可持续性，需择机退出。2014年10月底，美联储宣布量化宽松政策结束。2015年12月，美联储启动金融危机后的首次加息，宣布上调联邦基金利率25个基点，货币政策由宽松转为收紧。2016年美联储加息一次，2017年年初至今已加息两次。美国加息主要考虑通货膨胀和就业改善两方面情况。近两年美国通货膨胀率总体保持稳定，尽管受从2016年底至今的连续三次加息影响，2017年美国通货膨胀率有所下降，但由于三季度并未加息，通胀水平又呈回升势头，2017年四季度第三次加息。预计2018年可能加息3~4次。

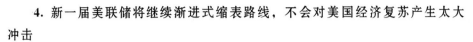

4. 新一届美联储将继续渐进式缩表路线，不会对美国经济复苏产生太大冲击

金融危机期间，美联储实施的四轮量化宽松大幅扩张了美联储资产负债规模，使其从金融危机前的不到1万亿美元上升到目前的约4.5万亿美元，其中国债2.46万亿美元，机构债和房地产抵押债券（MBS）1.76万亿美元，美联储负债规模从不到GDP的6%上升到GDP的23%。2017年10月，美联储开启了缩表减债进程。根据美联储2017年6月议息会议决定的缩表计划，将采取温和的、渐进的缩表方式，从2017年10月开始，美联储每月减债100亿美元，每三个月扩大一次直至每月削减500亿美元，即2017年四季度缩表300亿美元，2018年将缩表4 200亿美元，2019年将缩表6 000亿美元，到2020年将美联储资产负债规模控制在3.3万亿美元左右。2018年2月，目前鲍威尔已公开表示，将会继续延续耶伦政策，慢节奏缩表减债，考虑到美联储已设定的缩表计划规模有限且缓冲时间较为充裕，预计市场流动性短期不会受到剧烈冲击，对美国经济复苏不会产生强烈的负向溢出效应。

5. 近年美国负债水平总体稳定，未来再次发生债务危机可能性不大

美国次贷危机的形成是格林斯潘时期美联储过于宽松的货币政策、金融业监管缺失和全社会高债务率、高杠杆率的产物，美国的经济风险源于超出经济能力的负债水平，通过观察债务率可判断美国经济的总体风险情况。从美国国家资产负债表来看，尽管金融危机后，美国总体负债规模不断上升，但由于经济逐渐复苏，国家总资产规模上升速度更快，因此国家资产负债率表现出稳步下降趋势，已从2010年的67.9%逐步下降至2016年的65.7%，美国偿债负债能力总体增强。从宏观经济主要构成部门来看，除美国联邦政府资产负债率在金融危机后大幅攀升外，金融部门、非金融企业部门及居民部门这三大部门的资产负债率近十多年来均十分平稳，金融部门和非金融企业部门资产负债率均在100%左右上下窄幅波动，负债水平处于可接受范围，居民部门负债水平较低，低于20%。尽管联邦政府负债较高，但风险可控。这一方面是由于2012年后，政府资产负债率趋稳，逐步稳定在近330%的水平上，没有进一步上涨。另一方面是因为政府负债规模还远不及金融部门和非金融企业部门，仅相当于这两者的20%和44%。尽管特朗普新税改会造成政府负债规模的进一步上升，据TPC测算，到2027年美国联邦债务将增加1.7万亿美元，到2037年将增加2.1万亿美元，但考虑到税改后对经济增长刺激所带来的税基的提高，以及联邦政府在国防、医改等方面的支出可能缩减,未来美国政府债务增长尚不至于构成系统性风险。

第四节 俄罗斯经济形势

一、2017年俄罗斯经济概况

俄罗斯是大国,又是中国最大的邻国与主要的战略协作伙伴,其2017年经济出现的新情况与发展前景等问题仍是值得我们关注的。

1. 经济出现转机走向复苏

俄罗斯独立执政已有26年。26年来,俄罗斯经济发展经历了十分艰难复杂的历程。受2008年国际金融危机的影响,2009年俄GDP下降7.8%,但2010年开始回升,2010年与2011年俄经济增长率均为4.3%,2012年增长率降为3.4%,2013年又降为1.3%,2014年仅为0.6%。经济衰退始于2015年一季度,之后俄罗斯经济出现了更为复杂的局面,该年GDP下降2.8%,2016年下降0.2%。而2017年俄罗斯经济走出经济危机呈现复苏,根据俄公布的统计资料,1—9月GDP增长1.8%。2017年12月14日,普京在第13次年度记者会上说,2017年俄罗斯GDP预计增长1.6%。联合国的《2018年世界经济形势与展望》报告中则预测,俄2017年GDP增速为1.8%。这一年,俄罗斯经济的一些其他指标也呈现增长态势,1—10月工业增长1.6%,农业增长2.9%,农业大丰收,粮食产量是俄独立执政26年来的最高产量,达到1.353亿吨,2016年为1.207亿吨;对俄经济有重要影响的对外贸易额增长25.3%,运输业增长6.7%;失业率由2016年的5.5%降至2017年的5.2%。

2017年,俄罗斯经济的一些经济指标也现增长态势,经济出现好转的原因主要有以下几个方面:

一是2017年国际市场能源价格上涨。2016年1—10月国际市场石油价格均价为44美元/桶,2017年1—9月为54.24美元/桶,截止到12月16日的一周均价已上涨到65美元/桶。2017年上半年,俄原油产量2.7亿吨,同比增长0.9%,出口1.3亿吨,同比增长1.6%,1—9月俄出口石油同比增长0.6%,出口石油收入为1 307亿美元。对按40美元/桶为标准编制为期3年预算的俄罗斯经济来说,这些因素是十分有益的。据俄有关学者测算,每桶石油价格变动1美元,对俄GDP的影响为0.04%。

二是实行经济调整与改革政策。从俄政府与央行的主导思想来看,发展经济的政策首先旨在维持稳定,而不是增长。围绕这一基本政策,俄实施了不少调整与改革措施。首先是实行低通胀率,俄长期受高通胀率的困扰,而 2017 年 1—10 月通胀率降至 3.9%,普京在记者会上说,这是降至新历史上最低水平。其次是实行预算平衡政策,即实行适度的紧缩政策,主要措施是减少支出。另外,俄罗斯还采取了重组银行资本、有效利用储备基金与改善投资环境等措施,对遏制资金外流吸引外资有积极影响。普京在记者会上指出,到他开记者会为止,2017 年外国对俄直接投资达 230 亿美元,比 2016 年增长了一倍,是过去 4 年最好的指标。

三是继续采取了一些反危机政策措施。一方面,俄罗斯政府在继续进行对财政和货币政策的干预,改善金融领域情况。自出现经济危机后,俄罗斯一直在整顿信贷机构,2016 年就停止了 68 家信贷机构的活动,最近 3 年期间吊销了 279 份信贷机构的许可证。另一方面,继续加大对农业与农产品加工、基础设施、机械制造、创新工业园区、高技术产品出口等项目的财政和金融支持。另外,继续全面实施进口替代政策,西方制裁后,积极发展本国制造业与加工工业,以此来调整经济结构,特别是改变主要工业产品过度依赖进口的局面。

四是国内政局基本稳定。2017 年是普京这一届总统任期的最后一年,他面临 2018 年总统大选,因此国内政局对他十分重要。总的来说,尽管这一年出现过反普京的群众示威,国内精英政见也不相同,但俄罗斯的政治基本稳定。首先是因为经济状况出现好转,其次是普京通过国内各种种政治制度的建设对反对派的活动起到了遏制作用,如普京所言,十几年来,俄罗斯都没有出现过有施政能力的成熟反对派。另外,还应看到,普京在中东等地区的外交、军事活动得到俄国内大多数民众的认可与支持,他的支持率一直居高不下。

2. 复苏还很脆弱

2017 年,俄罗斯经济虽出现复苏性增长,但仍很脆弱。在中短期内,俄经济难以有较大增长,经济形势仍是复杂与严峻的。俄学者在分析 2017 年 5 月普京批准的《2030 年前俄联邦经济安全战略》时指出,对俄经济的主要威胁是:投资不足、原料依赖、中小企业 GDP 占比不高、地缘政治局势紧张以及腐败和贫困。俄政府力图在 2017 年经济走出危机后,经济增速要接近甚至超过世界经济的平均速度。俄能否达到这个目标取决于多方面的因素,但主要取决于经济结构的调整。俄央行行长纳比乌林娜曾在国家杜马面前坦言："如果经济结构不发生改变，我们预测 GDP 潜在的增长速度将低于 1.5%～2.0%。"

应该说，普京也十分关注经济结构改革，要求俄罗斯经济的发展从资源型向发展型转变，而实现这一转变，重要的一条是调整与优化经济结构。但从经济转轨二十多年的情况看，未能发生实质性改变。1999 年俄原油、石油产品与天然气出口所占比例为 39.7%，而 2014 年上升到 69.5%。只是在近几年才有所改善，如目前俄财政入来自油气出口的比重约占 40%，来自非能源领域的收入约占 60%。

二、制约俄罗斯经济发展的因素

一是俄资金短缺，投资乏力。俄经济发展部部长奥利什金在一次会议上表示，俄每年还需要吸纳 5 万亿卢布（约合 868 亿美元）的额外投资才能使经济增长率超过世界平均水平。但俄很难解决这个问题。首先受国内经济衰退的影响，企业利润大大下降，而俄固定资产投资资金主要来自企业。俄国内企业在西方制裁与竞争加剧的条件下也难以提高盈利水平，不能指望企业大幅增加投资。其次，西方制裁掐断了融资的资金链，增加了引进外资的难度。再次，短期内国际石油市场供大于求的状况不会改变，不能指望石油价格大幅度上升。另外，逆全球化、贸易保护主义抬头，世界经济回升乏力，都对俄在对外经贸合作中产生不利影响。

二是俄在能源领域的处境日趋严峻。从国际市场油价情况看，今后一个时期，很难再出现较大幅度的回升。虽然，一些机构将 2018 年布伦特原油价格预期上调至 62 美元/桶，但油价是很难准确预测的，是个不确定因素。而且，俄石油开采条件日益困难，维持与增产主要依靠新的接替资源，但新资源都位于较为恶劣的地区，俄又缺乏先进的技术与装备。再次，自美国解除了长达 40 年的原油出口禁令后，随着在页岩气革命的推动下，美国原油产量大幅增加，2017 年美出口的天然气可能超过其进口量。另外，前不久美国对俄采取的新一轮制裁重点针对俄能源部门。综合这些因素，不仅会对俄经济产生不利影响，还将弱化俄能源在国际市场上的地位。

三是不利的国际环境。今后一个时期面临的国际环境，对俄仍存在诸多不利因素。俄与西方，特别是与美国的关系短期内难以改善。2017 年 7 月 27 日，美国参众两院以压倒性优势先后通过了对俄罗斯、伊朗与朝鲜的制裁法案，值得注意的是，该议案限制了美国总统解除对俄制裁的权力。8 月 2 日，美国总统特朗普签署了这项制裁法案。这成为 2014 年以来对俄规模最大和最全面的制裁,从而使美俄矛盾全面激化,进一步恶化了俄美关系。

虽然最近美俄在反恐情报方面进行了合作,普京与特朗普两次通话,似乎给严冬送来一丝暖意,但美国内的"反俄、抑俄、弱俄"的力量一直高于对俄友好的力量。在可预见的未来,俄美关系改善的可能性不大。俄外交部表示,无论美国怎样威胁或施压,都不能迫使俄罗斯改变自己的路线或者不按国家利益行事。还应指出,俄在中东地区影响不断扩大,必然导致俄美在中东地区合作空间收窄,相互博弈强化。与此同时,欧盟于2017年12月14日宣布,由于乌克兰东部和平进程毫无进展,欧盟决定延长对俄经济制裁。据有关官员透露,欧盟制裁已给俄造成上千亿欧元的损失,欧洲经济也受到连带的损失。

四是如何解决国内民生问题的同时又要为应对西方挑战与保证国家安全而不断加强军事力量。2017年年底,群众抗议活动比年初增加,多数示威游行与社会经济状况恶化有关,如拖欠工资、降薪裁员引起的矛盾。2017年经济虽有增长,但1—10月居民实际可支配的收入却下降了1.3%。普京在记者会上回答问题时说,今后应集中注意的问题是:基础设施的发展、卫生医疗和教育问题,还有高科技、提高劳动生产率,这一切都应以提高俄罗斯公民收入为目标。同时普京表示,目前俄国防支出为460亿美元,俄将确保本国安全,但不卷入军备竞赛。问题是面临复杂的国际环境,俄军费支出很难控制。据《莫斯科时报》报道,俄从2015年9月底开始去叙利亚反恐到2017年底,按800天计算,每天花费400万美元,共花费32亿美元,再加上其他费用,估计总共耗费50亿美元左右。民生与强军两者关系很难协调,普京调整政策的空间很窄。

五是经济结构不合理等"内伤"尚未痊愈。俄罗斯经济危机的根源在于经济结构不合理等"内伤"。这一点已经成为俄罗斯国内各界共识,解决起来也非一日之功。考虑到2015年的严重萎缩,目前实现的低速增长,只能说是触底反弹。因为俄罗斯的经济模式还适应不了全球银行业、医疗、信息技术等领域的飞速变革,还需要从基础上"进补",因此今后俄罗斯经济增速不会更高。自遭遇这轮危机以来,俄罗斯企业破产率一直较高。除了融资、技术合作、销售渠道受到制裁影响,俄央行制定的较高基准利率和财政部制定的较为"严酷"的预算更给企业带来了压力。俄罗斯宏观经济分析和短期预测中心的研究称:今年第三季度,俄罗斯破产企业数量比2016年同期增长了12.4%。另一方面,收入低于最低水准的民众比例从危机前的10%提高到13%。企业经营艰难和民众获得感不足,这两大现实问题均会导致发展后继乏力。

美国和欧洲对俄罗斯重点产业进行制裁，而且短期内不会停止。与此同时，俄罗斯也在采取反制裁措施。特别是全球安全形势日益复杂、俄罗斯与西方关系愈加复杂以及俄罗斯的强硬外交立场，共同导致预算中有相当大一部分要拨给国防、安全领域，而不是用于生产领域。俄罗斯智库瓦尔代俱乐部研究员季莫费耶夫发文表示，相对于外界影响和压力，经济发展速度缓慢和科技研发水平相对滞后，才是俄罗斯面临的最大威胁。

第五节　欧盟经济形势

一、2017年欧盟经济概况

1. 经济复苏势头强劲

自2016年下半年欧元区及欧盟经济逐渐复苏以来，2017年欧元区及欧洲经济继续保持较为强劲的复苏势头。前两季度GDP环比折年率都保持在2%以上，2017年第三季度欧元区GDP环比折年率继续保持高于2%的增长，达到2.5%，高于预期的2.4%和前值2.3%。从国别来看，德国、法国、意大利、西班牙这四个欧元区主要经济体在2017年都保持较好的增长趋势，有力推动了欧元区经济增长。此外，包括希腊在内的其他国家也都摆脱衰退开始增长，表明此次经济复苏几乎覆盖了整个欧元区国家。德国的GDP环比折年率变动比欧元区GDP环比折年率变动滞后约一个季度，但都保持在1%以上。法国的经济波动趋势与欧元区总体波动趋势基本保持同步。从2016年下半年起进入强势复苏，并保持2%以上的增速。意大利借助制造业和内需拉动，经济稳步回升，并从2016年下半年起保持1%以上的增长。英国在经过脱欧公投后，曾凭借英镑贬值拉动出口和消费，促使经济增速达到2%以上。但随着脱欧谈判不确定性增加，企业担忧英国于2019年3月正式脱欧后贸易条款不再优惠而减少投资，英镑受挫又不得不加大通胀，英国经济承受较大压力。

2. 失业率连创新低

随着经济持续复苏，欧元区及欧盟的失业率延续2016年的趋势保持稳步下降。欧元区2017年2月份的失业率降至9.5%，再创2009年5月以来的最低水平。此后，失业率不断降低，并多次出现新低，截至今年9月份已降至8.9%。而且，25岁以下年轻人的失业率也在不断降低，反映了经济不断向好。欧元区几大经济体的就业水平也有较好表现，截至2017年9月份，德国、法国、意大利的失业率分别为5.5%、9.7%和11.1%；截至第三季度，欧元区第四大经济体西班牙的失业率为16.4%，虽然仍偏高，但已是2008年以来的最低水平。德国20岁以下、法国25岁以下、意大利25岁以下人口失业率分别为4%、22.5%、35.7%，都保持了持平或下降的趋势。

3. 贸易同比增长较高，波动性逐渐降低

今年以来，欧元区对外贸易同比增幅较大，是欧元区经济复苏的主要因素之一。但出口波动幅度较大，2017年1—8月，出口同比增速的最高和最低值相差高达15个百分点。剧烈的波动也使制造业的订单与出口出现一定的震荡。欧元区的进口和出口同比增速在今年表现出较高的一致性，进口增速略快于出口。进入下半年，出口同比增速的振动幅度降低，并均为正增长，显示出欧元区内部复苏势头以及外部经济环境都趋于稳定。

4. 通胀水平升高，仍未达到预期

欧元区各项经济指标中，通胀水平对欧洲央行进行货币政策调整影响较大。相比于2016年消费者价格指数（CPI）长期在0上下徘徊，2017年的通胀水平在1.3%~2%之间，已出现升高趋势，反映出量化宽松政策产生一定的效果，但尚未达到欧洲央行设定的CPI略低于2%的退出量化宽松政策的标准。截至9月份，欧元区仅有2月份的CPI数值达到2%，其后出现下滑，特别是4月份后，欧元区CPI持续于1.5%上下徘徊，10月份的CPI仅有1.4%，低于预期的1.5%。从国别来看，德国的CPI持续保持在1.5%及以上，意大利的CPI持续在1.2%之上，法国的CPI在马克龙当选新总统后骤降至1%以下，后于7月起开始增长，体现出马克龙的经济政策产生了一定效果。

二、2018年欧洲经济发展态势

近年来欧洲先后遭遇债务危机、难民危机、英国"脱欧"等多项挑战，一体化进程因此受到质疑和阻碍。但在2017年欧洲形势出现了诸多向好迹象，民粹主义势力受挫、经济复苏明显、难民危机缓解等，2018年欧洲即将迎来机遇，也将面临挑战。

1. 积极形势延续　问题尚待解决

对欧洲乃至全球经济而言，2017年是一个好年头，许多欧洲国家的国内生产总值增速均有所提高，失业率下降，而就业率保持在较高水平。这一良好态势在2018年仍将延续，欧洲各银行、企业在2018年的表现会比2017年更好。各大银行在处理不良贷款方面已取得一定进展。企业债务占欧元区各成员国国内生产总值的比例有所下降。与此同时,欧元区各成员国的财政赤字降低,各国对财政紧缩的需求正在减退。法国政府已采取的一些重要就业市场改革措施,将有助于法国就业市场的复苏,而意大利也应能从之前实施的就业市场改革中获益。

但欧洲也面临着一些风险。特别是在货币政策领域,为应对2008年金融危机和随后到来的欧债危机,欧洲央行以及各成员国央行都尽可能使用了自主制定的货币政策,并调整了运作框架。之后由于欧元区基准利率已接近于零,且失去实际效力,欧洲央行不得不追随美联储的脚步,推出资产购买计划,即欧洲版的量化宽松政策。这种非常规的货币政策,导致欧洲央行资产负债表不断扩张。据相关数据显示,欧洲央行的资产负债表规模已达到4万亿欧元以上。因此,利率正常化和控制欧洲央行及各成员国央行的资产负债表规模都是需要解决的重要问题。

此外,即将到来的意大利议会选举仍可能较大程度上改变欧洲政治格局;英国"脱欧"问题尚未彻底解决,仍存在较高不稳定性;德国新政府仍未组成。以上政治问题均可能导致关于欧洲货币联盟的讨论暂被搁置。

2. 单纯货币政策无法弥合各国差异

尽管欧洲经济复苏且持续向好,但一些隐藏风险、阻碍欧洲一体化进程的问题并未得到彻底解决。为保证欧元区未来稳定发展,这些问题需要得到正视和解决。一是欧元区各成员国在经济、金融、财政等方面存在较大差异。各国的经济周期和金融周期并不一致,国内生产总值增长速度、失业率、公私部门信贷利率等方面也不尽相同。因此,仅仅依靠货币政策不仅无法弥合各国间的差异,反而会加剧各国在宏观经济方面的异质性。因为欧元区单一的货币政策,是按照各成员国的平均水平制定和校准的,对于国内实际情况与欧元区平均水平相差不大的国家来说,这种货币政策是合适的,但对那些实际情况与平均水平相差较大的国家来说就不合适了。有关研究表明,到2008年金融危机爆发为止,欧洲央行的货币政策对德国、法国等所谓欧元区核心国家而言是比较合适的,但对西班牙、希腊、意大利等所谓欧元区边缘国家而言就过于宽松了。而在这些国家,单一货币政策与国家内部宏观经济形势的错位,对金融失衡问题的加重起到了推波助澜的作用,进而导致这些国家内部信贷失控和部分国家出现房地产泡沫。该问题的存在,让这些国家的人们认为欧盟政策不符合本国国情,无法反映本国实际需求,不利于本国发展,并降低了人们对于欧盟的好感,给欧洲一体化进程带来了不利影响。

因此，欧元区迫切需要一种能够适应各国差异的宏观经济调控手段来作为货币政策的补充。这种调控手段考虑到欧元区各成员国间的经济和金融不平衡，按照几个周期同步的国家的情况进行校准，因此能够更好减轻和应对各国间差异性和经济发展不对称带来的冲击。

3. 制定施行宏观经济调控手段

随着欧元区经济恢复，人们需要开始考虑如何实现货币正常化。也就是说，是先实现利率正常化，再逐步停止资产购买计划，还是先退出资产购买计划，再逐渐提高基准利率，被动缩小欧洲央行的资产负债表规模。采用何种方式、何种速度缩减欧洲央行的资产负债表规模，央行资产负债表的最佳规模是多大，以及如何吸收市场流动性等问题，都需要有关机构和专家特别注意。尤其是吸收流动性问题，因为如果流动性被过快消除，长期利率和资产价格将可能出现大幅反弹，这将导致严重的金融不稳定，所以欧洲央行应逐步地、谨慎地缩减资产负债表规模。为此，人们可以利用国家预算手段来应对欧元区各成员国之间的差异性问题，这在金融周期的下降阶段比较有效。而考虑到银行和金融部门的重要性，以及出现经济不平衡之前，往往会先出现金融方面的不平衡，而风险和不平衡更多形成在金融周期的上升阶段。因此有必要将由各国不同机构负责的监管职责统合起来，制定和施行宏观经济调控手段，以防止金融失衡形成。欧洲央行和欧洲系统性风险委员会在这方面可以发挥重要作用。欧洲央行可以通过行使其现有职责，加强系统性机构的适应力，还可以监督欧元区内的重要银行。而欧洲系统性风险委员会可以通过与欧洲央行和欧元区各成员国国内负责宏观审慎监管的机构进行合作，支持各成员国按照各自情况采取行动。这样宏观调控手段将成为货币政策的有益补充，增强欧元区整体的经济稳定性。

专题六 新时代中国特色大国外交

学习重点

1. 新时代中国特色大国外交的总目标；
2. 构建人类命运共同体具体而言就是要推动建设"五个世界"；
3. 新时代习近平主席对中美关系的定义；
4. 新时代的中俄、中欧、中拉及中非关系。

世界多极化、社会信息化加速发展，经济全球化、文化多样化深入推进，国际社会进入格局调整、体系变革的关键阶段，"国际关系向何处去"这一时代命题更加突出地呈现在世人面前。在此背景下，中国共产党的十九大为进入新时代的中国外交指明了方向。报告中明确提出我们要推动构建新型国际关系、推动构建人类命运共同体。这"两个构建"概括了中国外交今后努力的总目标，展现了新时代中国特色大国外交的新特点。

第一节 新时代中国外交的总目标

一、新时代中国外交的重要指导思想

习近平站在人类历史发展进程的高度，以大国领袖的责任担当和博大胸

襟，深入思考"建设一个什么样的世界、如何建设这个世界"等关系人类前途命运的重大课题，习近平总书记在十九大报告中对新时代的中国外交做出了顶层设计，明确了努力目标。报告开宗明义就强调，"中国共产党是为中国人民谋幸福的政党，也是为人类进步事业而奋斗的政党。中国共产党始终把为人类做出新的更大贡献作为自己的使命"。这段话凸显了中国共产党人的历史自觉、国际视野和世界关怀。正是根据这一基本理念，习近平总书记在报告中明确指出，中国特色大国外交就是要推动建设新型国际关系，推动构建人类命运共同体。这句话高度凝练了新时代中国外交追求的总目标，也向世界公开亮明了我们希望与各国共同努力的大方向。报告对新型国际关系的内涵做出明确界定，就是"相互尊重、公平正义、合作共赢"。这是中国外交的重要指导思想，是引导21世纪国际关系发展的重要理念。

构建新型国际关系的实质是要走出一条国与国交往的新路，并将为构建人类命运共同体开辟道路，创造条件。为此，我们需要牢牢把握相互尊重、公平正义、合作共赢三个关键词。

相互尊重是前提。2017年1月18日，习近平主席在联合国日内瓦总部发表演讲指出："主权平等，真谛在于国家不分大小、强弱、贫富，主权和尊严必得到尊重，内政不容干涉，都有权自主选择社会制度和发展道路。"多年来中国对不同制度、宗教、文明一视同仁，充分尊重各国不同历史文化和发展阶段性特点，为各国平等参与国际事务，推动国际关系民主化、法制化注入活力。

公平正义是准则。中国顺应历史潮流，反对一切形式的霸权主义、丛林法则和冷战思维。中国坚决维护联合国权威、国际法则和公认的国际关系准则。中国坚持独立自主的和平外交政策，根据事情本身的是非曲直决定自己的立场和政策，秉持公道，伸张正义。

合作共赢是目标。中国为化解全球性挑战贡献中国智慧和中国方案，积极探索中国特色热点问题解决之道，为世界稳定发挥更大建设性作用。中国积极寻找与各国的利益对接点、共同点，零和博弈，做大利益"蛋糕"，实现共同发展。

构建以合作共赢为核心的新型国际关系思想，秉承新中国外交优良传统，超越了美国等西方国家传统国际关系理论框架，主张摒弃以对立和对抗为出发点的权力制衡，倡导的是以和平与发展为出发点的合作共赢，符合联合国宪章关于主权平等、和平解决国际争端、促成国际合作等宗旨和原则，契合当今时代发展潮流，是对传统国际关系理论的超越与创新，是有着悠久历史与和平传统的中华民族就"国与国如何相处"做出的重大理论贡献。

伙伴关系是构建新型国际关系的重要路径。志同道合是伙伴，求同存异也是伙伴。遵循对话而不对抗、结伴而不结盟的理念，我们已经同100个左右的国家、地区和地区组织建立了不同形式的伙伴关系，实现了对世界各个地区、不同类型国家的全覆盖，形成了全方位、多层次和立体化的外交布局。中国将继续聚焦各国利益汇合点，努力构筑总体稳定、均衡发展的大国关系框架。按照亲诚惠容和与邻为善、以邻为伴方针深化同周边国家的睦邻友好关系。讲信义、重情义、扬正义、树道义是新中国外交的优秀基因，是中国外交核心价值观的重要内涵，我们要继续秉持正确义利观和真实亲诚理念，加强同广大发展中国家团结合作，努力维护和扩大彼此的共同利益。

构建以合作共赢为核心的新型国际关系思想具有鲜明的中国特色和普遍的世界意义。2013年3月，习近平访问俄罗斯时，首次提出推动建立以合作共赢为核心的新型国际关系。2014年11月，习近平总书记在中央外事工作会议上强调，不能身体已进入21世纪，而脑袋还停留在冷战思维、零和博弈老框框内，要跟上时代前进步伐，推动建立以合作共赢为核心的新型国际关系，把合作共赢理念体现到政治、经济、安全、文化等对外合作的方方面面。构建以合作共赢为核心的新型国际关系成为中国外交的重要指导思想。2015年9月，习近平在出席联合国成立70周年系列峰会期间，在联合国讲坛上提出，要继承和弘扬联合国宪章的宗旨和原则，构建以合作共赢为核心的新型国际关系，同心打造人类命运共同体。习近平在博鳌亚洲论坛2018年年会开幕式上的主旨演讲中强调各国人民同心协力、携手前行，努力构建人类命运共同体，共创和平、安宁、繁荣、开放、美丽的亚洲和世界。国际社会对构建以合作共赢为核心的新型国际关系思想给予积极评价和热烈呼应，普遍认为中国提出这一思想理念的目的是强调基于共同利益基础之上的合作，避免相互冲突，通过对话来解决争端或达成协议，具有非常积极和进步的意义，同时也有可操作性，世界需要这样的思想理念；中国笃行构建以合作共赢为核心的新型国际关系理念有利于世界各国相向而行，推动人类进步事业更好向前迈进。随着合作共赢思想理念在国际上日益深入，一个平等、包容、可持续的国际关系将更加清晰地展现在世人面前。

二、人类命运共同体思想成为中国外交的旗帜

每个民族、每个国家的前途命运都紧紧联系在一起，应该风雨同舟，荣辱与共，努力把我们生于斯、长于斯的这个星球建成一个和睦的大家庭，把

世界各国人民对美好生活的向往变成现实。党的十九大报告对人类命运共同体的内涵做了明确阐述。这个共同体就是要"持久和平、普遍安全、共同繁荣、开放包容、清洁美丽的世界"。

"这个世界，各国相互联系、相互依存的程度空前加深。人类生活在同一个地球村里，生活在历史和现实交汇的同一个时空里，越来越成为你中有我、我中有你的命运共同体。"

"第二次世界大战的惨痛教训告诉人们，弱肉强食、丛林法则不是人类共存之道。穷兵黩武、强权独霸不是人类和平之策。赢者通吃、零和博弈不是人类发展之路。和平而不是战争，合作而不是对抗，共赢而不是零和，才是人类社会和平、进步、发展的永恒主题。"

当今世界已经成为你中有我、我中有你的地球村。随着经济全球化和社会信息化的不断推进，世界越来越"平"，地球村越来越"小"，不管什么国家，哪个民族，大家都生活在同一个地球村，人类理应同舟共济，团结合作，把这个世界建设成和睦的大家庭，把各国人民对美好生活的向往变成现实，而非单打独斗，甚至以邻为壑、你死我活。当今世界，开放融通的潮流滚滚向前，各国经济社会发展日益相互联系、相互影响，推进互联互通、加快融合发展成为促进共同繁荣发展的必然选择。

全球化浪潮席卷全球，带来了多种多样的全球性问题。当今世界依然面临着三大"赤字"的严峻挑战：和平赤字，表现为地区热点持续动荡，兵戎相见时有发生，冷战思维和强权政治阴魂不散；发展赤字，表现为世界经济增长乏力，发展鸿沟日益突出，恐怖主义、网络安全、跨国犯罪、重大传染性疾病等非传统安全威胁持续蔓延；治理赤字，表现为由美国等少数发达国家主导的全球治理机制弊端丛生，治理失灵，严重缺乏公正性、公平性和代表性。人类面临的全球性问题数量之多、规模之大、难度之深前所未有，单靠一国之力已经无济于事，需要各国携手合作，共同应对，这是我们提出构建人类命运共同体目标的根本动力。

构建人类命运共同体，是要拿出解决各种全球性难题的方案，具体而言就是推动建设"五个世界"。

一是建设一个持久和平的世界。就是要相互尊重、平等相待，坚持和平共处五项原则，尊重各国自主选择的社会制度和发展道路，尊重彼此核心利益和重大关切。世界各国都应该坚决摒弃冷战思维和强权政治，走对话而不对抗、结伴而不结盟的国与国交往新路，不搞唯我独尊、你输我赢的零和游戏，不搞以邻为壑、恃强凌弱的强权霸道，妥善管控矛盾分歧，努力实现持久和平,做和平的维护者和促进者。习近平指出,和平如空气和阳光,受益而不觉,失之则难存。没有和平,发展就无从谈起。人类历史上战乱频仍,生灵涂炭,教训惨痛而深刻。要和平、不要战争是各国人民朴素而真实的愿望。建设一个持久和平的世界,根本要义在于国家之间要构建平等相待、互商互谅的伙伴关系,努力构建不冲突不对抗、相互尊重、合作共赢的新型关系。国家间出现矛盾和分歧,要通过平等协商处理,以最大诚意和耐心,坚持通过对话解决分歧。

二是建设一个普遍安全的世界。就是安全上要坚持以对话解决争端、以协商化解分歧,统筹应对传统和非传统安全威胁,反对一切形式的恐怖主义。世上没绝对安全的世外桃源,一国的安全不能建立在别国的动荡之上,他国的威胁也可能成为本国的挑战。"单则易折,众则难摧"。单打独斗搞"独自强大"或者"自扫门前雪"不行;迷信武力损害他人的安全福祉走殖民主义、霸权主义、结盟对抗的老路更不行。在新形势下,冷战思维、军事同盟、追求自身绝对安全那一套已经行不通了,各国应该走合作安全、集体安全、共同安全的新路,着力实现共同(所有的人、所有的国家)、综合(涉及政治、经济、军事、外交、环境、文化等各个领域)、合作、可持续的安全。要恪守尊重主权、独立和领土完整、互不干涉内政等国际关系基本准则,同筹维护传统领域和非传统领域安全。我们要对话协商、共担责任,秉持共同、综合、合作、可持续的安全理念,坚定维护以联合国宪章宗旨和原则为核心的国际秩序和国际体系,统筹应对传统领域和非传统领域安全挑战,深化双边和多边协作,促进不同安全机制间协调包容、互补合作,不这边搭台、那边拆台,实现普遍安全和共同安全。

三是建设一个共同繁荣的世界。就是经济上要同舟共济,促进贸易和投资自由便利化,推动经济全球化朝着更加开放、包容、普惠、平衡、共赢的方向发展。发展是第一要务,适用于各国,人类命运共同体追求的是共同发展。经济全球化是历史大势,没有哪个国家能退回到自我封闭的孤岛。"一花独放不是春,百花齐放春满园"。世界各国在考虑自身利益,做好自己的事的同时,不能损害其他国家利益,必须同舟共济,努力加强政策协调(比如宏观经济政策、财税政策、货币政策、汇率政策等方面的政策协调),减少负面外溢效应(不能损害到别的国家),让世界各国实现联动增长,在普惠中追求共赢。要维护世界贸易组织规则,支持开放、透明、包容、非歧视性的多边贸易体制,推动建设开放型世界经济。要发展伙伴关系,最大限度解决南北之间和地区内部发展失衡问题,让发展成果更多惠及全体人民,为世界经济全面可持续增长提供新动力。我们要同舟共济、合作共赢,坚持走开放融通、互利共赢之路,构建开放型世界经济,加强二十国集团、亚太经合组织等多边框架内合作,推动贸易和投资自由化便利化,维护多边贸易体制,共同打造新技术、新产业、新业态、新模式,推动经济全球化朝着更加开放、包容、普惠、平衡、共赢的方向发展。

四是建设一个开放包容的世界。就是文化上要尊重世界文明多样性,以文明交流超越文明隔阂、文明互鉴超越文明冲突、文明共存超越文明优越。人类文明多样性是世界的基本特征,不同文明凝聚着不同民族的智慧和贡献,没有高低之别,更无优劣之分。世界各国虽然国情不同、发展阶段不同、面临的现实挑战不同,但推动经济增长的愿望相同,应对危机挑战的利益相同,实现共同发展的憧憬相同。在经济全球化出现波折,保护主义、内顾倾向抬头的时候,多边贸易体制受到冲击。保护主义政策如饮鸩止渴只会是损人不利己。世界各国应该坚决避免以邻为壑,维护世界贸易组织规则,支持开放、透明、包容、非歧视性的多边贸易体制,坚定做开放型世界经济的倡导者和推动者。要促进和而不同、兼收并蓄的文明交流对话,加强双边和多边框架内文化、教育、旅游、青年、媒体、卫生、减贫等领域合作,在竞争比较中取长补短,交流互鉴中共同发展,使文明交流互鉴成为增进各国人民友谊的桥梁、推动人类社会进步的动力、维护世界和平的纽带。

五是建设一个清洁美丽的世界。就是生态上要坚持环境友好,合作应对气候变化,保护好人类赖以生存的地球家园。建设生态文明关乎人类未来。要牢固树立尊重自然、顺应自然、保护自然的意识,绿水青山就是金山银山。要坚持环境友好,推动经济、社会、环境协调发展,保护好生态环境,走绿色、低碳、循环、可持续发展之路,平衡推进联合国《2030年可持续发展议程》,采取行动应对气候变化等新战,不断开拓生产发展、生活富裕、生态良好的文明发展道路,构筑尊崇自然、绿色发展的全球生态体系。我们要敬畏自然、珍爱地球,树立绿色、低碳、可持续发展理念,尊崇、顺应、保护自然生态,加强气候变化、环境保护、节能减排等领域交流合作,共享经验、共迎挑战,不断开拓生产发展、生活富裕、生态良好的文明发展道路,为我们的子孙后代留下蓝天碧海、绿水青山。

三、构建人类命运共同体是中国特色大国外交理论与实践创新的重大成果

构建人类命运共同体,是对新中国成立以来一以贯之的和平外交思想的

继承与发展。早在美苏尖锐对抗的冷战时期,中国就提出了著名的"和平共处五项原则",江泽民提出了以"互信、互利、平等、合作"为核心的新安全观;胡锦涛在世纪之交提出了建设"和谐世界"的思想。党的十八大以来,习近平总书记站立时代潮头,把握世界大势,亲自擘划运筹,提出了一整套外交新理念新举措新战略,指导中国外交呈现鲜明的中国风格、中国特色和中国气派,取得全方位、开创性的历史成就。我们从容应对国际局势深刻演变、全面参与全球事务和重大国际行动,发出中国声音,提出中国方案;我们积极建设全球伙伴关系网络、落实"一带一路"等重大倡议,向国际社会贡献越来越多的广受欢迎的公共产品;我们主动应对全球性挑战、推出完善全球治理体系的重大举措,承担更大国际责任和应尽义务,树立起负责任大国形象。五年来的外交实践和行动,诠释了中国外交是爱好和平、主持正义的外交,是不断为人类发展进步作出贡献的外交,也是理论和实践始终走在时代前列的外交。以习近平同志为核心的党中央在保持对外方针稳定性连续性基础上,大力推进外交理论与实践创新,开启了中国特色大国外交新征程。作为中国外交创新的核心成果,构建人类命运共同体成为中国特色大国外交追求的目标。这种发展与创新突出表现在,确立构建人类命运共同体向世界传递了中国要"建设一个什么样的世界"的美好愿景,而且将这一美好愿景的目标具体化,路径清晰化。"一带一路"建设就是中国致力于构建人类命运共同体的生动实践。我们要继续秉持共商、共建、共享原则,认真落实"一带一路"国际合作高峰论坛重大成果,深化各发展战略对接,实现各国发展优势互补,抓实抓好重点项目、重大工程,使"一带一路"成为各国共同参与的宏大"交响乐"。

经过40年快速发展,中国经济实力已位居世界第二,国际地位和影响力大幅提高,世界期待我们承担更多的国际责任,做出更多贡献。"丈夫贵兼济,岂独善一身",面对国际呼声,中国责无旁贷。"世界那么大,问题那么多,国际社会期待听到中国声音,看到中国方案,中国不能缺席。"习近平主席创造性地提出构建人类命运共同体思想,在国际关系中实现合作共赢就是要扩大共同利益,不要损人利己;要加强对话合作,不要对立对抗;要实现多赢共赢,不要零和博弈;要打造命运共同体,不要分裂分化。构建人类命运共同体思想超越了国别,超越了党派和制度的异同,反映了大多数国家的普遍期待,符合国际社会的共同利益,使中国的外交政策和理念占据了人类道义的制高点。表明中国共产党人可以也愿为解决人类问题做出我们的贡献,这是中国特色大国外交理论与实践创新的重大成果,其价值和意义正日益得到彰显。必将得到国际社会越来越广泛的欢迎和支持。构建人类命运共同体思想已经多次载入联合国相关决议，取得历史性突破。这一饱含东方智慧与世界情怀的中国倡议日益深入人心，正一步步从理念转化为行动。2017年2月10日，首次被写入联合国决议。3月17日，首次载入安理会决议。3月23日，首次载入联合国人权理事会决议。这若干个"首次"体现了国际社会对这一重要思想的高度认同，充分彰显了中国理念和中国方案对全球治理的重要贡献。可以预见的是，越来越多的国家和人民将加入构建人类命运共同体的历史洪流，成为全球治理共商共建共享的"行动队"，携手在构建人类命运共同体的道路上砥砺前行。

推动构建新型国际关系、推动构建人类命运共同体，既是对中国和平发展的传承与创新，也承载着中国对建设美好世界的理想和追求，是中国梦同世界梦相互连接的自然交汇点。这不仅是中国作为社会主义大国应当为人类社会发展承担的历史职责，也是中国共产党人为人类政治文明进步应当推进的历史使命。

第二节 中美关系

中美关系或美中关系指中华人民共和国与美利坚合众国之间的国家关系。一些媒体将中美关系称为21世纪最重要的双边关系。2011年的《中美联合声明》确认中美双方将共同努力，建设互相尊重、互利共赢的中美合作伙伴关系。这是中美双方对中美关系的最新的定位和表述。

一、中美关系发展历程

中美关系作为世界上最主要的国家之间的关系之一，在其发展过程中也不是一帆风顺。近70年来，中美关系随着中国国内政治和国际形势发生了非常大的变化。以1979年1月1日中美正式建交作为标志，中美关系可以分为两个30年，前30年中美两国没有外交关系，后30多年中美两国有了正式的外交关系。前30年从1949年10月到1978年年底，也可以分作两个时期，以1971年基辛格访华、1972尼克松访华发表《上海公报》为标志，前一个时期中美两国处于隔绝、对抗阶段，美国提出和实施"一中一台"的政策或者说是"两个中国"政策。从1972年尼克松访华以后到1978年年底，是中美关系艰难的正常化的时期。后30年可以分作三个时期：第一个时期就是从中美建交到1989年北京政治风波以前,就是20世纪80年代,中美两国的关系得到初步的但也是全面的发展;第二个时期是冷战结束以后的时期,主要是20世纪90年代,中美关系重新正常化;第三个时期就是本世纪以来。

1. 从对抗、僵持到建交

1949年10月1日中华人民共和国成立,摆在美国面前一个很突出的问题就是要不要承认新成立的中华人民共和国,要不要跟蒋介石政权切断关系。当时,杜鲁门政府内部有不同意见。从1948年到1950年,关于对中政策的辩论是很激烈的。1950年6月25日朝鲜战争爆发。27日杜鲁门发表声明,要让第七舰队重新开进台湾海峡,"在朝鲜战争当中把台湾海峡中立化,防止大陆对台湾的军事进攻,也防止台湾对大陆的进攻"。他还表示,台湾未来地位的确定要等待太平洋安全的恢复,对日和约的缔结之后,或经由联合国的考虑。杜鲁门这个声明被学术界普遍认为是美国政府提出"台湾地位未定论"的标志。

从这以后到1971年基辛格访华、1972年尼克松访华,美国政府提出和实施"台湾地位未定论",实际上是"一中一台"或者是"两个中国"的政策。朝鲜战争爆发后美国进行干预,10月中国人民解放军也跨过鸭绿江,这样一来,中美两国在未来20年中对抗和隔绝的格局就基本确定。此后,美国把中国看作是比苏联更危险的敌人,美国在东亚、太平洋地区的遏制政策主要是要遏制"中国共产主义的扩张"。从1971年的"乒乓外交"到1972年的尼克松访华,中美关系揭开了新的一页。1979年1月1日,中美两国正式建立外交关系,从而结束了长达30年之久的不正常状态。

2. 战略合作

从1979年到1989年,中美两国之间共同对付苏联的战略基础存在,中美关系大大发展,包括经贸交流、美对中技术转让。这一阶段堪称"中美关系黄金时期"。1979年1月底邓小平访美,把两国之间刚刚建立的外交关系提到了很高的高度,不管是美国还是中国,大家对刚刚建立的中美关系抱着很大的热情,充满很大的希望。仅在1979年这一年,数十次内阁级别成员的互访,包括1980年两国高层领导之间的互访,中美签订了几十个合作协议。所以,中美关系一建立,就好像长江大河打开了闸门,河水奔腾汹涌,两国关系就有了很好的发展势头。

3. 调整适应

苏联解体,冷战结束后,中美关系进入动荡期,经历了一段波折之后逐渐恢复,事实上也有新的发展。2000年,美国通过了与中国永久性正常贸易关系的立法，这是中美关系当中最具实质性意义的发展。1994年克林顿政府提高了美国跟台湾交流的层级，1995年李登辉访美，这些给中美关系带来很大的损害。1996年5月以后，克林顿政府一再发出信息，美国欢迎一个繁荣的、开放的、稳定的中国，美国愿意跟中国发展关系。第二个任期里克林顿政府把工作重点放在了稳定和改善中美关系上。其中最重要的事情就是1997年10月江泽民主席访美和1998年6月克林顿总统访华。江主席访美是在此前12年以来中国国家主席对美国的第一次正式访问。在江主席访问前几天，克林顿总统对媒体发表长篇讲话，系统阐述在后冷战时期中美两国的共同利益，以及两国在反对大规模杀伤性武器的扩散，促进经济和贸易的发展，在反恐、反对有组织的国际犯罪等方面的共同利益。当时中美两国领导人达成了很多共识，最重要的是致力于建设中美两国的战略伙伴关系。1999年5月8日，以美国为首的北约对南斯拉夫大使馆进行轰炸，连续炸了78天，美国导弹击中了中国的大使馆，造成人员的伤亡，这确实使中美关系陷入了建交以来从没有过的一个低潮。

4. 深化合作

21世纪以来，中美两国的建设性合作关系进入一个全面发展时期，中美关系的共识从狭隘走到全面，中美关系具有越来越大的全球影响。金融危机、能源和气候，现在成为中美关系的核心。"9·11"事件后，恐怖主义成了对国家安全的最高威胁，在此后的几年当中，中国对美国在反对恐怖主义、防止大规模杀伤性武器扩散等方面，进行了很好的合作。布什政府的任期之内，胡主席跟布什会晤了20次，通电话和互致书信又有几十次，中美两国的领导人保持了密切的高层交往。两国之间各种各样的合作、交流、对话的渠道和平台，有60多个，其中最主要的是战略对话与战略经济对话，2009年已整合为"战略与经济对话"。这些机制的建立对于中美关系的顺利发展和长期稳定都是有非常大的影响的。在2013年6月习近平与奥巴马会见时，双方就朝核问题、经济关系、知识产权、人权问题、网络安全、气候变化、亚太形势、汇率问题进行了深入交流，并达成了七项共识，包括互相介绍执政理念、强调中美关系的重要性、加强各层次沟通、增进理解和互信、加强领域合作、在亚太区形成良性互动、深化在多边机构和国际问题上的协调配合。

二、当前中美贸易争端

中美贸易争端，又称中美贸易战，中美贸易摩擦。是中美经济关系中的重要问题。贸易争端主要发生在两个方面：一是中国具有比较优势的出口领域；二是中国没有优势的进口和技术知识领域。前者基本上是竞争性的，而后者是市场不完全起作用的，它们对两国经济福利和长期发展的影响是不同的。

1. 产生背景

中美贸易关系自从两国建立贸易关系以来就在摩擦和曲折中发展。一年一度的最惠国待遇审议，与贸易有关或者无关的人权问题，正是中国"入世"前中美贸易关系特点的真实写照。中国"入世"后，随着两国经贸关系的发展，贸易摩擦出现的频率反倒有所增加。美国成为与中国发生贸易摩擦最多、最激烈的国家。美国公司对海外竞争对手提出的倾销指控中，有20%以上涉及中国。尽管庞大的美国市场和迅速崛起的中国市场，以及日益密切的经贸往来，使得这两个国家相互之间存在巨大的经济利益，但是如此激烈的贸易摩擦，不禁让人担心中美经贸关系的前景。美国的贸易政策不是单纯的经济决策，而是经济利益和政治现实的平衡。

2. 产生原因

中美建交特别是中国的"入世"促进了两国经济贸易往来，但长期存在于两国贸易关系中的一些问题，例如汇率问题、贸易不平等问题等，并没有得到有效解决。随着两国经济融合进一步加深，双方在制度层面还会发生很多的碰撞，产生各种问题。

近年来，随着中美经贸关系的快速发展，双边贸易摩擦也呈现日益加剧的趋势。贸易不平衡、纺织品特保、对华反倾销等问题构成了中美贸易摩擦的主要内容。中美两国经济利益的争夺、美国国内贸易保护主义的回流以及美国对中国的战略遏制等是双边贸易摩擦日益增多的主要原因。贸易摩擦对中美经贸关系的发展带来了较大的消极影响。

中美贸易摩擦主要是以微观经济摩擦为主，但还会扩大到其他领域。2003年的人民币汇率问题已经是宏观经济摩擦，而且一直持续到现在。正如"入世"并没有减少中美贸易摩擦一样，"入市"也难以保证中国会面临更少的限制。未来的中美贸易可能扩展到包括劳动标准、补贴、卫生检验标准、安全问题、贸易不平等、与投资和贸易有关的制度安排等多领域。

3. 2018年中美贸易摩擦事件

2018年1月，特朗普政府宣布"对进口大型洗衣机和光伏产品分别采取为期4年和3年的全球保障措施，并分别征收最高税率达30%和50%的关税"。2018年2月，特朗普政府宣布"对进口中国的铸铁污水管道配件征收109.95%的反倾销关税"。2018年3月22日，特朗普政府宣布"因知识产权侵权问题对中国商品征收 500 亿美元关税，并实施投资限制"。2018 年 4 月 4 日，美国政府发布了加征关税的商品清单，将对我输美的 1 333 项 500 亿美元的商品加征 25% 的关税。2018 年 4 月 17 日，美国商务部部长罗斯宣布，对产自中国的钢制轮毂产品发起反倾销和反补贴调查（即"双反"调查）；美商务部还初裁从中国进口的通用铝合金板存在补贴行为。2018 年 6 月 15 日，美国政府发布将对从中国进口的约 500 亿美元商品加征 25% 的关税，其中对约 340 亿美元商品自 2018 年 7 月 6 日起实施加征关税措施，同时对约 160 亿美元商品加征关税开始征求公众意见。2018 年 7 月 6 日，美国开始对第一批清单上 818 个类别、价值 340 亿美元的中国商品加征 25% 的进口关税。

2018 年 3 月 23 日，中国商务部发布了针对美国进口钢铁和铝产品 232 措施的中止减让产品清单并征求公众意见，拟对自美进口部分产品加征关税，以平衡因美国对进口钢铁和铝产品加征关税给中方利益造成的损失。其中计划对价值 30 亿美元的美国产水果、猪肉、葡萄酒、无缝钢管和另外 100 多种商品征收关税。2018 年 4 月 2 日起，中国对原产于美国的 7 类 128 项进口商品中止关税减让义务，在现行适用关税税率基础上加征关税。2018 年 4 月 4 日，商务部发布 2018 年第 34 号公告，将对原产于美国的大豆等农产品、汽车、化工品、飞机等进口商品对等采取加征关税措施，税率为 25%，涉及 2017 年中国自美国进口金额约 500 亿美元。2018 年 4 月 17 日，商务部发布 2018 年第 38 号公告，公布对原产于美国的进口高粱反倾销调查的初步裁定。商务部裁定原产于美国的进口高粱存在倾销，国内高粱产业受到了实质损害，且倾销与实质损害之间存在因果关系，并决定对原产于美国的进口高粱实施临时反倾销措施。根据裁定，自 2018 年 4 月 18 日起，进口经营者在进口原产于美国的进口高粱时，应依据裁定所确定的各公司保证金比率（178.6%）向中华人民共和国海关提供相应的保证金。2018 年 4 月 20 日，商务部公告 2018 年第 37 号指出，关于原产于美国、加拿大和巴西的进口浆粕反倾销措施再调查裁定的公告：调查机关裁定，在原审调查期内，原产于美国、加拿大和巴西进口浆粕的倾销行为导致中国国内浆粕产业受到实质损害，倾销与实质损害之间存在因果关系。调查机关决定，继续按照商务部 2014 年第 18 号公告内容实施反倾销措施。2018 年 5 月 18 日，商务部公告 2018 年第 44 号，关于终止原产于美国的进口高粱反倾销反补贴的公告：调查机关发现近期国内猪肉价格持续下降，许多养殖户生计面临困难，在此情况下，对原产于美国的进口高粱采取反倾销反补贴措施不符合公共利益。终止对原产于美国的进口高粱反倾销反补贴调查。2018 年 6 月 15 日，根据《中华人民共和国对外贸易法》《中华人民共和国进出口关税条例》等法律法规和国际法基本原则，经国务院批准，国务院关税税则委员会发布公告决定，对原产于美国的659项约500亿美元进口商品加征25％的关税，其中对农产品、汽车、水产品等545项约340亿美元商品自2018年7月6日起实施加征关税，对其余商品加征关税的实施时间另行公告。2018年7月6日，中国对美部分进口商品加征关税措施正式实施。

4. 经贸磋商

2018年5月3日至4日，中共中央政治局委员、国务院副总理刘鹤与美国总统特使、财政部长姆努钦率领的美方代表团就共同关心的中美经贸问题进行了坦诚、高效、富有建设性的讨论。双方均认为发展健康稳定的中美经贸关系对两国十分重要，致力于通过对话磋商解决有关经贸问题。双方就扩大美对华出口、双边服务贸易、双向投资、保护知识产权、解决关税和非关税措施等问题充分交换了意见，在有些领域达成了一些共识。双方认识到，在一些问题上还存在较大分歧，需要继续加紧工作，取得更多进展。双方同意继续就有关问题保持密切沟通，并建立相应工作机制。2018年5月30日下午，美方经贸磋商工作团队抵达北京。美方50余人的团队与中方团队就具体落实中美双方联合声明共识展开磋商。2018年6月2日至3日，中共中央政治局委员、国务院副总理、中美全面经济对话中方牵头人刘鹤带领中方团队与美国商务部长罗斯带领的美方团队在北京钓鱼台国宾馆就两国经贸问题进行了磋商。双方就落实两国在华盛顿的共识，在农业、能源等多个领域进行了良好沟通，取得了积极的、具体的进展，相关细节有待双方最终确认。中方的态度是始终一贯的。为了满足人民群众日益增长的美好生活需要，满足经济高质量发展的要求，中国愿意从包括美国在内的世界各国增加进口，这对两国人民和全世界都有益处。改革开放和扩大内需是中国的国家战略，我们的既定节奏不会变。

三、新时代习近平主席对中美关系的定义

美国总统特朗普于2017年11月8日至10日对中国进行国事访问，成为中共十九大之后访华的第一位外国元首，这也是特朗普上任以来首次对中国进行国事访问，对中美关系意义重大，对世界有着深远影响。在美国总统特朗普访华期间，习近平主席对于新时代的中美关系做出重要论述，为新时代中美关系发展定下了基调。

（1）中美关系正处在新的历史起点上。中方愿同美方一道，相互尊重、

互利互惠，聚焦合作、管控分歧，给两国人民带来更多获得感，给地区及世界人民带来更多获得感。

（2）台湾问题是中美关系中最重要、最敏感的核心问题，也事关中美关系的政治基础。希望美方继续恪守一个中国原则，防止中美关系大局受到干扰。

（3）太平洋足够大，容得下中美两国。中美在亚太的共同利益远大于分歧，双方要在亚太地区开展积极合作，让越来越多的地区国家加入中美两国的共同朋友圈，一道为促进亚太和平、稳定、繁荣做出贡献。

（4）经贸合作是中美关系的稳定器和压舱石。中美经贸关系的本质是互利共赢的，双方经贸合作给两国和两国人民带来巨大利益。

（5）人文交流是"前人栽树，后人乘凉"的长期事业，事关中美关系长远发展的基础。

（6）双方要共同努力，把4个高级别对话机制打造成为中美增进互信的加速机、培育合作的孵化器、管控分歧的润滑剂，为中美关系取得新的更大发展发挥积极作用。

（7）中美拓展经贸合作的前景是广阔的。作为最大的发展中国家和最大的发达国家，中美经济互补性远大于竞争性。中美经贸合作空间巨大。

（8）随着中美经贸合作快速增长，两国难免会出现一些摩擦。双方要本着平等互利、互谅互让精神，通过对话协商妥善处理。

（9）今天中美关系已经变成你中有我、我中有你的利益共同体。

（10）中美关系面临的挑战是有限的，发展的潜力是无限的。只要本着坚韧不拔、锲而不舍的精神，我们就一定能谱写中美关系新的历史篇章，中美两国一定能为人类美好未来做出新的贡献。

第三节　中俄全面战略协作伙伴关系

俄罗斯既是中国的周边大国，也是国际社会中的重要一极。中俄关系开创了新型大国关系的一种特殊方式，建立在平等、互利、互惠、双赢、互相尊重、互不干涉内政的基础之上，在国际政治、地区安全、贸易、能源等方面有着广泛、深入的合作，民间也有着深厚的交流。中俄关系为新型大国关系的先行者，中国已将与俄罗斯的关系视为调整世界秩序的基础。中俄关系的发展将深远地影响21世纪国际格局。

一、中国同俄罗斯的总体关系

中俄1996年建立战略协作伙伴关系，2001年签署《中俄睦邻友好合作条约》，2011年建立平等信任、相互支持、共同繁荣、世代友好的全面战略协作伙伴关系，2013年习近平主席访问俄罗斯时指出，发展新形势下的中俄关系，一要坚定不移发展面向未来的关系，永做好邻居、好朋友、好伙伴，以实际行动坚定支持对方维护本国核心利益，坚定支持对方办好自己的事情。二要坚定不移发展合作共赢的关系，不断创造出更多利益契合点和合作增长点，不断提高两国务实合作层次和水平。三要坚定不移发展两国人民友好关系。中俄两国都具有悠久的历史、灿烂的文化，人文交流对增进两国人民友谊具有不可替代的作用。正如《习近平：正圆中国梦》一书所言："毫不夸张地说，正是习近平把中俄关系推向了第二次高潮：扩大了经贸合作的规模、在国际舞台上加强了协调，更重要的是，莫斯科和北京之间、两国人民之间的信任和好感在增加。在2013年3月俄罗斯与中国开始奠定了新型关系：形式上是战略伙伴，内容上是盟友关系。""莫斯科—北京"快车在欧亚大陆上加大马力，全速前进，成为全世界高速运动的典范。

2014年中俄全面战略协作伙伴关系进入新阶段。当前，中俄关系处于历史最好时期。两国高层交往频繁，形成了元首年度互访的惯例，建立了总理定期会晤、议会合作委员会以及能源、投资、人文、经贸、地方、执法安全、战略安全等完备的各级别交往与合作机制。双方政治互信不断深化，在涉及国家主权、安全、领土完整、发展等核心利益问题上相互坚定支持。积极开展两国发展战略对接和"一带一路"建设同欧亚经济联盟对接，务实合作取得新的重要成果。两国人文交流蓬勃发展，世代友好的理念深入人心，两国人民之间的了解与友谊不断加深。中俄在国际和地区事务中保持密切战略协作，有力维护了地区及世界的和平稳定。

2016年是双方宣布发展平等信任、面向21世纪的战略协作伙伴关系20周年，也是《中华人民共和国和俄罗斯联邦睦邻友好合作条约》签署15周年，双方关系迈入一个崭新的发展阶段。2017年7月习近平主席访俄期间，两国元首签署并发表《中俄关于当前世界形势和重大国际问题的联合声明》。双方外交部发表《关于朝鲜半岛问题的联合声明》，阐述共同立场主张。中国和俄罗斯之间已经建立起了新型的大国关系，这是历史上从来没有出现过的，这种新型伙伴关系有以下的特征：首先中国和俄罗斯之间并没有建立一个针对第三国的同盟或者联盟。中俄之间的合作有着自己的驱动因素，也有着自己的一些逻辑的基础，它并没有对邻国或者其他的大国构成威胁。俄罗斯和中国并没有选择相互制衡，而是相互补充，在政治、经济、人道主义和其他的领域都是一种相辅相成的关系。

二、党的十八大以来中俄关系取得的新成果

党的十八大以来，在以习近平同志为核心的党中央坚强领导下，中国外交锐意进取，攻坚克难，有力地维护了国家和民族利益，提升了中国的国际地位和影响力，谱写出中国特色大国外交新篇章。作为中国特色大国外交的重要实践和成功典范，中俄全面战略协作伙伴关系在继承中发展，在开拓中前行，不断融入新思想、注入新动力、迈出新步伐，为两国和两国人民带来实实在在的福祉，为维护世界和地区的和平稳定做出了重要贡献。

发展中俄双边关系，是践行我国亲诚惠容周边外交理念、构建新型大国关系的重要体现。5年来，习近平主席6次访俄，在二十国集团、金砖国家、上海合作组织等多个重要多边场合与普京总统举行20多次会晤，部署和引领中俄全面战略协作伙伴关系不断深入发展。2013年3月，习近平主席作为国家元首首次出访即选择俄罗斯，充分体现了对中俄关系的重视，以及两国关系的高水平和特殊性；同年9月，习近平主席赴圣彼得堡出席二十国集团领导人第八次峰会，中俄共同完善全球经济治理，维护和发展开放型世界经济，提振全球经济复苏信心；2014年2月，习近平主席来俄出席索契冬奥会开幕式，开创中国国家元首出席境外大型国际体育赛事的先河，习近平主席那句"按照中国人的传统，邻居和朋友家里办喜事，当然要来贺喜"，令无数俄罗斯人感动；2015年5月，习近平主席来俄出席纪念世界反法西斯战争胜利70周年庆典，红场阅兵观礼台上两国元首并肩而立，向世界传递出珍爱和平、维护"二战"胜利成果和战后秩序的坚定决心；2015年7月，习近平主席赴俄乌法市出席金砖国家领导人非正式会晤和上海合作组织峰会，中俄携手推动这两大机制在多边合作道路上向前迈进；2017年7月，习近平主席对俄进行国事访问，同普京总统举行富有成效的会晤，对中俄未来关系发展做出了新的全面规划。

加强中俄战略协作，是构建以合作共赢为核心的新型国际关系的重要内容。中俄在一系列重大国际和地区问题上立场相同或相近，双方在共同维护地区和平稳定、共同推动区域安全合作、共同参与全球治理等方面有很大的合作潜能。同为联合国安理会常任理事国，中俄携手合作、相互支持，在国际和地区事务中密切协作，共同推动国际秩序朝着更加公正合理的方向发展，

对维护国际平衡和战略稳定发挥着越来越重要的压舱石作用。不结盟、不对抗、不针对第三方，中俄关系的发展已经成为构建新型国际关系的成功典范。共同推动成立了上海合作组织，建立了金砖国家、中俄印、中俄蒙合作等机制，在联合国、二十国集团、金砖国家、亚太经合组织、上合组织、亚洲相互协作与信任措施会议（亚信）等共同参与的多边机制框架内进行有效协调，就维护国际法和国际关系基本准则、联合国改革、打击恐怖主义、毒品走私等全球性问题保持密切沟通和协调，共同维护"二战"胜利成果和国际公平正义，推动建立以合作共赢为核心的新型国际关系，推动国际秩序向更加公正合理的方向发展。中俄共同谋求建立以合作共赢为核心的新型国际关系，摒弃了结盟对抗、零和博弈的国际政治陈旧思维，适应了世界多极化发展的历史潮流，彰显了重大的世界意义和全球价值，赢得了世界广大国家的支持和认同。

深化中俄务实合作，是推进共建"一带一路"重大倡议的具体行动。俄罗斯是"一带一路"倡议的积极支持者、重要参与者和关键合作伙伴。2015年5月，习近平主席同普京总统共同签署并发表了《丝绸之路经济带建设和欧亚经济联盟建设对接合作的联合声明》，表明两国打造命运共同体的坚定意志，拓宽了双方战略合作空间，为中俄关系继续向前推进注入新的动力。两年多来，在中俄双方共同努力下，对接合作取得积极成果。2017年，中俄双边贸易额840.7亿美元，同比增长20.8%。中国连续8年保持俄罗斯第一贸易伙伴国地位，俄罗斯在中国主要贸易伙伴中排名第11位。2018年两国经贸科技合作将会呈现以下特点：一是加快实现从规模速度型向质量效益型转变；二是深化新领域的合作，如能源、航空、军工技术等；三是关注区域合作，俄罗斯重视远东地区的发展，中国致力于振兴东北、发展新疆等边疆地区。截至2017年10月底，双方已经建立140对友好城市及省州、数十对经贸结对省州，启动中俄地方领导人定期会晤机制并建立中国长江中上游地区和俄罗斯伏尔加河沿岸联邦区地方合作理事会、中国东北地区和俄罗斯远东及贝加尔地区政府间合作委员会。

中俄双边贸易额今年有望进一步提升。中俄东线天然气管道工程进展顺利；连接中国东北地区和俄远东地区的跨境铁路桥建设、"滨海1号""滨海2号"大型交通走廊建设稳步推进，中国联通（俄罗斯）运营有限公司在莫斯科开业；中俄远程宽体客机合资公司已正式注册成立；中国国家开发银行、进出口银行与俄多家金融机构确定了一批重大投资合作项目，俄央行在中国开设代表处，俄罗斯人民币清算中心在莫斯科启动；此外，双方在农产品贸易、跨境电商和高新技术研发等领域合作不断深入，打造了双边务实合作的新亮点，对拓展两国经贸合作空间、优化经贸合作结构、促进双边贸易协调可持续发展具有重要意义。

当前，中俄两国各领域的交流合作蓬勃开展，友好交往的社会和民意基础不断巩固，中国已成为俄罗斯民众心中最友好的国家之一。中俄分别于2006年和2007年、2009年和2010年、2012年和2013年互办国家年、语言年、旅游年，2014—2015年举办青年友好交流年，2016—2017年举办中俄媒体交流年，2018—2019年举办中俄地方合作交流年。目前，两国教育领域长短期留学交流人员近8万人，双方争取2020年将留学人员总数增加到10万人。双方的共识是，中俄关系为国际社会提供了文明交流超越文明隔阂、文明互鉴超越文明冲突、文明共存超越文明优越的最好范例。可以说，中俄关系是最健康、最稳定、最成熟的国家间关系典范，也是中国特色大国外交成功实践的一个缩影。我们完全有理由相信，在习近平总书记外交思想的正确指引下，未来的中俄关系将继续扎实推进，不断迈上一个又一个新台阶。

三、2018年中俄关系走向

中俄关系历来被称作大国关系的典范，其发展轨迹表现为政治上互信、经济上互补、文化上互通、军事上互动和外交上互商。

政治上互信是基础。这更多是通过两国领导人频繁会晤来体现。中俄元首2017年会晤5次，2018年还将继续。

2018年两国经贸科技合作将会呈现以下特点：一是加快实现从规模速度型向质量效益型转变；二是深化新领域的合作，如能源、航空、军工技术等；三是关注区域合作，俄罗斯重视远东地区的发展，中国致力于振兴东北、发展新疆等边疆地区。中俄双边贸易额2017年约为800亿美元，今年有望进一步提升。

能源合作与航天合作是重点。中俄东线天然气管道工程预计2020年年底全线贯通，建成投产后中国每年将从俄罗斯引进380亿立方米天然气。2017年11月中俄总理定期会晤期间签署了《中华人民共和国国家航天局与俄罗斯联邦国家航天集团公司2018—2022年航天合作大纲》，强调要巩固与加强在运载火箭及发动机、月球与深空探测、对地观测、航天电子元器件、卫星导航、通信卫星系统、金砖国家航天合作等领域的长期互利合作。这次总理会晤还确认，今年要加强两国在高铁技术、装备、投资、融资的全方位合作，推动莫斯科至喀山高铁项目尽早启动。

军事领域的合作也会加强。例如，联合军演将变得更加多样，规格也会再度提高。多边合作则会在上海合作组织、金砖国家等领域进一步体现。"一带一路"与欧亚经济联盟战略对接将走向务实，任务是加强顶层设计，推动项目落地；化共识为行动，化优势为成果；从双边对接到多边合作，筑牢对接保障机制。

外交方面，两国将继续在朝鲜半岛无核化、反恐以及其他热点问题上，充分运用联合国安理会常任理事国的地位，增强更有效的合作。

中俄关系之所以能保持稳定、不断深化发展，植根于深厚的合作基础。一是两国都在致力于完成类似的振兴国家的历史使命，两国领导人的治国方略也颇有互通之处。二是两国都能尊重各自的历史传统、价值观念和道路选择，不让意识形态因素影响国家关系的正常发展。三是双方都谋求良好的国际环境，却遇到各种外部干扰，需要加强彼此之间的依托。

中俄关系具有新型大国关系的特色，这是两国领导人历久精心锻造的。其内涵是：不结盟而能真正成为全面战略协作伙伴，关系密切而不存在依附性，维护各自的利益与尊严而不怀损害对方之心，根据是非曲直处理国际事务而不搞双重标准，利益上的分歧能通过平等协商加以解决中国倡导周边关系的"亲、诚、惠、容"方针，力主构建人类命运共同体，可以说这是从中俄关系中看到了先例。

总之，用两国领导人的说法，当前中俄全面战略协作伙伴关系持续快速稳定发展，处于历史最好时期，呈现更加积极的态势。高度的政治互信和密切的战略协作是两国关系高水平的重要标志。成熟稳定的中俄关系不仅是实现两国各自安全和发展的保障，也是维护世界和平稳定的重要积极因素和建设性力量。

第四节　中欧四大伙伴关系建设不断取得新进展

在世界多极化、经济全球化、文化多样化、国际关系民主化的时代背景下，中欧两大力量、两大市场、两大文明结合起来，共同打造的中欧和平、增长、改革、文明四大伙伴关系将更具有全球性、战略性、示范性，对于推动国际力量平衡、促进世界和平与发展意义重大

一、中欧四大伙伴关系

中欧关系既是世界上最重要的双边关系之一，也是新时代中国特色大国

外交的重点方向之一。2014年3月习近平主席作为国家元首首访欧洲,提出"共同努力建造和平、增长、改革、文明四座桥梁,建设更具全球影响力的中欧全面战略伙伴关系",为新形势下中欧全面战略伙伴关系发展指明方向,赋予新的战略内涵。

第一,中国和欧盟要做和平伙伴,带头走和平发展道路。中欧对构建多极世界格局具有重要战略共识。双方要尊重彼此自主选择的社会制度,照顾彼此核心利益,支持彼此走和平发展道路。双方要加强在国际和地区事务中的沟通与协调,共同推动政治解决地区热点问题,共同参与有关国际规制建设。

第二,中国和欧盟要做增长伙伴,相互提供发展机遇。要尽快谈成谈好投资协定,启动自由贸易协定可行性研究,共同提高中欧贸易质量和水平。希望欧方扩大对华高技术贸易。要把中欧合作和丝绸之路经济带等重大洲际合作倡议结合起来,以构建亚欧大市场为目标,加强基础设施互联互通。要坚持市场开放,携手维护多边贸易体制,共同致力于发展开放型世界经济。

第三,中国和欧盟要做改革的伙伴,相互借鉴、相互支持。当前,中国和欧盟的改革都进入深水区。双方要就宏观经济、社会治理、公共政策、农业农村、就业民生、环境保护等重要领域改革加强交流、分享经验、深化合作。

第四,中国和欧盟要做文明伙伴,为彼此进步提供更多营养。中欧关系具有文明属性和历史纵深。双方要通过平等对话交流,增进相互了解,加强文化、媒体、旅游等领域交流合作,扩大互派留学生规模,共同支持中欧关系研究工作。

2015年6月李克强总理赴欧盟总部出席第十七次中国欧盟领导人会晤,共同探讨拓展中欧务实合作的新思路与新途径,有力促进了中欧四大伙伴关系落地生根。

二、中欧合作注入新动力

(1)新定位与时俱进。深化互利共赢的中欧全面战略伙伴关系,是时代所需、人心所向。当前,中国正在全面深化改革,推进国家治理体系和治理能力现代化,加快推进新型工业化、信息化、城镇化和农业现代化,加快发展社会主义市场经济、民主政治、先进文化、和谐社会、生态文明,努力实现"两个一百年"奋斗目标和中华民族伟大复兴的中国梦。欧盟要恢复在全球市场上的竞争力,正在内部进行艰难的治理转型、产业转型和社会转型,促进经济"灵巧增长、可持续增长、包容性增长",努力提升国际竞争力。全球化趋势的推动使中欧合作比以往任何时候都显得迫切和必需。

(2) 新合作硕果累累。经贸领域里的合作一直是中欧关系稳定和健康发展的基石。习近平强调:"在经济全球化时代,中欧是利益高度交融的命运共同体。推进中欧关系,合作共赢是关键。双方要牢牢把握中国发展和欧洲经济复苏两大进程带来的合作机遇,围绕落实中欧合作2020战略规划,把以贸易为主要驱动力的合作,打造为更全面、更强劲、更高端的多引擎合作。"

经贸增长稳定。欧盟经济发达,资金雄厚。我国经济持续增长,市场广大。欧盟连续11年位居中国第一大贸易伙伴,中国连续12年是欧盟第二大贸易伙伴。双方每年贸易额接近5 000亿欧元,二者经济总量之和占全球经济总量1/3。数据显示,中欧建立全面战略伙伴关系以来,中欧双方贸易额在10年间翻了两番,2013年达到5 591亿美元。2014年中欧贸易额已达6 151亿美元,占中国同期进出口总额的14.3%。中国企业对欧洲的非金融类直接投资也呈现出"井喷式增长",以98.48亿美元的成绩创下历史新高,欧洲已成为最吸引中国投资的目的地之一。2017年6月1日欧洲统计局网站公布了2016年度欧盟与中国的贸易和投资统计数据:一、货物贸易。中国居美国之后,为欧盟第二大贸易伙伴,中欧货物贸易额占欧盟对区外货物贸易额的15%(2006年为10%)。10年间,欧盟从中国进口占其从区外进口额的比重也从2006年的14%增至2016年的20%;向中国出口比重也从6%增至10%。二、服务贸易。中国居美国和瑞士之后,为欧盟第三大服务贸易伙伴,中欧服务贸易额占欧盟与区外国家服务贸易总额的4%稍多。2010年至2016年,欧盟对中国服务出口几乎翻倍,从不到200亿欧元增加到380亿欧元;进口增长相对温和,从170多亿欧元增加到270亿欧元。欧盟对中国的服务贸易顺差就从20亿欧元增加到110亿欧元。三、双向投资。虽然各年度间有些波动,但欧盟和中国间投资总体上保持积极。2013年和2014年,欧盟在中国投资分别为210亿欧元和90亿欧元,2015年降至60亿欧元,同年中国对欧盟投资为63亿欧元,中国首次成为欧盟净直接投资国,但是欧盟对中国投资存量仍然远大于中国对欧盟投资存量,截至2015年年底,分别为1 680亿欧元和350亿欧元。

中欧互补互惠的经贸合作有着得天独厚的条件和巨大的发展空间,《中欧合作2020战略规划》中提出加快双边投资协定谈判、积极探讨自由贸易区建设,以及至2020年实现双边贸易额一万亿美元的目标。习近平指出:"要继续发挥好贸易和投资在中欧合作中的主引擎作用。双方应该把互通有无的简单买卖型贸易合作,提升为各领域联动的复合型经贸合作,利用互补优势,力争早日实现双方年贸易额1万亿美元的目标。"

合作领域拓宽。自2003年建立全面战略伙伴关系以来,中欧各领域合作涵盖上百个领域。目前,中国和欧盟正围绕《中欧合作2020战略规划》,大力推动经贸合作之外,还加快投资协定谈判,培育新的合作增长点。从领域上看,中欧双方合作不再局限于初级加工品与简单的货物贸易,而是更多地涉及能源、金融、核电、船舶、环保、生物医药、航空航天等高端领域,且合作程度日益加深。习近平指出:"双方要就宏观经济、社会治理、公共政策、农业农村、就业民生、环境保护等重要领域改革加强交流、分享经验、深化合作。"

(3)新话题共识日增。中欧关系具有文明属性和历史纵深。不同历史时期,中欧之间共同关注的话题也在不断与时俱进。

对话凝聚共识。在经济全球化背景下,欧洲国家不断加快一体化建设步伐,在国际贸易等领域拥有广泛影响。欧元作为重要的国际货币,在国际货币体系中的地位日益上升。而欧盟共同外交和安全政策的不断发展,也赋予欧委会更大的外交权能,使其国际政治和安全事务中的影响稳步提升。中国在过去30多年中通过改革开放加快发展,综合国力迅速提升,目前已经成为世界第二大经济体。在国际政治、经济、外交、发展合作、环境保护、全球治理等重要领域的作用日益凸显。作为世界舞台的两大力量,中欧就重大的国际和地区问题进行对话、沟通与协作,并达成共识,对于双方各自发展,对于维护世界和平与繁荣,推动国际秩序和国际体系向公正合理的方向发展发挥着重要的作用。中欧通过平等对话、协商,在相互借鉴与合作的基础上,为全球的核安全、能源安全、网络安全、食品安全、环境安全,为人类的可持续和均衡发展,为合理的金融货币体系,为公平的交易规则,以及为民主的国际决策方式,都运用各自优势做出自己的贡献。

交流增进互信。"国之交,在于民相亲"。2013年《中欧合作2020战略规划》发布,中欧双方迈出了增进相互了解、促进社会各领域交流的重要一步。随后,中欧文化高峰论坛、中国文化中心、青年互访项目、教育合作框架等一系列机制进一步加强了中欧之间的文化交流。近年来,中欧双方先后举办了中法文化年、意大利年、西班牙年、希腊文化年、中欧文化年等一系列大型文化交流活动。中欧交流在众多领域有了更成熟的机制和平台。中欧在艺术、文学、教育、科技、青年交流等领域展开交流和合作,促进人民互相了解、促进共同发展和繁荣。许多中国大学与欧盟展开教育、文化等领域的交流。习近平指出:"扩大中欧人文交往,对增进互相了解、促进社会繁荣、不断深化互利共赢的中欧全面战略伙伴关系至关重要。教育、科技、文化、媒体、青年和今年新增的妇女领域交流,正在成为中欧交流合作的亮点。希望双方通过深化人文交流,增进相互理解和信任,为中欧关系长期稳定健康发展奠定广泛社会基础。"

(4) 新机遇携手发展。中国的快速发展已成为欧洲发展繁荣的良机,而经济发达、文明悠久的欧洲也是中国改革发展的重要资源之一。习近平指出:"中国和欧盟要做增长伙伴,相互提供发展机遇。要尽快谈成谈好投资协定,启动自由贸易协定可行性研究,共同提高中欧贸易质量和水平。希望欧方扩大对华高技术贸易。要把中欧合作和丝绸之路经济带等重大洲际合作倡议结合起来,以构建亚欧大市场为目标,加强基础设施互联互通。要坚持市场开放,携手维护多边贸易体制,共同致力于发展开放型世界经济。"

互为机会共享红利。中国将在2020年全面建成小康社会,目前,中国正进入全面深化改革的攻坚阶段;而欧盟正在加紧自我改革,实施"欧洲2020战略"。中欧两大发展进程存在诸多契合之处,为中欧合作提供了难得的历史机遇。正如习近平所说:"中欧关系正处于历史发展最好时期,面临前所未有的历史机遇。"双方在发展中借鉴彼此经验、共享彼此红利,充分发挥已有的多个对话机制作用,扩大贸易和投资合作,推进投资协定谈判,反对各种形式的保护主义,推动发展开放型世界经济。习近平指出:"中国和欧盟都在经历人类历史上前所未有的改革进程,都在走前人没有走过的路。""尊重双方的改革道路,借鉴双方的改革经验,以自身改革带动世界发展进步。"

战略对接携手共进。战略对接可以有效地把中欧双方的利益、长短板有效地连接在一起,有助于促进中欧四大伙伴关系落地生根,开启合作新机遇。2016年3月,习近平主席在北京同德国总统高克举行会谈时表示:"我们愿同欧方积极推进'一带一路'倡议同欧洲发展战略、中国国际产能合作同欧洲投资计划、中国-中东欧合作同中欧整体合作三大对接。"这些战略对接不仅使双方区域实现互联互通,并且为双方的经贸关系带来新动力,有助于构建亚欧大市场,推动亚欧沿线国家的经济发展和繁荣。

中欧和平、增长、改革、文明伙伴关系正在落地生根;双边关系全球性、战略性不断增强。中欧关系对世界和平、发展、合作、共赢的积极建设性作用必将得到更大发挥。

双方关系持续发展,双边、地区和国际层面合作日益深化,互信不断增强。中欧发展理念相通,人文交往相亲,应顺势而为,携手共进,勇于超越,努力开拓中欧关系新局面。

四、中欧关系前景广阔

2018年是中欧建立全面战略伙伴关系15周年。年初，法国马克龙总统率先对中国进行了国事访问，中法关系展现出生机勃发的"龙马精神"。之后，英国梅首相接踵而来，中英关系打造"黄金时代"的增强版。5月德国总理默克尔第11次访华，中德两国要做合作共赢的示范者、中欧关系的引领者、新型国际关系的推动者、超越意识形态差异的合作者。习近平强调中国始终坚定支持欧洲自主选择的一体化道路，希望欧盟保持团结、稳定、开放、繁荣。中方愿同欧方一道，坚定倡导多边主义，向国际社会发出更多明确、可预期、提振信心的信息，推动国际形势朝着稳定和有利于各方的方向发展。2018年是中国－中东欧国家合作启动六周年。第三次中国－中东欧国家经贸促进部长级会议2018年6月7日在宁波举行。会议通过了中国与中东欧国家电子商务、服务贸易合作倡议，并宣布在宁波正式启动建立首个"16＋1"经贸合作示范区，决定建立中国－中东欧国家经贸官员研讨交流机制，以加强中国和中东欧国家经贸官员交流，推动互学互鉴。中国商务部部长钟山在会议上代表中方发言时称，中方愿与中东欧各国合作，进一步发挥经贸合作在"16＋1合作"中的压舱石和推进器作用，促进"一带一路"建设及中欧合作在中东欧地区得到更大发展。中国外长王毅表示，中欧之间也存在一些分歧，但是双方都意识到，应该多一些换位思考，多一些开放包容，多一些相互理解，为当今充满不确定性的时代注入更多稳定性和正能量，中国期待今年的中欧关系能够高开高走，迈上新台阶。

第五节　开启中拉关系崭新时代

共同打造中拉关系"五位一体"新格局，同拉美国家创立中拉论坛。面向新的未来，以"一带一路"为媒，以全面合作为魂，中拉命运共同体之船扬帆远航。

一、中拉关系实现了前所未有的跨越式发展

中国同拉美和加勒比海国家同属发展中国家，世界和平、发展繁荣和人民幸福也是双方共同追求的梦想。历史上，中拉友谊也是源远流长，携手开

辟了意义重大的"太平洋海上丝绸之路"。2012年6月,中方领导人就开展中拉整体合作提出系列倡议,得到拉美和加勒比国家积极响应。同年8月,中国同拉共体"三驾马车"(即"四驾马车"的前身)外长建立定期对话制度。2013年秋天,习近平主席提出共建丝绸之路经济带和21世纪海上丝绸之路的倡议,也得到了拉美和加勒比国家的广泛关注和积极响应。

2014年1月,拉共体第二届峰会通过《关于支持建立中国－拉共体论坛的特别声明》,为中拉开启整体合作进程奠定了基础。2014年7月,中拉领导人在巴西利亚举行历史性的首次集体会晤,建立中拉全面合作伙伴关系,宣布成立中国－拉共体论坛并尽早举行论坛首届部长级会议。2014年7月,中拉领导人宣布建立中拉论坛。2015年1月,论坛首届部长级会议在北京召开,中拉整体合作由构想变为现实。3年多来,涵盖10多个不同合作领域的17场分论坛活动、在全球经济低迷的情况下始终保持在2 000亿美元以上的贸易额、惠及20多个拉美和加勒比国家的80多个民生项目等合作务实推进。卡布拉尔认为,以中拉论坛为合作渠道,拉中双方在政治与安全、贸易投资金融等领域的合作都提升到了一个新的水平。

2016年11月17日至23日,习近平主席对厄瓜多尔、秘鲁和智利三国进行国事访问。这是中厄建交36年来中国元首首次访问,也是习主席以国家主席身份首次对秘鲁和智利进行访问。完成此次出访后,其拉美足迹将遍布十国,涵盖地区近三分之一的经济体。在中拉整体合作机制步入正轨、双方全面伙伴关系不断升级的背景下,这次出访是一次承继之旅,更是一次开创之旅。

高层互访是增进中拉政治互信的重要基石。在秘鲁、巴西、阿根廷、墨西哥和乌拉圭总统先后访华之后,习近平主席启动了任内第三次拉美之行。2013年首访拉美时,习主席提出"中国梦和拉美梦息息相通"。2014年再访拉美,他倡导建立"中拉关系五位一体新格局","构建携手共进的命运共同体"。三访拉美,习主席又一次传递了中国愿同拉美深化合作的政治信号,助推中拉关系的持续深入。

坚持国际协作,维护共同权益。中方同拉方在联合国、世界贸易组织、亚太经合组织、二十国集团、七十七国集团等国际组织和多边机制框架内,围绕全球治理、可持续发展、应对气候变化、网络安全等全球性议题和热点问题加强沟通和协作,就亚太和拉美事务加强对话和合作。

经贸合作是扩大中拉共同利益的核心动力。坚持互利合作,促进共同发展。中方倡议共同构建"1＋3＋6"合作新框架。"1"是"一个规划",即以实现包容性增长和可持续发展为目标，制定《中国与拉美和加勒比国家合作规划（2015—2019）》。"3"是"三大引擎"，即以贸易、投资、金融合作为动力，推动中拉务实合作全面发展，力争实现10年内中拉贸易规模达到5 000亿美元，力争实现10年内对拉美投资存量达到2 500亿美元，推动扩大双边贸易本币结算和本币互换。"6"是"六大领域"，即以能源资源、基础设施建设、农业、制造业、科技创新、信息技术为合作重点，推进中拉产业对接。中方将正式实施100亿美元中拉基础设施专项贷款，并在这一基础上将专项贷款额度增至200亿美元。中方还将向拉美和加勒比国家提供100亿美元的优惠性质贷款，全面启动中拉合作基金并承诺出资50亿美元。中方将正式实施5 000万美元的中拉农业合作专项资金，设立"中拉科技伙伴计划"和"中拉青年科学家交流计划"，适时举办首届中拉科技创新论坛。

习主席在秘鲁出席主题为"高质量增长和人类发展"的亚太经合组织（APEC）第二十四次领导人非正式会议，就亚太区域内的多边贸易体制、加强区域经济一体化、推动中小企业国际化及服务业合作等议题展开讨论。这些热点问题的讨论与解决无疑为拉美注入新动力，为其经济结构转型创造机会。同时，APEC与拉美行的交叠，为亚太-拉美的深入一体化提供了中国方案和中国式的制度创新，而纳入两大地区价值链合作之下的中拉合作也迎来进一步升级转型的新时期，一个更加均衡、更具可持续性的新发展。

人文交流是拉近中拉关系的关键纽带。"国之交在于民相亲，民相亲在于心相通"，习主席将此践行于中拉关系，指出"共同的梦想和共同的追求，将中拉双方紧密联系在一起"，并将"人文上互学互鉴"确定为中拉五位一体新格局的一大支柱。坚持交流互鉴，巩固世代友好。中方愿意同拉美国家加强政府、立法机构、政党、地方交往，加强教育、文化、体育、新闻、旅游等领域交流合作。中方将向拉美和加勒比国家提供6 000个政府奖学金名额、6 000个赴华培训名额以及400个在职硕士名额，邀请1 000名拉美和加勒比国家政党领导人赴华访问交流。2015年启动了"未来之桥"中拉青年领导人千人培训计划。2016年举行"中拉文化交流年"。中拉共同努力推动双方人文交流进一步常态化，为中拉深化合作奠定基础。

经过新世纪以来的跨越式发展，中拉关系步入全面合作的新时期，而随着双方同步出现经济减速，中拉关系也进入了动力调整升级的转折期。在这一关键时点，习近平主席三访拉美，不仅能够从政治上坚定双方深入合作的信心，从经济上促进双方形成动态互补的可持续性合作，还能从文化上为双方解决深水期困难提供路径。中拉命运共同体的全新时代正在开启！

二、开启中拉关系崭新时代

2018年1月19日至22日,受世人瞩目的中拉论坛第二届部长级会议在智利首都圣地亚哥圆满落下帷幕,这是中拉论坛首次在拉美地区举行,也是中共十九大之后中国特色大国外交面向拉美和加勒比地区的重要实践,同时也是中拉关系在新时代的承前启后、继往开来的开篇之作。中共十八大以来,中拉关系实现了前所未有的跨越式发展,取得了一系列丰硕成果:一、中拉双方政府高层互访频繁,加强和深化了中拉之间的政治互信,为中拉各领域合作奠定了坚实基础;二、中拉在经贸方面合作持续扩大,利益融合更为紧密;三、中拉人文交流丰富多彩,中拉友好日益深入人心,合作内涵不断扩展,中国"拉美热"和拉美"中国热"持续升温;四、中拉整体合作取得突破。2014年7月,中拉论坛正式成立,为中拉关系深入发展搭建了新平台,标志着中拉整体合作从构想变为现实,历史上第一次形成涵盖中国同拉美和加勒比地区所有国家的合作平台,中拉关系由此进入了双边合作与整体合作并行发展的新阶段,同时也实现了中国同发展中国家整体合作机制的全覆盖。

在中拉关系深化发展的进程中,中国国家主席习近平2013年出访中亚和东南亚国家期间,提出"一带一路"倡议,得到包括拉美在内的国际社会高度关注和支持。2017年5月,阿根廷和智利总统出席了在北京举行的"一带一路"国际合作高峰论坛。11月,巴拿马又与中国签署了"一带一路"建设备忘录,显示出拉美国家对"一带一路"倡议的浓厚兴趣,也反映出"一带一路"在拉美地区散发出无穷的感召力和影响力。

在上述背景下召开的中拉论坛第二届部长级会议恰逢其时。本次会议通过了《圣地亚哥宣言》《中国与拉美和加勒比国家合作(优先领域)共同行动计划(2019—2021)》(简称共同行动计划)和《"一带一路"特别声明》三份文件。本次论坛是对2015年1月8日至9日在北京举行的中拉论坛首届部长级会议的继承和发扬。国家主席习近平向中国-拉美和加勒比国家共同体论坛第二届部长级会议致贺信,高度肯定3年来中拉论坛的发展,并提出以共建"一带一路"引领中拉关系的重要倡议,展现中方对深化中拉合作、实现共同发展的真诚意愿。本次论坛新意迭出,主要体现在:一、当今复杂多变的国际形势下,本次论坛蕴含着中拉携手共建新型国际关系和共同打造中拉命运共同体的深刻含义。二、"一带一路"成为中拉合作的新引领。中拉签署的共同行动计划中明确提出在"一带一路"框架下深化中拉合作的新思路和新理念,并强调在这一框架下建设陆洋一体大联通、培育开放互利的大市场、打造自主先进的大产业、抓住创新增长的大机遇和开展平等互信的大交流五个重点合作领域。

中拉论坛推动了中拉整体合作迈上新台阶，进一步开拓了中拉合作新空间，不仅为应对当前国际环境提供了符合中拉双方利益的解决方案，也符合中拉双方的发展需要，为中拉发展战略对接和合作换档升级，实现共建、共享，同时也为中国和拉美人民实现怀有的百年"中国梦"和"拉美梦"，打造携手共建中拉命运共同体开拓了新局面。

展望未来，中拉合作将在"一带一路"的引领下，实现更高水平的战略对接。随着硬支撑和软助力的建设，中拉关系在新时代扬帆远航，将得到更大发展，并为南南合作树立新的典范。

第六节　中非全面战略合作伙伴关系新定位

中非友好历久弥坚、永葆活力，其根本原因就在于双方始终坚持平等相待、真诚友好、合作共赢、共同发展。在构建人类命运共同体的新征程上，非洲是不可或缺的组成部分，具有牢固基础的中非关系，在新的历史条件被赋予新的内容，成为中国对外关系布局中重要和坚实的基础。

一、中非是"命运共同体"

中国和非洲的关系相较于其他国家和地区来说传统上都是友好关系，无论世界舞台上风云如何变幻，中国和非洲始终是风雨同舟，互相支持的。非洲国家无私支持中国重返联合国，在中国汶川、玉树等地发生严重地震灾害后踊跃向中方捐款，中国人民对此铭记在心。中国政府和人民在援非抗击埃博拉行动中率先行动，引领国际社会援非抗疫，诠释了中非患难与共的兄弟情谊。中非永远是好朋友、好伙伴、好兄弟。

2013年3月习近平主席出访非洲，习近平主席在坦桑尼亚的演讲中用"命运共同体"一词，道出了中非关系的本质。习主席强调，中非历来是命运共同体。共同的历史遭遇、共同的奋斗历程，让中非人民结下了深厚的友谊。因为我们的利益紧密相连，中国从来没有想干涉非洲国家的内政，非洲国家也总是在事关中国核心利益的问题上给予中国以坚定的支持。这种同呼吸、共命运的关系，在非洲同其他国家之间是不存在的，这就是中非关系的特殊性，也是中非关系的本质。中非之间在很长的一段时间之内已经结成了一个命运共同体，习主席这一通俗的说话很形象地揭示了中非新型战略合作伙伴关系的实质。这种新型战略伙伴关系就是政治上平等互信、经济上合作共赢、文化上交流互鉴，中非关系这种新型战略合作伙伴关系或者命运共同体在新的形势下将会不断充实新的内容，它的内涵和外延也会随着形势的发展而发生变化。所以，中非关系现在远远超出了中非双边的层面，具有一定的世界意义。中非已经结成了命运共同体，这种命运共同体经受住了世界形势和国际风云变幻的考验，在新形势下将会有新的发展。

外交上互帮互助、团结协作，维护共同的发展利益。中非关系属于南南合作关系。加强中非友好合作关系是中国对外政策的重要基石。中国政府一贯高度重视同非洲国家的友好合作关系，将其视为新时期中国对外关系战略的重要组成部分。近年来，中国在战略伙伴关系框架下同非洲国家保持了良好的外交合作势头，在涉及各自重大和核心利益问题上相互支持，携手维护与促进共同利益，谋划共同的发展空间。双方在联合国改革、应对气候变化、可持续发展、世贸组织多哈回合谈判等重大问题上密切配合，有效地维护了发展中国家的共同利益，促进了国际关系民主化，推动了国际秩序朝着更加公正合理的方向发展。新时期，中非双方一致同意共同维护《联合国宪章》宗旨和原则，倡导国际关系民主化，推动和谐均衡的全球发展，反对以大欺小、恃强凌弱、倚富压贫，加强磋商和协调，照顾彼此关切，携手应对气候变化、粮食安全、可持续发展等全球性挑战。

经济上中国和非洲各有所需，优势互补。通过双方的贸易投资和工程承包、援助这样的合作，我们和非洲已经迈上了共建"命运共同体"的征程。未来的更长远的时间，中国和非洲的传统友谊还会发扬光大，而且在构建非常均衡、公平、包容、发展的新型国际关系方面，中国和非洲还会有共同的命运和共识。2015年12月习主席为《中国与非洲》杂志专刊致辞中表示中国将继续秉承真实亲诚的对非工作方针和正确义利观，同非洲各国一道推动中非友好合作关系，全面发展着力把中非关系打造成为"以合作共赢为核心的新型国际关系"的典范，更好造福中非人民。

二、中非关系不断迈上新台阶

国际对非合作机制很多，从不缺少承诺，关键是实实在在地促成合作成果，切切实实地兑现承诺。中国对非合作的突出特点就是重信守诺、言出必行、高效务实。中方在中非合作论坛历届会议上均推出一系列对非合作重要举措，并全部兑现实施。这些合作成果经多年积累，有力促进了非洲经济社会发展，受到非洲人民的高度评价和国际社会的积极肯定。

2015年12月4日，中非合作论坛峰会在南非约翰内斯堡举行，中国国家主席习近平在中非合作论坛约翰内斯堡峰会开幕式上致辞时强调，今天的非洲呈现出蓬勃发展的新气象，令人振奋、令人鼓舞。非洲积极探索符合自身实际的发展道路，坚持以非洲方式解决非洲问题，独立自主势头锐不可当。非洲积极推进工业化，谋求自主可持续发展，快速发展势头锐不可当。非洲加快一体化进程，在国际舞台上坚持用一个声音说话，联合自强势头锐不可当。为了将中非关系打造成为"新型国际关系典范"，双方一致同意将中非新型战略伙伴关系提升为全面战略合作伙伴关系，并为此做强和夯实"五大支柱"。这"五大支柱"分别是：坚持在政治上平等互信；坚持经济上合作共赢；坚持文明上交流互鉴；坚持安全上守望相助；坚持国际事务中团结协作。习主席对如何做强和夯实这"五大支柱"提出了具体要求。政治上，中非应尊重各自选择的发展道路。中方始终主张，非洲是非洲人的非洲，非洲的事情应该由非洲人说了算。在经济合作方面，习主席特别提出以产能合作、"三网一化"为抓手，全面深化中非各领域合作。文明方面，提倡加强青年、妇女、智库、媒体、高校等各界人员往来。安全上，中方支持非洲人以非洲方式解决非洲问题，愿积极参与非洲加强维护和平安全能力建设。在国际事务方面，中方则支持非洲在国际舞台上发挥更大作用。重点实施以工业化、农业现代化等为核心的中非"十大合作计划"，涉及工业、农业、基础设施、金融、贸易和公共卫生等。这"十大合作计划"是：中非工业化合作计划、农业现代化合作计划、基础设施合作计划、金融合作计划、绿色发展合作计划、贸易和投资便利化合作计划、减贫惠民合作计划、公共卫生合作计划、人文合作计划、和平与安全合作计划，着力支持非洲加快工业化和农业现代化进程，实现自主可持续发展。

为确保"十大合作计划"顺利实施，中方决定提供总额600亿美元的资金支持。约翰内斯堡峰会规划了中非合作发展的蓝图，开启了中非合作共赢、共同发展的新阶段。

2018年在中非关系发展史上将是承前启后的重要一年。中非双方继续加强对接，共同确保中非合作论坛约翰内斯堡峰会达成的共识和取得的成果圆满落实到位；2018年是约翰内斯堡峰会成果落实的收官之年。一分部署，九分落实。在中非双方共同努力下，约翰内斯堡峰会成果正在得到全面有效落实。

政治上，中非各层级交往更加密切。中非高层互访广度频度空前，政治互信持续深化，为中非关系发展和推进落实峰会成果发挥了重要政治引领作用。自约翰内斯堡峰会以来，中国先后同14个非洲国家建立不同类型的伙伴关系或进一步提升双边关系定位，中方任命了外交部中非合作论坛事务大使，40多个非洲国家任命了中非合作论坛峰会成果落实协调人。

经济上，中非务实合作稳步推进。截至2018年3月，中方承诺提供的600亿美元资金支持中超过90%已经落实或做出安排，埃塞俄比亚至吉布提铁路、尼日利亚阿布贾至卡杜纳铁路、肯尼亚蒙巴萨至内罗毕铁路、多哥洛美机场新航站楼、海信南非工业园、埃塞俄比亚阿瓦萨工业园等一大批基础设施、工业园区、经济特区和产业产能项目竣工投入运营或加紧推进。在中非合作热潮推动下，越来越多中国企业赴非投资兴业。中国自2009年起已连续9年成为非洲第一大贸易伙伴国，中国对非投资累计超过1 000亿美元。

与此同时，中非人文交流合作不断深入。双方已有130多对城市建立友好关系，近年来每年赴非旅游的中国游客超过百万人次。中非青年大联欢、中非智库论坛、中非媒体合作论坛等人文交流活动成功举行。中方在非洲培训16.2万名各类职业技术人员，为非洲提供4.3万个来华培训名额，提供2万多个政府奖学金名额和1 300多个学历学位教育名额。

中非和平安全和国际事务合作也更加紧密，非洲国家期待中国更积极参与非洲和平安全事务，中方也愿为此发挥建设性作用，提供"中国智慧"，贡献"中国力量"。中方积极落实对非盟1亿美元军援，支持非洲常备军和危机应对快速反应部队建设首批军援物资即将运抵非洲。中方积极参与南苏丹、索马里、布隆迪等热点问题斡旋调解、劝和促谈。中国是安理会五个常任理事国中向非洲派遣维和人员最多的国家，也是联合国维和摊款第二多的国家，现有2 000多名维和人员在非洲执行联合国维和任务。中非还在联合国改革、气候变化、反恐等重大国际和地区问题上紧密协调配合，共同维护中非及发展中国家的共同利益。习近平总书记曾精辟地指出："中国与非洲国家是患难之交，患难之交不能忘。"因此，不管世界怎么变化，也不管别人说什么，中非之间的深厚友谊都牢不可破，中国对其真实亲诚的理念也绝不会改变。作为非洲国家的好兄弟和好伙伴，我们始终把非洲国家的需要和利益放在心上，想非洲之所想，急非洲之所急。非洲当前面临着维护和平安全、促进振兴发展这两大任务，中国将根据非洲国家实际需要，加大对非洲热点问题的斡旋，加强同各国在反恐、打击海盗、防灾减灾等非传统安全领域合作，不断提高非洲国家维护自身和平与安全的能力。

2018年9月，中非合作论坛峰会将在中国举行，各国领导人时隔12年后再次齐聚北京，共商新时代的中非合作大计。峰会的主题为"合作共赢，携手构建更加紧密的中非命运共同体"。峰会将聚焦中非共建"一带一路"，共筑中非命运共同体，推动"一带一路"与联合国《2030年可持续发展议程》对接，与非盟《2063年议程》对接，与非洲各国发展战略对接，做出合作共赢的新规划，开辟共同发展的新前景。让中非合作插上"一带一路"的强劲翅膀，飞得更高、飞得更远。习主席指出，中非合作论坛成立以来，中非各领域务实合作成果丰硕，中非关系正处于历史上最好时期。我们应该登高望远、阔步前行。让我们携手努力，汇聚起中非24亿人民的智慧和力量，共同开启中非合作共赢、共同发展的新时代。

经过17年的发展，中非合作论坛已成为中非开展集体对话的重要平台和进行务实合作的有效机制，成为引领国际对非合作的一面旗帜。

三、习近平定位中非关系

（1）中非从来都是命运共同体，共同的历史遭遇、共同的发展任务、共同的战略利益把我们紧紧联系在一起。我们都把对方的发展视为自己的机遇，都在积极通过加强合作促进共同发展繁荣。

对待非洲朋友，我们讲一个"真"字；开展对非合作，我们讲一个"实"字；加强中非友好，我们讲一个"亲"字；解决合作中的问题，我们讲一个"诚"字。

——2013年3月25日，习近平在坦桑尼亚尼雷尔国际会议中心的演讲

（2）中非关系的本质特征是真诚友好、相互尊重、平等互利、共同发展。我们双方谈得来，觉得相互平等；我们不把自己的意志强加给你们，你们也不把自己的意志强加给我们。中国为非洲发展提供了力所能及的帮助，中国更感谢非洲国家和非洲人民长期以来给予中国的大力支持和无私帮助，我们在事关对方核心利益的问题上，从来都是立场鲜明、毫不含糊地支持对方。

——2013年3月25日，习近平在坦桑尼亚尼雷尔国际会议中心的演讲

（3）中非关系要保持旺盛生命力，必须与时俱进、开拓创新。半个多世纪以来，在中非关系发展的每一个关键时期，我们双方都能登高望远，找到中非合作新的契合点和增长点，推动中非关系实现新的跨越。这种逢山开路、遇水架桥的开拓精神，是我们不断提高中非合作水平的重要法宝。

——2013年3月25日，习近平在坦桑尼亚尼雷尔国际会议中心的演讲

(4) 建交47年来，两国始终互相尊重、平等相待，中喀友好深入人心。

——2018年3月22日习近平会见喀麦隆总统比亚

(5) 在中国还不富裕的年代，毛泽东主席等中国老一代领导人就表示我们克服困难也要支持非洲。今天，中国发展起来了，我们无论是在情义上还是实力上都应更多地帮助非洲。

——2018年3月29日习近平会见纳米比亚总统根哥布

(6) 中津历来是"全天候"朋友，无论国际风云如何变幻，始终风雨同舟、患难与共。

——2018年4月3日习近平会见津巴布韦总统姆南加古瓦

附　录

附录一：纪念改革开放40周年特辑

改革开放40年，这40个"第一"彻底了改变中国！

1978年，党的十一届三中全会，果断做出了党和国家工作中心转移到经济建设上来的战略抉择。

▲十一届三中全会通过会议公报。

40年来，中国改革开放一路向前，既改变了中国，也改写了中国与世界的关系。40年40个"第一"，这些印记，哪些让你终生难忘？

第一部分 破冰前行

中国改革从农村起步,向城市延伸。农民工进城、个体户、企业承包经营等新事物如雨后春笋不断涌现,对外开放、特区设立等重大举措不断推出……改革开放凝聚起最广大的共识,激发出亿万人的活力,神州大地万物复苏、生机勃发。

01. 农村改革第一村

▲上图为1978年冬,18位农民按下红手印的"大包干"契约;
下图为1981年,部分"大包干"带头人在茅草屋农舍前合影。

40年前,发端于小岗村的"大包干"成为改革开放一声春雷,冲破思想桎梏,唤醒沉睡的大地……

02. 第一家合资企业

▲北京航空食品公司厨师长、法国人孟培沙（左二）和助理厨师长、香港同胞邓耀全（右二）等在一起研究航空菜肴的配制。

1980年4月10日，中国第一家中外合资企业——北京航空食品有限公司被批准成立。

03. 第一个经济特区

▲建设中的深圳经济特区。

1980年8月26日，全国人大常委会批准在深圳设立经济特区。40年来，深圳从边陲渔村发展成为全球知名的金融科技创新之城。

04. 第一条彩色电视机生产线

▲这是试生产装配的彩色电视机在通过老化检验。

我国第一条彩色电视机生产线1980年在国营天津无线电厂建成并投入试生产。

05. 第一份个体工商业营业执照

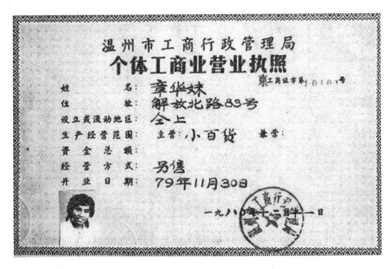

1980年12月11日，卖纽扣的19岁温州姑娘章华妹，如愿以偿地从温州市工商行政管理局领到了第一张"个体工商户营业执照"——工商证字第10101号。

06. 第一届春节联欢晚会

▲收藏爱好者收藏的春晚磁带。

1983年的除夕，当人们围坐在一起享受团圆，等待新年来临之时，第一届春节联欢晚会正式开始。

07. 第一只股票

▲1988年春节前夕，上海真空电子、飞乐音响、爱使电子股份公司在中国工商银行上海信托投资公司静安证券部向全市3万多股东发放1987年的股息红利。

1984年11月18日，上海飞乐音响公司成立，并向社会发行每股面值50元的股票1万股。这是新中国成立以来第一次公开向社会发行的股票。

08. 第一个专利申请号

▲1985年4月1日,《中华人民共和国专利法》开始实施。当天上午8时，在北京的中国专利局受理处门前，已有数百人等候申请专利。

原航空航天工业部207所工程师胡国华拿到中国第一个专利申请号，成为"中国专利申请第一人"。

09. 新中国土地拍卖第一槌

▲1987年12月1日下午，深圳房地产公司经理骆锦星（举11号牌者）以525万元的价格，获得市政府拍卖的一块住宅用地的使用权。

1987年12月1日下午，深圳市政府举行土地使用权公开拍卖活动，敲下新中国土地拍卖第一槌。

10. 第一家肯德基餐厅

▲1987年10月10日，肯德基餐厅正在试营业。

1987年11月12日，美国快餐公司肯德基在中国的第一家餐厅在北京前门繁华地带正式开业。

11. 第一个高新技术产业开发试验区

1988年5月10日，经国务院正式批准，我国第一个高新技术产业开发试验区——北京市新技术产业开发试验区成立。

12. 第一条高速公路建成通车

1988年10月31日，中国第一条高速公路——沪嘉高速公路全线通车。截至2017年年底，我国公路通车总里程477万千米，其中高速公路通车里程13.6万千米，位列世界第一。

13. 第一家证券交易所

▲上海证券交易所成立大会会场。

1990年11月26日，中国第一家证券交易所——上海证券交易所宣告成立并于12月中旬正式开业。1991年7月3日，深圳证券交易所也正式挂牌营业。

14. 第一家互联网企业

这块广告牌所指的地方，正是中国第一家互联网接入服务商"瀛海威"。沉舟侧畔千帆过，在它身后涌现的一代代互联网企业真实地改变了中国。截至2017年12月，中国网民规模已达7.72亿，其中手机网民规模达7.53亿，占比97.5%。2017年，中国网民人均周上网时长为27小时。

第二部分　大国崛起

随着改革开放的不断推进，13亿中国人民大踏步赶上了时代潮流，稳定走上了奔向富裕安康的广阔道路，中国特色社会主义充满蓬勃生机，为人类文明进步做出重大贡献的中华民族以前所未有的雄姿巍然屹立在世界东方。

15. 第一笔电子商务

▲2017年4月11日至13日，以"共享经济，连接未来"为主题的2017中国国际电子商务博览会在浙江省义乌市举行。

1998年4月7日，中国电子商务第一单不期而至：北京海星凯卓计算机公司和陕西华星进出口公司利用中国商品交易中心电子商务系统进行了首单电子交易。如今网络购物已经成为很多中国人日常生活的一部分，2017年全国电子商务交易额达29.16万亿元，同比增长11.7%。

16. 第一颗导航定位卫星

2000年10月31日凌晨，中国自行研制的第一颗导航定位卫星——"北斗导航试验卫星"在西昌卫星发射中心发射升空。

▲中国成功发射第一颗导航定位卫星。

17. 正式加入世界贸易组织

▲2001年11月11日，中国加入世贸组织签字仪式在卡塔尔首都多哈举行。

2001年11月10日，世界贸易组织第四届部长级会议在卡塔尔首都多哈以全体协商一致的方式，审议并通过了中国加入世界贸易组织的决定。中国加入世贸组织议定书于当年12月11日生效。

18. 第一次载人航天飞行

▲2003年10月16日6时23分，神舟五号载人飞船在内蒙古主着陆场成功着陆，返回舱完好无损。

2003年10月15日9时，中国第一艘载人飞船神舟五号发射成功，中国首位航天员杨利伟成为浩瀚太空的第一位中国访客。

19. 第一列动车组列车

▲2018年2月1日凌晨，动车组停靠在武汉动车段的存车线上，准备进行检修和保温作业。

2007年12月22日，中国首列国产化时速300公里的"和谐号"动车组列车竣工下线。2017年6月26日，具有完全自主知识产权、达到世界先进水平的中国标准动车组"复兴号"在京沪高铁两端的北京南站和上海虹桥站双向首发。到2017年底，中国铁路里程达到12.7万公里，高铁里程2.5万公里，占世界高铁总量的66.3%。

20. 第一次举办奥运会

▲2008年8月8日晚，第29届北京奥运会开幕式在国家体育场举行。这是北京奥运会主火炬塔点燃后，焰火在国家体育场上空形成五环图案。

2008年8月，第二十九届奥林匹克运动会在北京举行。2018年2月25日，平昌冬奥会闭幕式上，随着2022年冬奥会举办城市北京正式接过奥运会会旗，冬奥会正式进入"北京周期"。

21. 第一次举办世博会

▲2010年4月30日晚，中国2010年上海世博会开幕式大型灯光喷泉焰火表演在上海举行。

中国2010年上海世界博览会5月1日至10月31日举行。

22. 第一艘航空母舰

▲图为"辽宁舰"出海进行科研试验和海上训练。

2012年9月25日上午10时许，中国第一艘航空母舰——"辽宁舰"在辽宁大连正式交接入列。

23. 首次深潜超过 7000 米

▲这是 2012 年 6 月 1 日拍摄的准备入水的"蛟龙号"载人深潜器。

2012 年 6 月 24 日，中国"蛟龙号"载人潜水器在西太平洋的马里亚纳海沟试验海区创造了中国载人深潜最新纪录，首次突破 7 000 米，最大下潜深度达 7 020 米。

第三部分 伟大复兴

时序更替，梦想前行。

随着改革的深化，一些难度很大而又不能绕开的问题摆在了我们的面前。正如登顶前可能遭遇陡坡，离目标越近越要攻坚克难。

党的十八大以来，全面深化改革取得突破性进展，各领域四梁八柱性质的改革主体框架拔地而起，党和国家事业发生历史性变革。

40 年众志成城，40 年砥砺奋进。

新时代中国改革开放的步伐不会停息！

24. 第一个自贸区

▲上海自贸区的航拍照片。

2013年9月29日，中国（上海）自由贸易试验区正式挂牌成立，这是建立在中国大陆的第一个自由贸易试验区。

25. 第三产业增加值比重首次超过第二产业

▲2018年4月30日，游客在广西龙胜龙脊古壮寨观赏梯田美景。
2018年"五一"假日，国内旅游收入871.6亿元，同比增长10.2%。

2013年我国第三产业增加值比重首次超过第二产业，达到46.1%。2015年，我国第三产业增加值比重为50.5%，首次突破50%。

26. 第一笔沪港通交易

▲这是在北京复兴门外大街一家证券公司营业部内的沪港通宣传海报。

2014年11月17日，沪港通开通仪式在上海和香港交易所同时举行。伴随两个市场同时鸣锣开市，沪股通和港股通首单交易"花落"伊利股份和长江实业。

27. 首届世界互联网大会

▲2014年11月21日，为期3天的首届世界互联网大会在浙江乌镇落下帷幕。

2014年11月19日，首届世界互联网大会在浙江乌镇拉开帷幕。

28. 首个全国"双创周"

▲2015年10月23日，观众在了解一款机载光电探测制导设备。

2015年10月19日至23日，全国大众创业万众创新活动周在全国举行，主会场设置在北京中关村。

29. 首个国家级大数据综合试验区

▲这是贵州大数据综合试验区展示中心内的"时光隧道"。

2016年3月2日，"国家大数据（贵州）综合试验区"正式揭牌，这是我国首个国家级大数据综合试验区。

30. 首台全部使用国产处理器构建的超级计算机

▲这是安装在国家超级计算无锡中心的"神威·太湖之光"超级计算机。

2016年6月20日,我国自主研制的第一台全部采用国产处理器构建的"神威·太湖之光"夺得世界超算冠军,成为全球运行速度最快的超级计算机。

31. 首颗量子科学实验卫星

▲2017年6月15日,在乌鲁木齐南山观测站,"墨子号"量子科学实验卫星过境,科研人员在做实验(合成照片)。

2016年8月16日,我国成功将世界首颗量子科学实验卫星"墨子号"发射升空。

32. 首次在中国举办 G20 峰会

▲2016年8月25日，园艺工人在杭州市滨江区江南大道街头维护 G20 主题花坛。

2016年9月4日到5日，二十国集团（G20）领导人第十一次峰会在浙江省杭州市举行。这是2008年国际金融危机催生的 G20 领导人峰会首次来到中国。

33. 人民币第一次成为"储备货币"

▲2016年9月30日，在位于美国华盛顿的国际货币基金组织（IMF）总部，IMF 总裁拉加德就人民币纳入 SDR 发表讲话。

2016年10月1日，人民币正式加入 SDR 特别提款权，这意味着人民币第一次成为"储备货币"。

34. 第一架国产大型客机

▲2017年5月5日，中国首款国际主流水准的干线客机C919在上海浦东国际机场首飞。

2017年5月5日14时许，我国首款国际主流水准的国产大型客机C919，在上海浦东国际机场首飞。

35. "一带一路"国际合作高峰论坛

▲2017年5月14日，"一带一路"国际合作高峰论坛开幕式在北京国家会议中心举行。

2017年5月14日至15日，"一带一路"国际合作高峰论坛在北京举行。

36. 全国首家互联网法院

▲这是刚挂牌的杭州互联网法院。

2017年8月18日，全国首家互联网法院——杭州互联网法院正式成立。

37. 第一批入驻雄安新区的企业

▲2018年3月29日无人机拍摄的雄安市民服务中心。

2017年9月28日，河北雄安新区管委会称，已有48家企业首批获批入驻河北雄安新区。首批获批落户的48家企业全部为高端、高新企业。随着《河北雄安新区规划纲要》正式公布，一个高质量发展的全国城市样板蓝图跃然呈现，一个现代化经济体系的新引擎即将启动。

38. 首只体细胞克隆猴

▲克隆猴"中中"和"华华"在中科院神经科学研究所非人灵长类平台育婴室的恒温箱里得到精心照料。

用一把毫毛，变出千百个一模一样的猴子——《西游记》里的神话正在成为现实。世界上首只体细胞克隆猴"中中"于2017年11月27日诞生。

39. 首部无人驾驶车辆道路测试管理法规

▲2017年9月10日，在无锡举行的2017世界物联网博览会上，参观者在体验无人驾驶汽车。

2017年12月19日，北京市交通委员会颁布了国内首部无人驾驶车辆道路测试的管理法规，率先填补了这方面的立法"空白"。

40. 探索建设中国特色自由贸易港

▲在三亚市鹿回头景区鸟瞰三亚市景今昔对比
（上图为1991年2月摄，下图为2018年4月4日摄）。

2018年4月14日，《中共中央国务院关于支持海南全面深化改革开放的指导意见》正式发布，支持海南全岛建设自由贸易试验区并探索建设自由贸易港。

▲2017年10月18日，中国共产党第十九次全国代表大会在北京人民大会堂隆重开幕。

经过长期努力特别是改革开放40年来不懈奋斗，中国特色社会主义进入了新时代。

"深化供给侧结构性改革""加快建设创新型国家""加快完善社会主义市场经济体制""推动形成全面开放新格局"……党的十九大对全面深化改革做

出总部署。今后，深化改革、扩大开放的领域将更广、举措将更多、力度将更大。

穿越革命和建设的洪流，激荡改革与开放的风云，按照"两个阶段""两步走"的战略安排，中国这个有着5 000多年文明历史的东方大国，如今正朝着决胜全面建成小康社会、建设社会主义现代化强国、实现中华民族伟大复兴的目标奋进。

改革开放四十周年的40件大事

附录二：2017年十大国际国内新闻

2017年十大国内新闻

1. 党的十九大胜利召开

10月18日至24日，举世瞩目的中国共产党第十九次全国代表大会在北京胜利召开。这次大会，是在全面建成小康社会决胜阶段、中国特色社会主义进入新时代的关键时期召开的一次十分重要的大会，吹响了夺取新时代中国特色社会主义伟大胜利的前进号角。大会批准了习近平代表十八届中央委员会所做的报告，批准了中央纪律检查委员会工作报告，审议通过了《中国共产党章程（修正案）》，选举产生了新一届中央委员会和中央纪律检查委员会。大会高度评价十八届中央委员会的工作，指出党的十八大以来的五年，是党和国家发展进程中极不平凡的五年，改革开放和社会主义现代化建设取得了历史性成就。习近平新时代中国特色社会主义思想写入党章，确立为党必须长期坚持的指导思想。10月25日，十九届一中全会选举习近平为中央委员会总书记。

2. 雄安新区设立

3月，党中央、国务院印发通知，决定设立河北雄安新区，规划范围涉及河北省雄县、容城、安新3个县及周边部分区域。这是继深圳经济特区、上海浦东新区之后又一具有全国意义的新区，是千年大计、国家大事。规划建设雄安新区，是党中央深入推进京津冀协同发展做出的一项重大决策部署，对于探索人口经济密集地区优先开发新模式、调整优化京津冀城市布局和空间结构、培育创新驱动发展新引擎具有重大现实意义和深远历史意义。

3. 民法总则通过实施

作为民法典的开篇之作，《中华人民共和国民法总则》3月15日获十二届全国人大五次会议表决通过，自2017年10月1日起施行。这标志着民法典编纂迈出关键一步。民法总则共206条，在保护民事主体的合法权益、正确调整民事关系、维护社会和经济秩序等方面将发挥重要作用。民法总则的施行,为全面推进依法治国、提高国家治理能力注入了强大动力,开启了我国公民权利保障法治化的新时代。

4. 一带一路国际合作高峰论坛举行

5月14日至15日,"一带一路"国际合作高峰论坛在北京举行。这是中国首倡举办的"一带一路"建设框架内层级最高、规模最大的国际会议,包括29位外国元首和政府首脑在内的来自130多个国家和70多个国际组织约1 500名代表出席。国家主席习近平在主旨演讲中强调,坚持以和平合作、开放包容、互学互鉴、互利共赢为核心的丝路精神,携手推动"一带一路"建设行稳致远,将"一带一路"建成和平、繁荣、开放、创新、文明之路,迈向更加美好的明天。

5. 首艘国产航母下水

4月26日,我国自行研制的首艘航空母舰出坞下水。这也是我国第二艘航空母舰。首艘国产航空母舰下水,体现了中国海军装备水平的跃升,标志着我国自主设计建造航空母舰取得重大阶段性成果,彰显了中国国家整体力量的提升。目前,该航空母舰主船体完成建造,动力、电力等主要系统设备安装到位,正进行系统设备调试和舾装施工,并全面开展系泊试验。

6. 建军90周年举行盛大阅兵

7月30日上午,庆祝中国人民解放军建军90周年阅兵在朱日和联合训练基地隆重举行。中共中央总书记、国家主席、中央军委主席习近平检阅部队并发表重要讲话。1.2万名受阅官兵、600多台受阅车辆装备集结列阵,100多架战机在6个机场整装编队。这是中国人民解放军首次以庆祝建军节为主题的盛大阅兵,是野战化、实战化的沙场点兵,是人民军队整体性、革命性变革后的全新亮相。

7. 国产大飞机C919首飞成功

5月5日下午,我国首款按照最新国际适航标准研制的干线民用飞机C919成功实现首飞。这意味着我国实现了民用飞机技术集群式突破,成为世界上少数几个拥有研制大型客机能力的国家,中国航空装备制造水平迈上了新台阶。今年以来,我国自主研制的首艘货运飞船天舟一号成功发射,首次海域天然气水合物试采成功,基于国产众核处理器的"神威·太湖之光"连续四次斩获全球超级计算机TOP500第一名……中国科技迈向新高度。

8. 国家监察体制改革试点在全国推开

11月4日,十二届全国人大常委会第三十次会议通过了关于在全国各地推开国家监察体制改革试点工作的决定,改革试点由此全面推开。国家监察体制改革，是一项事关全局的重大政治体制改革，对于健全中国特色国家监察体制，强化党和国家自我监督具有重大意义。作为第一批改革试点的地区，北京、山西、浙江已于4月底全部成立省、市、县三级监察委，改革成效初步显现。

9. 中国共产党与世界政党高层对话共建美好世界

中国共产党与世界政党高层对话会于11月30日至12月3日在北京举行，主题为"构建人类命运共同体、共同建设美好世界：政党的责任"。中共中央总书记、国家主席习近平出席开幕式并发表主旨讲话。这是党的十九大后我国举办的首场主场多边外交活动；是我们党首次与全球各国政党举行高层对话；也是出席人数最多的首次全球政党领导人对话会，在我们党的历史上具有开创性意义，在世界政党史上也具有突破性意义。

10. 港珠澳大桥主体工程全线贯通

7月7日，港珠澳大桥海底隧道贯通，标志着先后经历13年论证、设计、施工的"世纪工程"港珠澳大桥主体工程全线贯通。大桥总长55公里，是连接香港、珠海和澳门的超大型跨海通道，实现了"六个最"：世界总体跨度最长、钢结构桥体最长、海底沉管隧道最长的跨海大桥，也是世界公路建设史上技术最复杂、施工难度最高、工程规模最庞大的桥梁。

2017年十大国际新闻

1. 中国理念成为国际共识　中国方案化为国际行动

1月17日至18日，习近平主席在达沃斯世界经济论坛年会和联合国日内瓦总部发表重要演讲，发出推进经济全球化进程再平衡、共同构建人类命运共同体的时代强音。联合国多项决议纳入构建人类命运共同体理念和共商共建共享原则。中国不仅在"一带一路"国际合作高峰论坛、金砖国家领导人第九次会晤期间推动形成一系列开创性、引领性、机制性重要成果，还在全球治理各个领域提出方案主张。中国国际地位和影响得到历史性提升。

2. 美国"退群"折射单边主义　"美国优先"冲击全球治理

1月23日，美国退出跨太平洋伙伴关系协定。之后，美国接连宣布退出气候变化《巴黎协定》，退出联合国教科文组织以及退出《移民问题全球契约》。特朗普政府坚持奉行"美国优先"政策，折射出的单边主义倾向正在扩大其与国际社会在全球治理领域的分歧。这种"退出外交"不仅意味着美国在逐步有选择地放弃国际责任，也给世界局势带来更多不确定性。

3. 核导试验军演升级　半岛局势再趋紧张

2月12日，朝鲜试射一枚地对地中远程战略弹道导弹。此后，朝鲜不顾国际社会普遍反对，继续进行核试验和导弹试射。联合国安理会连续通过决议，对朝实施更严厉制裁；同时，呼吁以和平、外交和政治方式解决问题。另一方面，美韩军演动作频频，一再刺激高度敏感的朝鲜半岛局势。12月4日韩国空军与驻韩美军启动两国历史上最大规模的联合空中演习，半岛局势深陷恶性循环。

4. 英国"脱欧"艰难推进　欧洲一体化面临考验

英国政府3月29日正式启动"脱欧"程序，经历多轮艰苦谈判，终与欧盟达成"脱欧"第一阶段协议。欧洲一体化被英国"脱欧"撕裂的同时，荷兰、法国、德国、奥地利等多国经历大选，主流政党竭力抵挡右翼民粹主义的冲击，却也被迫收缩了防线。社会利益诉求多元化正使欧洲政治光谱趋于分散化，欧洲一体化进程面临诸多考验。

5. 中美元首会晤举世瞩目　致力双边关系稳定发展

4月6日至7日，习近平主席同美国总统特朗普举行海湖庄园会晤，确立了外交安全对话、全面经济对话、执法及网络安全对话、社会和人文对话4个高级别对话机制，实现了中美关系的平稳过渡。11月特朗普访华，两国元首就新时期中美关系发展达成多方面重要共识，战略引领作用凸显。中美关系健康稳定发展成为国际社会普遍期待。

6. 卡塔尔遭遇"断交风波"　中东乱局频添动荡

2017年，中东局势因多国交恶，持续动荡。6月，沙特连同多个伊斯兰国家先后宣布与卡塔尔断交，海湾合作委员会分裂，危机至今无解。12月4日，也门前总统萨利赫在也门内战中身亡。6日美国宣布承认耶路撒冷为以色列首都，触动中东"敏感神经"，引发抗议风波持续发酵。巴以和平进程更加脆弱。

7. 南海局势全面缓和　"南海行为准则"框架达成

8月6日至8日举行的中国－东盟外长会议达成"南海行为准则"框架。在11月中旬举行的第三十一届东盟峰会及东亚合作领导人系列会议期间，李克强总理宣布中国和东盟国家启动"南海行为准则"案文磋商。中国同东盟国家恢复并巩固了通过当事国对话协商和平解决争议的共识，推进了地区国家共同制定南海规则的进程。

8. 金融危机阴霾渐散　全球经济增长提速

国际货币基金组织（IMF）10月10日发表《世界经济展望报告》，上调了全球经济今明两年增长预期并指出，2017年全球75%的经济体增速都将加快，是金融危机爆发十年来最大范围的增长提速。联合国12月发布的经济报告也指出，2017年全球经济整体出现好转。IMF还预计2017年中国对全球经济增长贡献率将达到34.6%，是全球增长主要支柱。

9. 中共十九大胜利召开　为人类贡献智慧方案

10月18日至24日，中国共产党第十九次全国代表大会在北京举行，确立了习近平新时代中国特色社会主义思想的历史地位，明确提出中国特色社会主义进入新时代，并将"推动构建新型国际关系，推动构建人类命运共同体"明确为新时代中国特色大国外交的总目标。中国特色社会主义进入新时代，意味着中国特色社会主义道路、理论、制度、文化不断发展，拓展了发展中国家走向现代化的途径，为解决人类问题贡献了中国智慧和中国方案。

10."伊斯兰国"战场溃败　反恐形势依然严峻

11月21日，伊拉克总理阿巴迪和伊朗总统鲁哈尼分别宣布，伊拉克和叙利亚境内的极端组织已经被消灭，"伊斯兰国"从军事上被终结。俄罗斯随后也宣布俄军在叙利亚的反恐任务完成并开始撤军。另一方面，极端组织外溢效应不断冲击世界多国，暴力恐袭事件频仍，全球反恐压力不减反增。

后 记

"形势与政策"课作为高校思想政治理论课的必修课程，其综合性、实践性、针对性、科学性及时效性都很强。但是，除了教育部每半年都会印发该课程的"教育教学要点"作为各高校教材编写、课堂教学的指导提纲外，一直缺乏一部具有权威性、时效性的统编教材。

近年来，我们在"形势与政策"的教育教学中，深感教材建设的重要性和紧迫性。有鉴于此，四川工程职业技术学院以"时代主题型教学模式"教改项目为依托，着眼于高职大学生的思想特点和实际需要，组织长期从事思想政治理论课教学的一线教师坚持不懈地进行了每年一度的"形势与政策"教材的编写工作，自2009年迄今正好整整十年。

本次编写由四川工程职业技术学院思政部主任潘劲担任主编，银燕教授担任副主编，倪波教授担任主审。

编写的具体分工为：前言、绪论、后记及附录：潘劲；专题一：银燕；专题二：何煦；专题三：肖永蓉；专题四：贾芳琴；专题五：葛威；专题六：廖晓明。

全书由倪波、潘劲负责统稿、修订。

本书在编写中引用了不少学者的研究成果，借鉴了大量书籍、文献等资料，同时也参考了互联网及数据库等信息，未能一一注明出处，特此说明，并表谢忱！